中国内地的农村

费孝通 著

华东师范大学出版社

图书在版编目（CIP）数据

中国内地的农村/费孝通著. —上海：华东师范大学出版社，2020

ISBN 978-7-5760-0156-3

Ⅰ.①中… Ⅱ.①费… Ⅲ.①农村经济-云南-民国-文集 Ⅳ.①F329.06-53

中国版本图书馆 CIP 数据核字（2020）036404 号

中国内地的农村

著　　者　费孝通
责任编辑　乔　健
特约编辑　邱承辉
责任校对　李琳琳　时东明
封面设计　吕彦秋

出版发行　华东师范大学出版社
社　　址　上海市中山北路3663号　邮编200062
网　　址　www.ecnupress.com.cn
电　　话　021-60821666　行政传真　021-62572105
客服电话　021-62865537
门市（邮购）电话　021-62869887
地　　址　上海市中山北路3663号华东师范大学校内先锋路口
网　　店　http://hdsdcbs.tmall.com

印 刷 者　三河市中晟雅豪印务有限公司
开　　本　710×1000　16开
印　　张　18
字　　数　290千字
版　　次　2021年1月第1版
印　　次　2021年1月第1次
书　　号　ISBN 978-7-5760-0156-3
定　　价　48.00元

出版人　王　焰

（如发现本版图书有印订质量问题，请寄回本社市场部调换或电话021-62865537联系）

目 录

中国内地的农村

内地的农村——纪念这七年艰苦的内地生活 / 001

序 / 003
农村土地权的外流 / 008
雇工自营的农田经营方式 / 015
土地继承和农场的分碎 / 020
农田的经营和所有 / 025
抗战和农村劳力 / 030
农民的离地 / 035
我们要的是人口还是人力 / 040
生活到反抗 / 048
增加生产与土地利用 / 053
货币在农村中 / 058
农村游资的吸收 / 063
清理农家债务 / 069
论贫农购赎耕地 / 074
举办春耕劳力贷款 / 079
中国乡村工业 / 084

禄村农田 / 099

导言/ 101

第一章　农作/ 106

第二章　劳力的利用/ 120

第三章　农田的负担/ 131

第四章　农田分配/ 143

第五章　劳力的出卖/ 150

第六章　自营和雇工/ 159

第七章　租营/ 171

第八章　生计/ 181

第九章　生计（续）/ 201

第十章　农田的继袭/ 217

第十一章　农村金融/ 226

第十二章　农田买卖/ 233

附　录 / 245

《云南三村》序/ 245

《云南三村》英文版的"导言"与"结论"/ 252

内地的农村

——纪念这七年艰苦的内地生活

给孟吟

似乎是在江的尽头,有一个桃花源似的去处。红红的山岩,像是给天火烧过。大江就在这山坳里滚滚地流,两岸长着几十里不断的翠竹,丛丛密密,把天都遮住了。就在这地方,有着无数的纸坊,家家都造纸。张大舅讲得出了神:"我和你们一同去,我认得这地方。你们调查好了,开个大工厂,我来帮你们办事。"张大舅的口才把我们都说动了。隔不上两个月,之毅和我两匹马就在高山险峰上盘旋着向这动人的易村出发了。

《内地的农村》1946 年 7 月由生活书店出版发行

序

这小册子里所收的15篇关于内地农村的论文是我在抗战初期,根据云南农村的观察而写下的。我在这书的首页上就记下这时空的限制,是因为我知道这里所作若干结论可能和抗战后期以及别地方的情形不完全相合。但是我并不因此而觉得这些结论已经失去它们的价值,因为我认为人类所有的知识都受到时空的限制,都是有限观察和思考的总结,只要所说的话的确是根据事实,只要把时空的范围划清,就可以成立。所谓成立,并非说是颠扑不破的定论,而是可以做累积知识的基础罢了。观察的范围扩大了,原有的结论中有些话得加上一些条件,有些话得加以修改。但是除非是在另一世界里,另一历史单位里,时空的变异中还是有若干不太容易变的事实,而且变异本身还是有原则可见,所以一切根据事实而作的结论,对于人类知识总是有用处的。

我在这本书里所说的,我相信都是有事实根据的,因为我是个极力主张社会科学一定要从实地研究开始的人。十多年来,我一直为这主张而工作,而且常希望我们这种实地研究的工作能有一天挽回现在风行的空谈和官僚性闭门造数字的空气。我宁可因求真实性而牺牲普遍性。若是有人觉得我这里所说的事实,和他自己所见到的事实不同,我会觉得很高兴,因为我们的知识就会在大家把所见不同的事实堆积起来里得到增加。

我对于中国农村研究的兴趣并不是从学理或是政见上发生的,而是从实地接触中得来的。1936年我在清华大学研究院毕业时,我念的是人类学,而且偏于体质人类学。毕业之后,我到广西瑶民里去研究,才开始对于人类生活本身要求亲密的了解。在瑶山里我遭遇到意外的不幸,把太太牺牲了,自己的脚骨也打断了。在丧余病后,我回到自己家乡——江苏吴江——去看望我的姊姊。她是一个为农民工作的人,为他们改良丝业。她的热忱使我感动。因之我就在震泽的开弦弓住下。在村子里我和农民谈话接触,发现很多问题。几个月之后,我离开了他们到了英国。我的老师 Malinowski(马林诺夫斯基)教授鼓励我,要我把这几个月里观察所得的事实,作一个有系统的分析,好让西洋的学者知道一些中国农民实际生活的情形。在伦敦的两年里,我写完了一本《江村经济》(*Peasant Life in China*),1939 年在 Routledge 书店出版,后来列入了"国际社会学丛书",已经发行了三版。

这本书出版之后,在无意中,我被英美的读者看成了中国农民的代言人。这使我很惭愧,因为我对于中国广大农民的生活知道得太少。既然有许多比我知道得更少的人要我替他们讲中国农民生活,我也就没有理由推诿这责任,所以我在 1938 年回国后,立刻到云南农村里去观察,增加自己的认识。可是愈看问题也愈多。我一面做调查,一面就写下这些短文在各种杂志上发表。我实地研究的报告、《禄村农田》以及我后来主持的研究室里很多朋友所作的报告,已有一部分出版了。但是有很多问题的提出和思考的结果并没有写在报告里,所以我还愿意把这些短文收成一个集子出版。关于事实材料部分,我希望读者去参考我们的研究报告。整理得最完全的一部分是我去年在芝加哥大学出版社出版的 *Earthbound China*。这是我的《禄村农田》和张之毅先生的《易村手工业》及《玉村农业和商业》(未出版)的译本(后方出版太困难,中文本反而比英文本出得迟,是一件憾事)。

我说这一段话的目的不过想讲明我并不是个农村经济学的"专家",只是因为接触了中国农民生活而引起的一些常识性的分析。也因为这个原因,我只有很谨慎地根据所见到的说说,在时空上不能不受很大的限制了。

这些论文写成的时候,是在抗战初期。在征实征购的政策实施前,内地农村的局面和以后的一段很有差别。为读者方便起见,我愿意在这序文中把本书所提出的各个主要问题,就抗战后期的转变,约略说一说。

我在本书中第一个讨论到的是土地问题。在抗战初期,云南农村里土地权集中的现象很不多见。最大多数的农民是雇工自营的小地主。我根据农业资本不容易累积和兄弟平等继承的事实上,推想这种小农制度是工商业发达前期很容易发生的现象。我并没有太注重传统的豪强兼并的情形，因为在云南，我所到过的村子里，这情形并不显著。可是，我也并没有太忽略了"升官发财"的路线（见《禄村农田》）。自从我发表了《农村土地权的外流》一文后，我就接到谷春帆先生的信，要我注意在中国历史上很重要的以权力集中土地的现象。同时，我也收到四川的朋友们的信，告诉我在四川官僚资本（从权力得来的财富）甚至单凭权力，所引起土地权集中的现象是很显著的。我因为没有机会到四川去调查，所以对于这问题并没有进一步去研究。当然，我所说在工商业不发达的社区中资本累积很容易发生土地权集中这一句话，也可以包括豪强兼并现象的一部分。

在抗战初期，云南内地还保持着小农的特性。就是在通货膨胀的初期，资本逐渐集中，但集中的资本还是向囤积货物方面发展，并没有向利润很低的农业里流，也没有向村子里去买田。一直要到抗战后期，云南也似乎有一点土地集中的趋向，这趋向并不很深刻，因为征实征购的政策增加了一辈没有特权的地主们的负担，地价不能跟其他货物一般地上涨，所以吸收不了资本。可是土地权确在集中，集中在有势力可以逃避耕地税的官僚手上——这是一个很好的豪强兼并的实例。这一部分调查我们还没有分析完竣。

我在本书中曾特别注意农村里的雇佣关系。原因是在我在江苏所看到的情形，在这一点上和云南农村太不相同。江苏的村子里很少有无产的雇工，而云南农村里，在抗战初期，却有很多专门靠出卖劳力谋生的单身汉子。这"无产农民"阶层，在我看来，又可以说是内地农村的一个特色。

我看到这特色（也是造成雇工自营农田经营方式的主要因素），使我想到了中国的人口问题。这是人多地少的现象。人多地少是相对而说的。一块土地能养活多少人是要看土地的生产力、生产的技术和出产分配的方式而定。在中国现在的生产技术和分配方式来说，土地不但不能单独养活农村里的人口，而且也不能利用农村里所有的劳力。

有些批评者认为我太注重自然因素，而忽视了社会条件，尤其是分配方式。我承认：若是雇工自营的方式改变了，土地就可以减少一部分担负，可以使从事于耕地的人得到较高的报酬。但是，现在寄生在无产农民身上的有闲小地主们到哪里去谋生活呢？我问这话并不是顾惜这辈躺在床上抽烟的小乡绅们，而是要指出，若是我们在农业之外不开辟新的生产事业，同时又不控制人口，地主和耕者之间总是会分化的。所以我对于农村人口问题特别关心，而且竭力主张：一方面要在农村里增加农业之外的生产事业，一方面要合理地控制农村人口的继续扩大。

在抗战初期，征兵和公共建筑曾一时减少了农村的人口压力。我正在这时候，住在农村里，看见闲着的劳力开始动员，工资上涨，都给我很大的乐观基础。内地农村因为人口压力的暂减，确曾露出一点生气来。但是这是短期的。因为从农村里吸收出去的人口并没有安顿在生产事业里，他们成了职业的残杀者，他们的消费还得由农民来供给。而且他们有着武器，武器又回头来做剥削农民的工具，农民不但要养活从他们自己阶层里抽出去的士兵，而且还要供奉有着士兵拥卫的长官们的挥霍和置产。结果，农民的担负增加不已，所谓农村繁荣，只是昙花一现，紧接着的是凋疲和灾荒，我在这里几篇文章中的乐观气息可以说完全落了空。可是我觉得这并不是说农村人口压力的减低是没有意义的；这只是说农村人口压力的减低并不是等于农村里少几个人，而是说土地所供养的人数必须减少的意思。怎样减少呢？大概还得积极地发展工业和消极地节制生育两条路。

在发展工业一层上，我是主张就农民的所在地推广现代化的小工业。这一种主张的理由我已在《中国乡村工业》一文中说明，后来，我又为时代评论小丛书写了一本《人性和机器》。这两篇文章又引起很多批评，甚至有人说我是在"开倒车"。其实我并没有反对利用科学所给我们的技术，非但不反对，而且极力主张要乡村工业变质的。我也不反对有重工业，有大规模的工业在中国发生，但是我同时主张为了中国农村的性质，为了使工业利润分配得更广，农村里必须有很多科学化的副业。我作出主张也并不是毫无事实根据的。这实在是我的姊姊二十几年来在江苏农村里所试验而已有成绩的计划。当然，有很多地方还要我们改善，但是方针上是适合于中国农民的需要的。关于这个试验的分析和批评，见我的《江村经济》（英文本）。我觉得这问题在理论上作争论，不如让农民自己去选择好。中国将来工业化的过程，若是在民主方式中去决定，我相信乡村工业的发展很可能成为一个主流。关于这问题，在 *Earthbound China* 的结论中曾有一点发挥，在这里不再重复了。

我这篇序言已经写得相当长了。我在结束之前，只想附注一个插曲，我那篇反对奖励生育的文章，听说曾引起发表那篇文章的刊物的编者很多的麻烦，甚至有人说，这刊物也就因这篇过于露骨的文章而受到停刊的处分。刊物是的确停了，是不是因为这篇文章，我也不愿去证实。假如是的话，我应当趁这篇文章再行刊出时，向那位编者表示同情。这一个小小插曲，也可以说明在后方写文章的，在那一个时间，不能不特别含蓄的理由。这里也说明了本书中有些问题不能充分发挥的原因。中国的读者是素来有训练的，这一点我倒很放心。

农村土地权的外流

一、江村的土地权是如何流出农村的

1936年,我在江苏省太湖边上的一个农村中(以后称作"江村")调查该地人民的经济生活。当时使我十分惊讶的就是这村子里有80%以上是租别人田来耕种的佃户,这村子有一半以上的地权是握在我一个本家的手里,他是住在城里的,连他自己的田在什么地方都不晓得。我曾想:江村一般的农村简直可以说是个佃户的村子了。农村土地权已大部外流到住在都市里的地主们手上。

农村土地权怎样会流到都市里去的呢?换一句话说:农民们怎样会把田卖到城里去?我在江村见到一只可怕的魔手在那里活动,那就是高利贷。说起了江村的高利贷,那真把初到农村里去调查的人吓住了,我当时曾记下这可怕的事实:

  一个不能交付地税的人,假如他不愿意在监狱中过冬,就非借钱不可。高利贷者的门户,对他是开着的。从高利贷者那儿借来的钱,是以桑叶的数量计算。在借贷的时候,根本便没有桑叶,也没有桑叶的市价。高利贷者,以己意断决桑叶的价格为7毛钱一担。譬如借7块钱,就说借了10担桑叶。借款在清明便要还清,至迟不能在谷雨之后。借款者要付还的钱,其数目的多少,决于当时桑叶的市价。譬如市价要3块钱一担吧,那么在10月借了7块钱或10担桑叶的人,到了第二年4月,便要还30块钱。在这 5 个月之内，这位债户所付的利息，是每月六分五。到了清明的时节，丝季才开始，村里的人，是拿不出钱来的。在冬季要靠举债度日的人，到了这个时候，大约也没有力量还债，因为在冬季的几个月内，村民并没有生产的工作，除却做点小本生意之外。在这种情形之下，债户可以请高利贷者延长借款的期限，所借的钱又用稻米的数量来折合。不管市价如何，稻米以 5 块钱 3 "蒲式耳"（1 蒲式耳约合 36.3688 升）计算。还债的期限，于是延长到 10 月。到了 10 月，米价便以 7 块钱 3 "蒲式耳"计算。总计起来，在 10 月借 7 块钱的人，到第二年 10 月，要还 48 块钱。平均起来，借贷的利息每月五分三。假如债户到了这个时候，还不能把债还清，期限可就不能延长了，他只能把田契移交给高利贷者。田地的价格，是 30 块钱一亩。从此他不是债户而变为永久的佃农了。（见《江村经济》）

在这一段叙述中，我们可以见到农村土地权的外流和都市资金流入农村是一回事的两方面。高利贷的泼辣不过是加速这一个过程罢了。

二、R·H·托尼（R. H. Tawney）的一个解释

当我想要解释都市资金向农村中流入，农村中土地权向都市流出的现象时，就记起托尼（Tawney）教授在他所著 Land and Labour in China 一书中所提出的意见来了。他说："至少有些地方，正发生着一种现象，就是离地地主阶级的崛起，他们和农业的关系纯粹是金融性质。"这种现象常见于都市附近的农村中，他说："住在地主在大都会附近的地方最不发达，那些地方都市资本常流入农业中——广州三角洲上有 85%，上海邻近地带有 95% 的农民据说全是佃户——住在地主最普遍的是没有深刻受到现代经济影响的地方。在陕西、山西、河北、山东及河南，据说有 2/3 的农民是地主。这些地方是中国农业的发祥地，工商业的影响很小，土地的生产力太低，不足以吸引资本家的投资，而且农民也没有余力来租地。"

江村是离上海很近的一个村子，太湖流域又是江苏有名的肥沃地带，因之，我觉得我在江村实地的调查，正可以用当地的材料来证实托尼的说法。于

是，当我写《江村经济》时就把他的意见引用了。在那本书上我说过：农村吸收都市资本的能力是倚于土地的生产力和农民一般的生计。生产力越高，农民生计越好，吸收资本的能力也越大，住在地主越少，离地地主越多——这也就是托尼的意见，用以解释都市附近农村土地权外流的现象。

后来我到了云南，在离昆明100多公里的一个村子里调查（以后称作"禄村"），见到了一个和江村可以对比的农村形式。在禄村虽则有一半人家是租着些田耕种的，但是自家有田的却占全村户数的69%。禄村经济结构的中心是一辈住在村里的小地主。最大的地主只有65工农田，约合25亩，禄村村子里的人很少把田租给人去种（约占全部私家所有田的8%）。佃户们所租得的大部是团体的公田。城里地主们在禄村所有田也很少（约占全部经营面积4%）。换一句话说，这是一个离地地主最不发达的地方，农村的土地权绝少流到市镇中去。我在禄村既得到这一个和江村相反的形式，正可用以校核托尼的意见了。让我们先来看看江村土地生产力是否比禄村高？

三、J. L. 巴克（J. L. Buck）的数字

若是没有机会在云南农村里实地调查的人，要回答上述的问题，最简单的办法是去查一查巴克（Buck）教授最近的巨著 *Land Utilization in China*。在这本书里，他详列中国各地农村所植农作物的产额，可以给我们很方便的参考。可是在学术工作上想贪图方便，时常要吃亏的。我在这问题上就引起了很多麻烦，不妨在此一提。

据巴克调查，中国各地农田产米量相差很大，最低的有一英亩 acre（合6.59市亩，或17.13个禄村当地工）只出22蒲式耳，最高的出169蒲式耳。最高的数量发现于西南水稻区（包括云南、贵州及广西西部）。该区平均产额每英亩97蒲式耳。这个数目对于对外国度量衡单位不太熟的人，也许不觉得太惊人，若是我们和自己调查所得的数目一比较，就不能不疑心其中一定另有蹊跷了。依我在江村的调查，普通的田，1英亩只出40蒲式耳（据巴克调查，扬子水稻小麦产米量1英亩63蒲式耳）。江村水田，在中国不能不说是好的了。和西南水稻区相差如是之甚，竟至一倍。若以169蒲式耳最高额计算，竟超过三倍。也许巴克在编这表格时也觉得数目太大了些，所以附一小注说：

"有两个地方产米量特别高,因土地特别肥。"接下去又说:"当地农田面积丈量不甚正确,折合英亩时或有错误。"(第225页)这个小注并不能减少我的疑虑。1英亩若能产169蒲式耳的米,一枝稻穗上要多少谷粒?依我的估计至少要600粒。在我经验中最多一枝稻穗能带300粒谷子,这种多产的稻穗已经不容易直立。600粒谷子一穗,乡下人见了准会认作神仙显灵。事实上这是不可能的,因为稻秆绝不能载这重量。不论巴克说是因为土地怎么肥,天下绝没有肥到这个程度;即使肥得如此,也不宜于种稻了,因为当谷没有熟,就会载量太重,稻秆折断,倒在泥里一粒也收不起,这结果乡下人全明白。

我记住了这数目来和禄村的产米量相比较,却发现了巴克的错误并不在折合农田面积而已,重要的是把 rice(米)和 grain(谷)混成一物所致。禄村上等田每工("工"是当地农田面积单位,约2.6工等于1市亩)每年产谷1个当地石(合3.5公石),碾米4个当地斗。合成英制是1英亩收谷子165蒲式耳,收米66蒲式耳。根据我实地调查的结果,很可猜想巴克"雇员"在云南调查时把谷子当作米了。我在云南各处调查时,若问农民:你们的田能收多少?他们没有不以谷子的产量作答的。我从没有遇见过有直接以产米量作答。所以以谷作米的错误很容易发生。巴克似乎没有注意到这种可能的错误,而且对于谷子一词好像不太了解,在翻译农谚时,每逢谷子全译为 millet。当然,我对于英语造诣极浅,但总觉得 rice, millet 和 grain 应当加以明白的分义。不分的结果,铸成"奇迹",似乎不能太容易原谅过去。

四、为什么靠近都市的农村佃户特别多

回到正题。巴克的数字虽则有错误,但如果把他的数字看作产谷量,则和我们实地调查的结果很近,而且禄村是云南公认产米丰富的区域之一。若以每英亩产米66蒲式耳计算,则较江村的产额40蒲式耳为高了。这样一比较,托尼的话却成了问题。为什么农田生产力高的地方,反而住在地主特别发达呢?于是我们不得不再检讨一下托尼的见解了。

我在第一节里虽则叙述了江村土地权如何流出农村的情形,但是并不能从此见到为什么江村的农民会穷到要借高利贷,以致最后出卖田契。依托尼的解释,好像是说都市附近的田地总是特别肥,都市里资本自然会向农村中流,而

且那里的农民也是有余力来接受这笔钱,自处于佃户的地位。托尼自然没有这样说穿,因为若是这样一说,谁也会觉得说不过去了,但是他的意思至少是很容易使读者引起这种误解。

托尼的意见可以批评的第一点,是在他似乎以为农民借钱(引起都市资本的流入农村)是为了农业上有利用资本来增加生产的机会,因之土地生产力愈高,愈能吸收都市资本;而事实上农民们为生产需要资本而举债,是绝无仅有的,因为农业借款的利息很少比农业利益低的。江村的高利贷且不提,即我们在禄村所见到普通的借款利率是以三分二为标准,而雇工经营农田可得的利益,据我的估计只有一分三。若是借款来经营农田,在农民看来自是"憨包"无疑。

农民借钱是用来嫁女儿,娶媳妇,办丧事,抽洋烟……总之,是用来消费的。生计的穷困,入不敷出,才不能不"饮鸩止渴"地借债了。生计穷困和近不近都市有什么关系呢?这问题也许是要解答近都市地方离地地主多,远都市地方离地地主少的关键。我将根据江村和禄村两地的比较,提出一种对于农村土地权外流的解释,以供研究中国农村经济的朋友们讨论。

农村土地权的外流是由于农村金融的竭蹶。为什么靠近都市的农村金融容易竭蹶呢?引起农村金融竭蹶的原因不外两个:一是农村资金输出的增加,一是农村资金收入的减少。靠近都市的农村是不是容易发生上述两种现象呢?在回答这问题之前,我们还得先问这里所谓都市究竟是什么意思?都市普通的定义是指人口密集的社区。人口密集的原因固然很多,若是以现代都市来说,则重要的是在工商业的发达,因之我们的问题等于是说,工商业发达和农村土地权外流有什么关系了。

工商业发达无疑地会在农村市场上增加工业品,靠近工商业中心的地带,因为运费低,工业品更易充斥。农民购买工业品的数量增加,农村资金外流的数目也随之增加,可是用工业品去吸收农村资金却有个限度,因为农民对于工业品的需求富有伸缩性。在他们生计穷困时,可以拒绝或减少他们工业品的消费;除非是像鸦片一般的嗜好品,绝不会因工业品输入农村而把农村金融吸枯,以致农民要卖田来维持生计。

农民的消费品依赖都市供给的种类及数量的增加,是农村自给性降低的指数。自给性降低，就是说以前可以自己供给的消费品，现在不再自己供给了。都市发达促进农村生产的专门化，使它成为食料及其他制造品原料的供给者。在农村自给性降低的过程中，有一个危机，就是以前农村持以吸收外界资金的家庭手工业会因之崩溃。这种在减少农村收入上的金融压力，实是农村土地权外流的主要因子。

我时常这样想（虽则还没有事实材料来证实）：我国传统的市镇和现代都市不同，它不是工业的中心，而是一辈官僚、地主的集合所，和农村货物的交易场。在传统经济中，基本工业，如纺织，是保留在农村中的，因之在传统经济中富于自给性的农村是个自足的单位，它在租税等项目下输出相当资金，而借家庭手工业重复吸收回来一部分，乡镇之间似乎有一个交流的平衡。这平衡在现代工商业发达，农村手工业崩溃中打破了，农村金融的竭蹶跟着就到了。

这样看来，农村土地权的外流和都市确有关系，可是这关系并不像托尼所说的是因为靠近都市的农田生产力高，而是在靠近都市的农村，凡有传统手工业的，抵挡不住现代工业的竞争，容易发生金融竭蹶。换句话说，土地权外流不一定是靠近都市的农村必遭的命运，若是一个原来就不靠手工业来维持的农村，它遭遇到都市的威胁，绝不会那样严重。关于这一点，我自己还没有材料来证明，因之很想得到一个都市附近没有传统手工业的农村，加以调查，用来校核我这个假设。

若根据我这种说法，很可用以解释为什么以丝业为基础的江村，在都市工商业发达过程中沦为佃户的集团，以及为什么内地以经营农田为主要业务的禄村，至今能维持以自营小地主为基础的结构。

五、工商业发展一定会引起农村土地权外流么

让我们再回到托尼的话：土地生产力低的地方土地权不致外流，是不是因为土地生产力低的地方不易发展手工业，所以不易受现代工商业的威胁么？事实却适得其反。我们为了这问题，又在云南选了两个农村来调查，我们的结论是传统手工业常发生在农田面积较小、土地较瘠、农业生产力较低的地方。关于这一点，我希望将来还有机会详论。若是我们的分析没有大错，则托尼的解释似乎不能再维持了。

托尼的见解一加修改，我们就要为内地一辈有传统手工业而农田生产力太低的农村的前途担心了。现代工商业在内地发展起来会不会使这些农村的土地权外流呢？在这考虑上我们却又看到了这问题的另一方面，就是都市资本向农村流入是否一定会引起土地权的外流？

都市资本用来买田可以说是一条末路，买田出租，依我们的计算，利息总是在一分五左右，而农村中借款的利息则至少在三分以上。所以即使都市资本因农村借款的利息高而进入农村，并不立刻引起农村土地权外流的。有钱的人希望能放债收高利不愿买田，只有在债户没有清理债务的力量时，债主为避免本利双失，才去收买抵押的农田，或是有钱的人找不到债户，有空着的资金才去买田。换一句话说，在农民有力维持支付利息时，土地权不易很快地转入城里放债者的手里，若是城里有钱的人能有其他利用他资本的机会时，他们也不会让资金自然地流到乡间去的。

这样说来，若是现代工商业果真能发展起来，都市里投资的机会加多，工商业的利益能超过一分五以上，都市资本不易流向农村，土地权外流的趋势可以减少。这当然还要有一个条件，就是农村中金融不竭蹶到非大量靠都市资金的接济不可的地步，或可以得到不必用土地权去换取的资金。好像现在政府提倡的农村小本贷款等办法，确可防止江村的覆辙。

工商业的发展，若不同时减少农村原有的收入，很可以发生农村收复已失土地权的趋势。这是我们在云南某地已见到的现象。因为近来商业利益的日增，有田的人很有愿意把土地卖给农民，把钱去经商的。在夷汉杂居的地方，有所谓"水田上山"的情形，就是说夷人向地主买水田，把土地权带到山上去的意思。我们是这样想：若是政府在工商业发达过程中，能采取适当的政策，不但可以防止土地权从农村中流出来，而且还要可以把农村已失的土地权慢慢地收回去。

雇工自营的农田经营方式

一、自耕农和自营农

"自耕农"是讨论农村经济时一个常见的名词。究竟这是指哪一种农民呢?我们不妨借行政院农村复兴委员会丛书《云南省农村调查》(商务出版)所给的定义来回答:"自种自田而不租种人家土地亦不出租者为自耕农。"(凡例1页)这是根据土地权及经营方式两个条件而规定的。从土地权方面说,自耕农所耕的土地是属于他自己的。从经营方式说,他们是自己"种"的。

用这个名词来说明农村土地权的分配也许不致发生困难,可是用来说明经营方式时,我们就得问一问"种"字究竟是什么意思了。我发现这个问题并不是偶然的,早年在江村调查时,我就用这个名词。这时我自以为很明白,种田是指在田里劳作。自耕农是指在自己田里插秧以至割稻的一辈农民。最近在禄村调查时,我就发生困难了。若以种字限制于在田里劳作的话,则有一大部分农民并不把田出租,又不租人田,可是自己却并不在田里劳作。他们可以把整个农作活动雇零工或包工来做。他们坐收农田之利,和出租田的地主差不多。可是从经营方式上说,却又有差异,因为出租田的地主所得的是定额的租谷,不直接担负农业经营上的风险。雇工经营的地主却相反,他们付出定额的工资,直接担负农业经营上的风险。

我们若把这辈雇工自营的农民也放在自耕农的一类里,固然没有什么不可,可是在"自耕农"一类中却包括了两种经济地位不同的农民了。一是自工自营的,一是雇工自营的。这两种农民相同之处不在"耕"而在"营"。严格地说来,与其把这一类农民称作"自耕农"不如称作"自营农"。而且我接下去就要说"雇工自营"是内地农村特别发达的农田经营方式,若我们要分析内地农村经济,我们不宜把这重要方式,不清不楚放在"自耕农"的范畴内,而甚至使望文生义者认为内地的"自耕农"和江村一类农村的"自耕农"可以相提并论。

二、发生雇工经营的条件

为什么雇工自营在江村不发达而成为禄村农田经营的基本方式呢?一提到这问题,我们就得注意到发生雇工经营的经济条件了。雇工自营和出租经营,都是地主脱离农田劳作的结果。为什么地主们要脱离劳作?那是另外一个问题,本文不想讨论。我们不妨先假定一个地主已决定自己不下田,他出租呢,还是雇工自营?在选择时他要顾虑到两个条件:第一是他能不能自己经营,第二是雇工经营比出租利益是否较大。对于这两个条件的答案各地不同,因之结果也不同,我们正可用江村和禄村的对照来说明雇工自营的基础。

经营农田包括决定农作日历,筹划农作资本,添置农作工具,及监督农作活动等事务。这些事务要有效地处理,地主不能离田过远。换一句话说,只有在地地主才能经营农田,离地地主是事实上无法直接顾问农事的。我在《农村土地权的外流》一文中已分析过靠近都市的江村离地地主发达的原因。握有江村一半以上土地权的大地主却住在苏州,他们连自己的田在哪里都不晓得,要他们自己去经营农田是不可能的。禄村的农民大部分是在地地主,他们想要经营农田却很方便。而且在工商业不发达的内地,地主们由农田上解放出来的精力和时间都没有机会用在其他得利更大的事业上,不管农事,就无事可管。

可是内地地主经营农田虽有方便,却并不一定是他们自己经营的,因为若是出租的利息大,他们为什么自讨麻烦呢?所以内地农村中雇工自营方式的发达还要有一个重要条件,就是它一定得比把田出租更为值得。雇工经营和租营对于地主的利益是由工资和租额的高低来决定的。若是雇工经营的地主支付了工资之后所得农田上的赢余为数不及租额,他们就不值得雇工经营了。

三、雇工经营的利益

1934年，农村复兴委员会曾派员在禄丰六个村子（禄村就是其中的一个）里调查当时的工资，报告里说："普通在农忙得雇用短工，工资以日计，其伙食亦由雇主供给……忙时男工每日3角，闲时1角5分。女工忙时1角5分，闲时1角。"（第154页）货币单位据说是当时的国币。我们不知道当时的物价，该报告又没有把农田收入说明，自无法说这种工资是高是低。可是农田的出产量在这6年中绝不会有很大的变化，当时的物价也不会比抗战军兴之后为高。而上述的工资数目却和1939年10月时的工资数目相等（我们并没有发现各种农作中工资有变迁的情形），因之也许我们可以说，依他们的调查，当时内地农村的工资实在很高的了。他们却又说禄丰六个村子里雇工的农家很多："地主兼自耕农完全是雇有雇工的，自耕农和半自耕农约有一半有雇工的，佃农亦有少数雇用雇工的。"假定他们的调查是正确的，则我们上节里所说雇工经营只有在工资低的情形中发生的一句话就不能成立了。

也许当时的租额低得利害，使农民们即使付了很高的工资，还是值得雇工自营，何况依他们说佃农都有雇工的呢？可是一查他们的报告却又不然。据说这六个村子中租额对于正产量的百分比有高至100的，换一句话说全部农田的正产是给地主的。依他们调查禄村的纪录，租额是正产量的83.3%（第161页）。这把我们弄糊涂了，除非农田副产高得很，这个农村经济真太特别了。他们没有把农田副产的情形说出来，据我们在1938年和1939年的两次的调查，禄村约有70%左右的农田种有蚕豆，一年的豆产价值至多不过谷收价值的1/4。在这种种考虑下，我们只有怀疑这报告的正确性，甚至觉得里边定有"荒谬不堪"的地方了。

先说工资：据我们的调查，1938年10月除膳食由地主供给外，男工每天国币1角，女工减半，1939年7月男工每天3角，女工减半。依这个数目我们曾估计1938年每工农田（一工约等于250平方米）一共要支出工资1.48元（一工两熟的农田全部农作须劳力男工8.5，男或女工1.5，女工10.3，关于估计方法，本文不能详述），另加工人膳食1.62元（每人平均每日8分），再加种子、肥料、工具折旧、耕地税等，全部农业支出每工农田是4.17元。

同时农田收入，依我们的估计，是上等田 10.1 元（谷收占 8 元），中等田 7.75 元（谷收占 6.4 元），下等田 4.69 元（谷收占 4 元）。收支相抵，一个全部农作活动雇工来做的地主可以获得利益：上等田 5.93 元，中等田 3.58 元，下等田 0.52 元。

若以租额是谷收 83.3% 来说，则上等田可以得到 6.66 元，中等田 5.33 元，下等田 3.33 元，比了雇工自营的利益高得多了。可是据我们的调查，禄村从没有过这样的租额，我们根据保公所的档案和实地调查的个案，可以断然说禄村的租额至多是谷收的 60%。而且这是名义租额，实际租额还有不到这个数目的，即以租额 60% 计算，在 1938 年，地主可得到：上等田 4.8 元，中等田 3.84 元，下等田 2.4 元。很明显的，上等田的租额是低于雇工经营的利益了。

一个租得着上等田的人若雇工经营，全部支出加上租额每工田是 8.97 元，可得 1.23 元的利益。可是中等田就不值得了，因为全部支出每工田 8.01 元而收入只有 7.75 元。下等田更差。因之租中等田的只得自己劳作，事实上等于获得工资而已；下等田就没有人要租，因为连比卖工都不如了。

四、工资和租额为什么这样低呢

工资和租额的低落出于两个不同的因素。工资低落是因为当地有大批非出卖劳力不可的人，租额低落是因为当地有大批非出租不成的团体所有地。在这里我并不能详细讨论，但不妨择要一说。

若我们再去查一查农村复兴委员会的报告，禄丰县六个村子劳力的供给都极少，雇农只占全体村户的 3.61%，这是和他们说雇工很多的事实相矛盾的，事实上绝不止此数。我们在 1938 年调查时，禄村没有田又租不着田，非在农田上卖工来维持生活的，占全村农户 15%；经营农田在 16 工之下，单靠农田不够维持生活的，占全村户 16%。因之即在本村里独立门户的人家，全部或部分出卖劳力的，就在 30% 以上。此外还有住在人家的长工和单身卖工的，1938 年的户口册上就有 32 个，占全体农作年龄人口 7%。而且每年有大量由别村来禄村短期卖工的人。据说以前在禄村人民所经营的农田上，有一半以至 2/3 的劳工，是从外村短期雇来的。即在 1939 年劳力供给锐减的时节，我还亲自清查收谷时的劳工中，有20%是外来的。禄村劳力供给的确很多，工资的降落是自然的结果。

禄村的农田有27%是属于团体地主的，如阖村公田、族姓公田、庙产等（据复兴委员会调查禄丰全县除族产外，公产占全县熟地面积3.98%。第129页）。团体所有田只是土地权的集合，并不是经营的集合，非租出去给私家经营不成的。而且团体所有田的管事照例是不以团体利益为主，结果是管事和佃户双方占一些便宜，让不开口的公家吃些亏。不但租额定得低，而且还租时不常足额的，甚至欠租欠到分文不纳的程度也很普通。管事的心里本有病，开不出口，又不愿为了公事得罪人。团体本身又没有健全组织，普通人管不着。在这种情形下，所决定的租额，不能超过雇工经营的利益了。租额低，工资低，雇工自营得到了发达的机会。禄村私家出租的农田，不过占全部私家所有田的8%。

若是容许我说一句笼统的话，禄村的租佃关系是发生于团体和私人之间，私人所有田以自营为原则，所有田面积较大的人家，就不自工自营而走上雇工自营的方式上去了。

土地继承和农场的分碎

一、人口压力压碎了农场

"人口压力"看来好像是个抽象的名词,可是在乡下闹分家的时候,却表现得最具体也没有的了。让我先说几个实例:

我在禄村寄居的那家房东是村子里的小康之家,有田 36 工。平时我的房东,穿长袍,赶闲街,做礼拜,空来还在茶社里画飞鸟山水。大儿子在楚雄中学里读书,小儿子提了个外国名字叫大彼得,生活真不算差。隔壁住着他的伯父,伯父有两个儿子,一群孙子,人丁倒兴旺,可是大家挤在三间住房里,家境很窘。小孩子们更是显得褴褛,14 岁的孩子整天在田里做工。堂兄弟间生活相差这样远!据说房东的祖父死时,把田产平分给两个儿子。房东的父亲生下一个孩子就死了,剩下个寡妇,伶仃孤苦,把儿子领大,田产保住了。房东的伯父,生了两个儿子,娶了两房媳妇,经了几次大事,只剩了 24 工田。媳妇们不和睦,闹分家,老人家留下了 6 工,儿子们各得 9 工。9 工田的小农场养不活两口子,家道如何能维持呢?大儿子更不争气,又懒又抽烟,连这点家产都保不住;小儿子勤苦,租了些田来耕,其中有一部分还是我们的房东的。一个老祖的子孙,竟分出了地主和佃户,"悠悠两代,贫富是分",听来也叫人寒心。"贫富是分"的原因,只是在大房里多生了个孩子罢了!

禄村村子里现在已找不到大地主,有田最多的只不过 65 工。可是 30 年前村子里还有好几家有 200 工田的。有一位同善社的朋友曾和我谈起他的家世说:"家父手上还有200工田,一年近200石谷子的收入,真是不愁衣食,我们兄弟五个整天打打牌,抽抽烟,日子容易过得很,后来分了家,一个人只剩了40工,手边就紧了。到下一代,再一分,剩多少呢?"——真是"家无三代富"!

人一代比一代多,大家争着这块有限的土地,农场怎能不一代比一代小?小到成了中国农业改良的一个大障碍。据说中国的农场平均已经不到4英亩(1英亩约等于6.07亩或4046.86平方米),和美国一比真是小巫见大巫,相差快40倍了。不要说这样的小农场上机器用不得,连最简单的技术改良都无法着手。关心中国农村经济前途的人自不能不对这问题特别焦急了。

人在繁殖,土地有限,这矛盾固然是人类经济中无法逃避的,但这矛盾却不一定成为分碎农场的力量。人多了,可以把他们赶到农业之外去谋生,即使赶不出去,也不一定叫他们都做地主。若能这样干,人尽管多,农场哪里会小呢?以英国的情形说,19世纪以来,人口增加了几倍,而农场不但不分碎,反而集中起来。这不是明明告诉我们人口压力不一定把农场压小的么?在中国人口压力直接成了分碎农场的力量是因为我们传统的亲属结构在助虐为暴。

二、继承的平等原则

在我们传统的亲属结构中承认着兄弟有同样继承遗产的权利,而且他们继承时还要讲平等的原则。有些地方的习惯法则虽在名义上否认平等原则,好像承认长子有特权可以多分得一些田产,但是在实际上这特权也有时并不一定实现的。即使实现也是没有防止农场分碎的作用。

江村的继承习惯法是承认"长子权"的,长子可以多得一份长子田。可是中国农村中田产的继承并不一定要等父亲死了才实行。父亲在世时就可以闹分家,若是长子成了婚,娶来的媳妇受不住婆婆的气,争执得不可开交,请舅舅出来作主,把田分了。在江村,分家时老人家留下一份"养老田",长子留下一份"长子田",其余几个儿子公平分开。以此时为止,长子比了幼子似乎是占了些便宜。但长子分走了,老人家大都跟小儿子同住,那份养老田就归小儿子经营。老人家死了,养老田里拿注钱出来送葬,其他很多就不再要小儿子吐出来了。他供养了老人家一辈子,这是一些报酬。名义上,江村的继承原则不是平等的,可是实际上不平等程度却浅得很。

继承上讲平等,听来是最好也没有了。可是就因为这原则,人口压力一直压上农场来,使中国遍地都是小农。要避免农场的分碎,儿子间总得有几个吃些亏,不继承土地。这种完全由长子或由幼子继承的办法,一个以农田为经济基础的社区中不容易行得通,因为得不到继承农田的儿子不易谋生,除非在农业之外还有谋生之道,或是本地之外还有新世界可以吸收那辈在父亲手上得不到农田的人;否则继承上讲平等确是最合人情的办法,农场虽因之缩小,要是大家挤一挤,能活得过也就算了。

三、土地双系继承的困难

传统的继承法中所承认的平等原则却有个限制,就是同性讲平等,异性不讲平等。男女有别是天经地义,女子继承不到田产是中国农村中普遍的习惯。农田是男性的财产,农田的继承是单系的。单系继承,从一方面说,一家的农场不会因出嫁女儿而分碎,可是另一方面说,娶媳妇时,媳妇也不带田来,一家的农场也不会增大。双方刚刚互相抵消,在农场的缩小和增大上看,女子有没有继承权,并没有多大关系的,农场虽不致因男女在继承上的平权而愈分愈小,但是因之会愈分愈零散,那却是免不了的。我们若再深入想一想就能见到土地的双系继承有很多不易实行的客观条件,在这里不妨附带一提。

从农村的区位结构上说,农田和住处不能相距太远,若是太远了,往返时间及所费劳力会影响到农田经营的效率。我们若假定农田继承是双系的,就是子女平等继承父母双方的田产,则婚姻关系在地域上就会因农田和住处间的区位关系而限制于一较小的范围中。若是夫妇原来的住处相隔很远,他们两地都有田地需要经营,田地不能因婚姻关系而搬在一起,夫妇又不能因田产分散而各自独住。在这种情形中,只有在邻近的地域中发生婚姻关系了。若是婚姻关系有其他的原因不能限于狭小的地域时,则农田双系继承在事实上办不通了,除非所有权和使用事实完全脱离关系。

我在《江村经济》中曾提到,我国的新民法因为要促进男女平等起见,确定双系继承的原则,这是没有顾到最大多数农民的实际生活情形的立法,在可以分析的动产方面,双系继承自有实施的可能,可是在不动产方面,尤其是日常要加以经营的生产工具，好像农村中的土地，在现有的生产技术之下，很少有实施的可能性。现有的土地政策，鼓励耕者有其田，而继承法却间接地在鼓励不动产的所有者脱离使用，在我看来，二者是互相冲突的。

土地的单系继承虽则是农村中女子地位低落的一个重要原因，可是它确有它经济上的贡献。靠了单系继承农场少了一个被分割离散的机会，从上文看下来，若是我们要想法免除农场因人口压力而分碎，似乎不能不采取不平等的继承原则，把继承土地的权利交给特定的少数人。这种说法似乎很不合潮流，因为在这个年头自由平等一类抽象名词的力量太大，为这些名词牺牲一些经济上的利益，似乎是大家甘心的。我在这里本来没有怂恿人舍此取彼的意思，只想指出在现有的社会结构中，二者是不能兼有罢了。

四、团体地主和农场集中

这样说法，不免叫人有些悲观了，一方面我们希望现在的小农经济能逐渐消灭，一方面我们却拼命地在推广土地继承上的平等原则，这不是南辕而北辙么？这个矛盾并不是永远解不开的，在乡下就可以见到有一种农田不在人们世代交替中发生继承和分碎的现象，这就是团体地主的农田。在云南省这种农田特别发达，依我们调查的禄村来说，全村所有田总数的27%是属于团体地主的。

农田继承是发生在农田可以继续不断被人利用，和农田所有者的个人有生有死的矛盾上。团体的生命并不和个人的生命一般，团体分子虽有生死，团体的本身却可以较长地维持下去。团体超越了个人，团体所有的农田就不会一代一代地发生继承的手续，团体中分子的数目虽则可以多起来，可是这个人口压力却压不碎农场的整个性，至多压低一些各人所能获得的利益罢了。

团体所有田非但不易分碎，而且有着慢慢扩大的趋势，以禄村的阁村公田为例：据说杜文秀叛乱时（1855～1873），屡次蹂躏禄村一带，杀戮甚惨，有全家被难，不剩一人者，事后村里有一大批田产没有人收管经营，所以就充了公田。每次变乱，公田都有增加。公田的扩张当然不一定要靠变乱和杀戮；因绝嗣，因捐助，私家的田向团体集中，团体所有的田又不分出来。有进无出，面积自然容易扩大了。

从这方面看来，土地一脱离私家所有就很容易集中。可是这种集中起来的农田，以禄村来说，并没有形成大农场。团体地主并不以团体来经营农田，所有权是集合了，经营上没有集合，禄村团体所有的农田都是租给私家经营。这样说来，大农场的形成，单靠所有权的集合是不够的。可是云南团体地主的发达，多少是已经给大农场立下了一个基础。如何利用已有所有权的集合发展到农业经营的集合，是云南农村经济前途一个有意义的问题，希望本省的青年能特别加以注意。

农田的经营和所有

一、"耕者有其田"的背景

中国以前关于土地问题的理论和政策大都是以沿海诸省的农村情况作张本的。抗战把我们的眼界扩大了,我们在内地见到各种和沿海不同的农村形式,因之,有一些土地问题的理论和政策可以重加考虑。本文想提出来讨论的是以往土地政策中的一个根本观念——"耕者有其田"。

"耕者有其田",初看上去似乎是最明白不过的,可是若要详细分析起来,就可以有不少性质不同的解释。我在这里先只就一种意思说,就是"经营农田的人就是该农田的所有者"。"耕者有其田"是提倡农田的经营和所有合一的主义。

农田经营和所有的合一之成为土地政策的基本观念是针对着一种形式的农村而发生的,这就是我们沿海各省常见的农村形式。这形式的特点,简单说来,是佃户在农家中占绝对多数。佃户为主的农村中,在农田上劳作和经营的是一辈没有土地所有权的人们。握有土地权的地主们可以住在很远的市镇里,他们连所有农田在什么地方都不很明白。在这种农村中,经营农田的人并不是所有农田的人,农田的经营和所有在这分了手。

一个已经脱离了经营的农田所有者,农田对他有什么好处呢?有,就是"地租"。在一个承认土地所有者有权可以任意支配他的土地(甚至包括自由废弃土地的生产力)的地方,地主们只有在能获得"地租"的条件下,才会把使用他们所有土地的权利让给别人。所有者虽不自己经营他所有的农田，可是他单凭那"可以不给人经营"的权利，坐享着别人经营农田之后所收获的农产，这笔名作"地租"的收入，可以占农田产量总数的一半到一半之上。

我在这里不想追究"地租"的起源，只想看一看社会承认了地主有权把田租给人家而向佃户征收一笔地租之后，在农村人民的经济生活上引起了什么影响。任何人根据他的常识就能想像到：以佃户为主的农村中，每年一定得输出大宗农产到地主所在的市镇中去，结果使农村人民借以为生的资产大行减少，人民的生活程度因之降低。当然，有人可以说：佃户们的输出是和另外一笔无形的输入相平衡的，因为他们靠了这笔输出获得了在农田上暂时经营的权利。佃户得到了这权利可以利用他们的劳力和资本以获取工资和利息。他们的经营既靠着地主们的允许，地主们的允许就是一笔无形的输入。不管我们怎样替"地租"辩护，这种"有形输出，无形输入"的农村中的佃户们的生活程度总是提不高的。

农民生活程度高不高与地主有什么关系呢？不能接受极低生活程度的人，本来不用来做佃户，"要租田就得这样，不租就算了么"，地主们自然可以这样说——他这样说，是合法的，因为法律承认他可以任意荒废他所有的农田，自己不经营，并不一定要给人经营。

话是合法的，可是合法的并不一定能做得通的，因为法律本身的基础很脆弱。它是只在人民能容忍的时候才有效力。若是一条法律太使一辈人过不去，这辈人的反抗可以使该项法律失去效力。地租若高出了一辈佃户的生活所能容忍的限度时，就发生了"自愿坐牢，不愿交租"，以及"罢耕抗租"——一直到大规模的"农民暴动"和"政治革命"。

以上的一段话，实是我们中国很多地方，尤其是沿海诸省的实地写照。蒿目时艰的先觉之士，要求一个釜底抽薪的办法，就发生了"耕者有其田"的主张：所有田的人自己去经营他的田，或是不经营农田的就不能享有农田所有权。彻底地这样做，经营和所有合一之后，就取消了"佃户"这一种人，因地租而引起的农村经济的危机，以及农村经济危机而引起的政治叛乱，都无从发生了。

二、小农制的弊病

抗战一起，似乎很少人再谈"耕者有其田"了。据闻中共执政区域也改变了多年来不惜流血争取的土地纲领。这改变的原因是政略的。现在这些区域实行的减租减息政策，是在容许地主继续存在的原则下改善佃农和一般小农的经济地位。不过内地农村的主要形态是自营的小农，我在本书以上的几篇文章中已经说明这种形态的基础，在这里不再重述。自营小农的形态，却让我们看到农田经营和所有合一的"耕者有其田"也有其弊病。

在抗战以前，尤其是在沿海诸省，农村的问题可以说是在分配的不均上，抗战发生以后，分配问题似乎推到了幕后，注意的集中点转到了生产问题。大家要求的是如何谋增粮食的自给，如何推广可以出口的农产物，如何增加工业中所需的农业原料的产量——一言以蔽之是在求农业生产的增加。在这要求之下就看到小农制的弊病。

小农制是中国农业技术不能改良的一个主要原因，在小农场上，不但现在利用动力的机器用不进，连耕牛都不能充分利用。技术不能改良，农民们要凭赤手赤足在田里劳作，农业里拖住了大量人口，农民的生活程度也终是在饥饿线上挣扎，哪里还能希望农村有多余的粮食大批地向都市和前线输送？哪里还能希望有大批的农田改种出口的作物和工业的原料？

因之，目前的农业政策必然要向如何扩大农场以减少农业里的劳工，如何提高农业的机械化，如何把农村人口吸收出来等方向打算。在这些打算中，农田经营和所有的合一不但不成为主要的目标，甚至会觉得这是农场扩大的障碍了！

"耕者有其田"本是防止土地权集中的一种对策，它是想以农田经营来限制农田所有，使农村经济不致受分配不均的累。可是农田经营和所有一旦合一，农田经营却也受了农田所有的限制。若是"经营农田的人必须是该田的所有者"，则农场的大小必然限于该家自有劳力所能耕种的面积，其面积必然很小。这样说来，"耕者有其田"不是成了提倡小农制的政策了么？这种政策也就不能适应抗战以来所发生的新需要了。

农田经营和所有分开了会发生分配不均的问题，农田经营和所有合并了又会发生生产限制的问题。究竟分好呢？还是合好呢？

三、所有分散和经营集合

在这个农田经营和所有分好还是合好的问题下，我们对于"耕者有其田"的原则似乎需要一个新的解释，我们要使农田的所有不在大农场的需要下集中起来，而同时我们也要大农场能在农田所有不集中的条件下确立起来。分散所有，集合经营，能不能同时并进呢？

以我们过去的农村情况来说，农场的大小的确常受农田所有权分碎的限制。可是农田所有权集中了依旧没有产生大农场。我在上文所提到的租佃方式就是发生在集中所有和分散经营的方式上。一个连自己的田在什么地方都不知道的大地主，他不是农田的经营者，他虽则集中了农田所有，可是又分散了租给佃户们。每个佃户各自经营他们所租得的农田，分裂成不少的小农场。

农田所有权的集合并不就会发生大规模经营的农场。在云南农村中常有很多团体地主，好像氏族、村田等也是一个例子，他们很多人共同有了一块地，可是他们并不共同来经营它，而交给一个管事分别租给佃户。

为了要在经营上有大农场产生，我们决不能在农田所有集中上谋出路。而且我们也可以说，"耕者有其田"政策所针对的租佃制度也正是把已集中的所有权分散为小农场经营的机构。

所有权集中固然不一定会产生大规模的经营，可是我们得问：所有权分散了是否有发生集合经营的可能呢？我的回答是可能的。

在云南农村中所常见的"换工"制就是超越所有权界限集合劳作的方式。甲家在前一天帮乙家掼谷子，第二天乙家就帮甲家来掼。他们并非各在各的农田上工作。再以江村的灌溉工作来说，集合经营的性质更是清楚。太湖流域的田是高出水平面的，每丘田要水时固然可以单独向河流里汲水，可是水太多时，一大片田一起淹着，不能单独排水，因之在排水时，全圩的农家得集合起来，在一个出口上，一同排水。在这上边发生了一个排水的组织，有条有理，有一定的规矩，有公认的裁制方法（见《江村经济》）。在云南农田上的水是靠水坝的管制和沟渠的疏导而得来的，于是靠同一条水沟来灌溉的农民并不能单独解决他个别农田上的水的问题，他们一定得组织起来，集合经营。

以上这些例子是说明了：在我们原有的农田经营的过程中已有某些工作段

落，因实际的需要，采取了集合的方式。同时亦说明了农田所有的分散并不一定会使经营分散。于是，我们可以说，分散所有和集合经营是可以并行推进的。

"耕者有其田"，依其字面解释，"经营农田的人就是该田的所有者"，其利在于防止大地主的产生，其弊则在鼓励小农经营。我们在需要大农场时，就不宜以所有来限制经营，使所有和经营合一，我们的理想是要使土地所有权能平均地分配于每一个人，而经营上则可以有宜于用最新技术的农场，这就是农田所有的分散和农田经营的集合并行发展。这一个原则应当在土地政策中特别加以注意。

抗战和农村劳力

一、战时农村劳力的减少

长期战争中经济成了决定胜负的因素。劳力的供给和利用是经济因素中的重要部分。前线要维持着大量作战的部队，后方不但要准备更多补充的兵士，而且军需的制造和运输，更需比兵役加倍的人工。在一个农业国家，这许多直接间接从事于战役的人，大多数是从农村中征调出来的。在短期中，农村向外输送了大批壮丁，在经营农业时，会不会缺乏劳力？劳力缺乏会不会减低农业生产力？农业生产力减低会不会引起战时粮食及其他原料品的缺乏？这些都是我们在支持长期抗战中应注意的问题。

抗战三年来，人口稠密的省份，相继沦陷。人力接济的责任大部分加在内地农村的肩头上，于是有很多人想着内地农村劳力不足的危险。我们虽没有全部的统计，能指出在这次抗战中动员兵役的确数和新兴军事工业在农村中所吸收劳工的数目；但依云南某县出征壮丁估计，约占全部壮丁的1.5%；若包括加入新兴工业，建筑铁路，及其他原因外出的农民在内，依我们在云南某村实施调查的结果，约占全体人口的9%。这个数目并不能说是小了，可是我们却从没有见过农村中因劳力缺乏以致农业停顿的现象。再根据中央农业实验所的调查：1939年短工之需要量较该年实际雇用工数尚缺10%。但是结论却说："目前短工缺乏情形，尚未臻十分严重，其每农家所需要之增加量，亦不过5.6工而已。"(《新经济》第3卷第7期，沈宪耀《我国之农工》)

我们若一看日本的情形却大不相同。1939年12月16日重庆《大公报》社评把日本劳力缺乏的情形分析得很详细。农村劳力缺乏已影响到日本粮食的产额。其中有一段说:"日本今年的旱灾,虽说是天灾,但是若是有充分人工施以救济,或者也不致如此严重。所以今年不但被天旱的地方无收,就是未被天旱的地方,因工人减少,也影响收成不少。日本稻米每年至迟10月底总可收完,但是今年到了11月中旬,还有许多稻谷在田中未收,而米荒得如火如荼,所以军阀也慌了,12月12日下令使军队暂时解散,以便回家收谷。在这种战争不利的时代,竟使兵士回家收谷,这可证农村缺人的程度了。"

为什么我们内地农村的劳力能支持而日本不能呢?本文就想回答这问题的一部分。

二、农村结构和劳力的储藏

日本在战前的农村结构不容许储藏着大量没有利用的劳力,因之,一加战事的征发,立刻暴露了劳力缺乏的窘状。日本的农村里充满着靠租田生活的佃户。这是在双重压迫之下发生的:一是封建势力变相的持续,二是商业资本侵入农村。根据青山和夫等在重庆《大公报》所发表《战时日本农村》,该报的社评中说:"日本资本主义的原始积蓄及工业基础,建筑在半封建的榨取之上。明治维新没有农业革命,维新以后,农民不断地暴动,要求土地,继续至明治十七八年间,所谓'版籍奉还'与'秩禄处分',只是将诸侯土地,移交皇帝而已——明治政府因此而继承了德川幕府全国1/4的土地。所谓'地租(田赋)改正',把田赋现物制度改为货币制度(佃租仍旧纳物)只是承认土地兼并,开辟高利贷与商业资本浸透农村之路而已。结果,自耕农没落,佃农增加,使农村阶级分化,走于两端。现在日本全国农户,约有42%属于半自耕农,27%属于佃农,即10个农民之中,7个属于贫农层。"(1940年4月13日社评)

租田生活的佃户和半自耕农只有亲自在农田上劳作,才能靠他们劳力的出卖获取给地主剥削之后的剩余收入,在一个佃户充斥的农村中,决不能储藏着没有加以利用的劳力。若是这种农村中有了多余的劳工,这批劳工很快地因生活压迫,被吸收到都市中去了。吉川政雄在重庆《大公报》的报告(4月9

日），曾这样说："昭和元年（1926），年青人便陆续到都市去了。至昭和五年，往都市作工人数之多，平均几一家一口，于是村中不足的生活费用，便仰给于都市工银。及昭和十年，离村人数，已占全村的半额；其远离乡井死心做都市的劳动工人，不再返里者，亦比比皆是。因此在岛村里面，年青的人不可多见了。凡健康未替，不论男女，一一都跑了。"

我们内地农村的结构，刚刚和日本相反。据 J. L. 巴克在我国各地农村调查的结果，说西南水稻区（包括云南、贵州和广西的一部），自耕农占 57%，半自耕农占 34%，佃户占 9%（*Land Utilization in China*，1937 年，第 196 页）。这是说在内地农村中有一半以上的农民是自家有地的。

这辈有地的农民，住虽住在村子里，大多数并不亲自下田劳作。他们雇工去经营农田。1933 年行政院农村复兴委员会派人在云南禄丰县调查时，已注意过这种雇工经营的方式。他们在报告中说："地主兼自耕农完全是雇有雇工的，自耕农和半自耕农，约有一半有雇工的，佃农亦有多少雇有雇工的。"（《云南省农村调查》，第 1546 页）

我们曾在这地方详细调查过，觉得这种雇工自营的小地主是内地农村中的典型人物。若是笼统地说来，有田的就有资格不必劳作，在田里劳作的大多是没有田的人。有田的人的劳力在战前并没有充分利用在农业里，他们是农村中储藏着的劳力。有储藏的，不怕临时的支出，所以目前农村中输出了大批劳工，可是有储藏着的劳力拿出来填补，不致很快地发生缺乏劳力的危机。

三、女工在农业中的贡献

在战时动员的兵役和工役，至少在我国，是偏重于男子方面，所以最近由农村输出的人口，以男子为多数。我们调查的那个农村中，20 个月中一共迁出了 74 个人，其中男子占 55 个，女子占 19 个。男女的比例约 3∶1。可是在农业所需的劳力上来说，男女的比例怎样呢？以上述的村子来说：在 250 平方米的农田面积上，在经营水稻和蚕豆的一年工作中，需要女工 10.3，男或女工 1.5，男工 8.5。这表明在内地农村中，有些地方女子在农田上所费的劳力比男子多。女子因战事服役而离村的为数既少，则农田上所需劳力，至少有一大部分，不致受战事的影响。农业中女工的利用，是保障战时农业效率的一个重要因子。

可是农业中利用女工并不是农村的普遍现象。在云南省境内，我们就看见过有些村子，女工是不常利用的。女子不下田的习惯，在太湖流域的农村中最为显著。若我们详细一察：为什么有些地方女子不从事农作？依我们看来，凡是有女子手工业发达的地方，农业才容易成为完全是男子的作业。女子手工业中最重要的是纺织。丝业发达是太湖流域农村中女子不下田的基本原因。内地女子手工业比较上不发达，所以女子在农业中的贡献也时常较大。

从这一点上，我们或许可以推想到以丝业为农村主要副业的日本女子从事农业的机会一定少得多。没有熟习于偏重在体力劳动的农作的女子，绝不能在短时期内接替男子们遗下的工作。凡是女子不参加农作的地方，男子被战事征出之后，总是易于发生农村劳力不足的恐慌。

四、地域间劳力的交换接济

农业所需的劳力，在时间上说，不是平均的。在农忙时需要大量劳力，可是农忙一过，就有很长的农闲。谈农村经济，不能不注意缩短农闲的办法。

农忙和农闲是被农作物的生长期所决定的。以一家农户来说，一播种之后，哪天忙，哪天闲，差不多都已排下了，伸缩性很少。可是若是各家播种期参差不齐，有早有迟，则甲家农忙时，乙家却正闲着；乙家忙时，甲家已经忙过。这两家若是合作，你闲帮我忙，我闲帮你忙，则各家的农闲期不是可以大大地缩短了么？这是农村中常见的换工方式。

可是同一地方播种的先后，不易有很长的参差期，因为天太冷，播得不能太早，太迟了又要失农时。但是地域间的农期参差性可以很高，尤其以云南为甚。云南的地势高低不平，邻近的盆地可以相差很大，因之气候上，地域间的差异也特别显著。譬如离昆明西100公里的禄丰，农期比昆明至少要早一个月。又好像，相差30公里的昆阳和玉溪，两地农期先后又可有一个月的差别。靠了这地域间农期的参差，劳工可以有大规模的流动，交换调剂各地劳力临时的缺乏。

以我们所调查的那个村子来说，它在农作上依靠外来劳力接济的程度很高。据当地人民告诉我们："早年在田里做工的，三个里有两个是外边来的，现在少了，还有一半的样子。"我们在 1939 年收谷时，实地清查了几天，结果至少有 20% 是外村人。在另外一个村子里，一共不到 300 户，可是掼谷子时，经常要有 100 来个外村人来帮工。

地域间劳工的流动，从个人讲，增加了在农田上工作的时间，从整个农业上讲，较少人可以经营较大农田面积。因之，我们内地农村中，若在农忙时发生劳力不足的危险，它很容易得到邻近地域劳工的接济，这是在平原地带所不易获得的。内地多山的自然环境，缓冲了农村中劳力缺乏的可能性。

五、结论

以上我们分析了抗战三年来为什么我们内地农村并没有发生劳力缺乏的恐慌。可是我们决不能有恃无恐，以为我国人力是取之不竭，用之不尽的。抗战的能否持久，一部分是看我们能不能维持农村劳力于不缺乏。维持的方法有二：一方面是爱惜已征调出来的人力，避免一切不必须的浪费，使我们可以不致永远不断地向农村要人。另一方面是看清了内地农村的特征，尽力使劳力调剂的机构健全化。本文中已经提到的，可以归纳起来作三个具体的建议：一、提高农村工资，使以前雇工自营的小地主，觉得不值得再雇工，而亲自下田劳作。这样，本来储藏着未加利用的劳力可以动员在农业里。二、奖励妇女下田，并供给较良工具和耕牛，以减少妇女因体力限制不能操作的工作。三、组织地域间劳工交换机构，并供给便利的交通，用以扩大交换劳工的区域。

农民的离地

一、被咒诅的"离地"

五六年前,关心农村的人,一听到"离地"两字,总是有些惊心,正好像一个看护听到了病人"热度在上升"。当时"离地"真是个不祥的名词,因为它正表示着两种严重的农村经济的症候:土地权的集中和农民的离散。

农村金融恐慌的结果,使农民们不能不如饮鸩止渴一般地以高利来吸收市镇资本的济急,农民所保有的土地权加速地向市镇输送,引起了地主的"离地"。地主的离地使农村里的人民普遍地佃户化,这辈佃户重重地压在地租和高利的榨取之下,劳作终年也不能避免妻儿的冻馁。他们既和土地脱离了"所有"的联系,生活的压迫,很容易把他们逼出农村,在农业之外另求他们安身立命之道:人口从农业里流出来——农民的离地!

"农民的离地"背后不是在扮演着一出出惊心动魄的悲剧么?五六年前在沿海诸省农村里偶尔去走走,就可以随手摘取无数可以写作小说的题材。譬如说我自己就亲身知道亲戚家的一个丫头是为了抵几十块钱的债而来的,她父亲死后,没有钱送葬,她妈哭哭啼啼地向我亲戚借了那笔钱,不到一年,她的女儿就被拉出来了,她妈也离了乡下,不久就死了。一个软心的人,绝不宜去农村调查,因为那里这一类的事,早就被列入天灾一类,太平常而又无法避免的祸事了。

"离地"被咒诅是活该!

过去谈"农村复兴"的人，也总忘不了这被咒诅的"离地"，我们见到不少防止这两种症候——土地权的集中和农民的离散——的"热度上升"。好像用农村贷款来减轻农民金融上的煎熬，用二五减租来缓和地主的威力，用"耕者有其田"来限制土地权流入长衫阶级的手上。没有问题的，这些全是"良法善政"，若是认真做去，自可减少许多人间的悲剧，使传统的农业制度能维持得下，使那辈挤在土地上，在农业里讨生活的人能安心住在农村里，日出而作日入而息。

二、农民逃亡并没有减轻土地担负

若是住在村子里，天天看着农民们那种窘迫的苦况，谁也不能不为"恻隐之心"所动，进而觉得非赶快安定农村不成。可是让我们暂时闭一闭眼睛，从远处想一想，一切罪恶是否全能归在"离地"身上？

并没有在中国农村里住过的托尼曾这样说："中国农村问题虽则千头万绪。其实却极为简单，一言以蔽之，是现有资源不够养活这一批挤在土地上的人。"若是他说得有理的话，我们似乎反而得奖励离地了。土地上挤的人太多，唯一的法子就在解放一些人到农业之外去，这不就是在我们咒诅中的"离地"，摇身一变而成我们的救星么？

事实不是告诉我们几十年来农村人口离地并没有改善我们的农村窘态？这不是明白说单单"离地"是成不了救星么？于是我们得在这里追问一下，这辈从农村里流亡出去的人口到哪里去了？他们是否因为离了农业，减轻了土地的担负？

陈翰笙先生最近在他的《三十年的中国农村》一文中（见《中国农村》第7卷第3期）曾回答这个问题。他说那一大批破产的农民，离村之后有下列几条出路："10年以前直鲁豫三省的农民蜂拥到东北的，每年达100万。自第一次欧战直到世界经济恐慌开始，闽粤等省，破产的农民也成千成万地流亡到南洋一带去当苦力，许多没有出路无法迁移的破产者，不当土匪便投入军队。他们在军阀制度之下，渐渐失去了农民的本来面目而同化于流氓性质的游民。"

这一段话，说明了离村的农民只有少数是在农业之外找到其他的生产事业。东北去的农民依旧在土地上求生活。他们离了甲地入了乙地，只在地域上换了个位置，没有在社会经济中换个职业。流亡到南洋去的有一部分固然转变了职业，确实离了地，可是和国内的经济，除了约略减少一些人口压力外，并没有多大贡献。离村的农民大部分还是走入军队。入了军队表面上是离了村，出了农业，但是军队本身并不出产什么，它依旧大部分取给于农村，苛捐杂税，敲诈勒索，一分一毫没有减轻土地的担负。只是减少了一部分土地上的劳动者，没有减少土地上的消费者。这样说来，过去农民的大批离散，并不是减轻土地担负的离地，他们的流亡反而增加了留在农田上那辈人口的经济压迫。

土地上一部分劳动者离地他去了，重重压迫下的农民，哪里有余力和余资来改良他们农业的技术！技术未改，劳力减少，结果却发生了所谓"熟荒"——不是可耕之田地荒废了，就是因为劳力不足，农作流于粗放。农田产量，下降不已。

战前的"农民离地"确是该咒诅！

三、抗战后转变

抗战在中国农村经济史上展开了一张新页。在农业之外，很快地加多了不少新的事业：兵役、运输、工业、建筑，随处都需要大量劳工。这批劳工大部分还得取之于农村。可是内地的农村中却供给不了这大批的需要，于是很多人又在为农民不肯离地而发愁了。

以兵役来说，以前几块钱就可以雇一个人去冲锋，去当内战的炮灰，以理推想，为民族争生存的战争开始了，兵役不该成问题了，但是在农村里住的人，和负有征兵责任的保甲长，一谈起兵役，没有不摇头的。满墙满壁写着触目的标语："好人当兵"，好人却还是不多。

当前的新工业正需要大量的劳工，可是到处可以听到招不到工的怨言，连街头巷口都贴着招工的广告，工资提高了，生产成本加高了，农村里的人依旧不向村外跑。即使为了要逃役而不能不离村的，大都还是从甲村到乙村，不肯离地。

这是什么原因呢？农村经济在抗战中苏转了。后方连年的丰收，农产物不断地涨价，30年来压迫农民离村的力量消失了。在本乡有好好的饭吃，谁愿意自动离井背家地走入城市？新工业等待他们，可是他们不出来。"离地，到农业之外去！"成了此时急需的口号。

可是现在的离地和以前的离地的性质不同了，以前是农业之外没有生产事业来吸收那批农村里流亡出来的人口，跌入军阀的掌握，是从"生产"到"不生产"。现在是要转移一部分农田上的劳力到别的生产事业中去，这才是真的减轻土地所背着的重担，这才是根本解决千头万绪的农村问题的根本对策。

四、农村劳工的解放

要转移农田上的劳力到别的生产事业中去，问题就复杂了。以前农业之外很少其他生产事业，农民离地成了流寇，现在农业之外有了其他生产事业，可是农业的繁荣又不肯把劳工解放出来，新工业要想向农业争取劳力到处都逢着困难。这种困难的发生实是因为新工业的设计没有和农业政策取得联络所致。

设计新工业的人时常忽略了和工业密切相关的广大农村，新工业需要原料，这些原料很多是要农民去培植的；新工业需要劳力，这些劳力是要向农业里争取的。若是要新工业成年，我们不能不同时在农业方面采取相配的步骤。稍知道一些工业史的人，不会忘记英国工业的发展得力于农业革命的地方实在很大。换一句话说，若是我们尽力维持传统的农业，则新工业一定会受到很大的限制——这里我只从劳力上来申说。

要想在正常的方式中去吸收农业劳力到农业之外去，一定要先想法使农业所需的劳力减少。农业所需的劳力减少之后，农村就无需拖住中国80%以上的人口，使他们半身插在泥里，动弹不得。这是说我们要农民离地，必须在农业的生产要素中加以重新的配合——以资本来代替劳力。

以资本来代替劳力，就是减低劳力在生产要素中的地位，而增强资本在生产要素中的地位。让我举一个最浅显的例子来说明这句话的意义：若是你一早在农村的大路上去看，就能见到不少小孩在路上捡粪。这是以劳力去得到肥料的办法。若是我们有便宜的化学肥料可以大量地输入农村，使农民不值得费力去捡粪，在肥料上是以资本代替劳力。

"以资本代替劳力"，最重要的方式是"农业机械化"。机械就是资本；用了机械可以省下劳力，就是以资本代替了劳力。对于农业机械化的问题，已有很多人讨论过，在这里不必多说。苟其我们能在各种方面使农业里的劳力需要减低了，农村里才有多余的人口送入都市。

"离地"在新局面中已不应再被咒诅了。可是要使农民在有利于国民经济的条件下离地，却还得我们通盘地筹划，还得我们把它作为今后农业政策之一，努力去促其实现。

我们要的是人口还是人力

> 上帝造人,像他自己,有一口,连双手。撒旦来捣鬼,缚住了人的双手,却没有把口也塞住,世间罪恶,从此开始。
>
> ——《圣经》逸文

最近八中全会(1941年国民党五届八中全会)所通过的重要议案中有"奖励生育,提倡优生,发扬民族,以固国本"一案,除标题16字外,报纸上还没有见中央公布原提案人所据理由及其拟定的实施方案。我们在这时候加以评论,当然不免太早。但正因为其详尚未确定,而又事关国本,大家就值得对这个问题,各抒所见,以供当局参考。

在本文中,我想提出讨论的问题是:在这抗战的最后关头,大家若果认真积极生育起来,这对于国家目前的经济状况会有什么影响?这问题自然不能在这短篇中充分发挥,所以我只想说一个方面,就是生产要素中人力这一方面。

一、从人力缺乏到奖励生育

目前后方经济感觉到极严重的问题之一就是人力的缺乏。家庭里想雇一个老妈子,托来托去,来了一个刚和婆婆吵嘴的媳妇。住不上几天,气平了,想念家里的孩子,她就不告而别。做主妇的便恨20年前不曾奖励生育,多生几个老妈子来帮她煮饭洗衣!工厂里的情形并不较好。街头巷尾本来张贴招租的地方,现在尽是招工广告。若是你有朋友们在厂里人事科或考工课做事,你将见到他们整天在拟招工广告,签发准假单证,以及追查逃工等事上面愁眉莫展。哪一个厂里的长期请假名单不是长到成卷？在厂的技工们早就"封了王"，谁敢不另眼相看，巴巴结结地称他们为"工友"、"师傅"，甚至于为"工程师"？粗工们也身价十倍，未便轻易得罪，为的是"物以稀为贵"。

人力缺乏的现象，据说在农村里都出现了。最近我在陪都（重庆）观光了两周，至少有一打以上的朋友追问我："你们云南怎样？农村里不也是闹着人力缺乏么？"就从这种语气里面，可以知道四川农村中缺乏人力已经是不必置疑的事实。劳工少，工资涨，米价贵，生活的压迫开源于此，釜底抽薪的办法自得扩大劳工供给。资本可以借，人力哪里去移呢？于是我们听见有人说，中国的人口还嫌太少了。这样说来，奖励生育，增加人口，不但是百年大计，而且也是目前经济战略中的重要项目了。

二、目前人力利用重于储蓄

奖励生育能否解决目前人力缺乏的问题？我的回答是"不能"。说出来谁也容易明白，我们若在这时积极生育，假定一切都顺利，在一两年内所能收获的只是一大批乳臭未干的"小毛毛"，他们既不能当老妈子，进工厂，也不能够下田或赶马。要靠他们来充实人力的基础，至少也得等待10余年，也许多至20年。所以在这时候奖励生育，对于战时生产事业中的人力要素，不会有甚贡献。

若是我们看得更加切近一些，就会觉得奖励生育不但不能解决目前的人力缺乏问题，且会增加这种恐慌的严重性。譬如一年前，我家时常发生老妈子不告而别的情形，可是并不因之而即手忙脚乱，因为那时我们还有一道防线——到了必要之时，太太自己可下厨房。今年的情形却不同了，原因是在来了一个小孩。凡有孩子的人，应都知道孩子的麻烦：吃奶，拉屎，全得消耗一些别人的劳力。在最初三个月里，产妇之外再添一个"劳工"，有时还嫌不够。

当然，我们也可以这样想：小孩是会长大的，长大了就在社会上添了一个劳工，所以别人在他幼时所耗的劳力，将来可以收回；换言之，在孩子身上费些人力，有如长期存款。生育孩子可以说是"人力的再生产"；从整个的社会着眼，生育便是人力的储蓄。我们既在提倡节约储蓄，是否也得奖励人力储蓄？

可是人力储蓄不比节约储蓄。节约储蓄是延迟我们的消费，人力储蓄却是延迟我们的生产。一个本来可以在工厂里做工的女子，怀了孕，生个孩子，至少得停两三个月工作，甚至可以使她不能再进工厂。一个学校里的教员，因为太太生了孩子，半夜里被孩子哭醒三次，第二天总得加个午睡，精神才能支持。本来一天可以改完的卷子，现在得做两天工作，本来可预备得充足一些的教材，这样一睡就得减少一些。自然我不反对你说小孩大了也许是个社会之栋梁，现在的牺牲，拉长了看，还是值得。可是至少在时间上，这一段人力的储蓄，须延迟到下一代才能收回。

节约储蓄，"功在国家"，人力储蓄，要不是生出汪精卫那样的孩子，或许"功在后世"。在这抗敌到了经济战的关头，突然奖励起延迟生产来，不是有些像在战斗正酣之际，忽然下令储蓄起子弹来吗？

奖励生育若能生效，不但会转移一批可以动员在生产事业中的人力到"人力储蓄银行"的家庭中去，变成呆债，而且若要保证这笔储蓄不致本利全失，还得天天贴上一些保险费呢。吃代乳粉的孩子不用提，他可吃去高级公务员的全份薪水。即以母亲自己奶大的孩子来说，他至少也要抵过半个成人的消费。不说别的，只是尿布一项，已超过了父母一年所需添置的衣料。当然，你在小孩身上苛刻一些，暂时也并不会遭受啼哭以外的任何严重抗议。但是营养不足，皮包骨的黄脸儿童，即使长大成人，能否配做一个合格的健全的现代劳工，也有问题。若是不配的话，父母所下的"人力本钱"就不容易收回了。只要孩子能够长大，能在马路上擦皮鞋，父母预费的人力，至少还能收回一部分，只怕半途夭折，或仅能放"信号枪"，那就糟了！

人力储蓄在中国本是一件危险事业。在乡下，若去问问那些老太太，她们会使你惊异：她们在生育上真是能干，七八胎是常事，十几胎并不足奇。可是能长大的孩子有多少呢？乡下人在世兄弟能排行到老四的就不多了。少说些，至少一半是夭折的。查查我国的婴儿死亡率，据说是275‰。这就是说，1 000个一岁以下的婴儿中要死去275个。一岁以后死去的不在这数内算。如果我们真要凭着奖励生育来增加人力的总量，当然不能够以仅仅多些产妇，便可认为满足，总得要使已生的孩子能有充分的机会来长大成为有用的人。若要这样，则对婴儿的保育，产妇的看护，营养的改良，教育的推广，均得尽力去办。这笔费用，十足是长期投资，一时没有利息。试问在这因为事业扩充得太快而致发生人工缺乏的年头，在这抗战紧张，万事要求节约的关口，这笔账从何开起？

道旁的树木还是不住地被人砍作柴烧，"十年树木"尚谈不到，我们凭什么来大规模地实施"百年树人"的计划？

三、增加人口的代价

苟有人能担保今后20年内世界必再大战一次；战一次，狠一次；动员的人数也必多于这一次，则我们在这初次抗战的末期，就开始大量制造下一批的战斗员，那是谁也不敢哼出半个"不"字的。即使我们不得不抽一批直接生产的劳工和资本来促成其事，也是理所当然。可是20年后必再大战之说，究竟还是一个预言，关于国际政治的预言，有多少是曾经兑现过的？若是20年后没有大战，则今积极生育之结果，对于国计民生将有什么影响呢？

依现时估计，我们的人口自然增加率如果不变，则约138年增加一倍。若因奖励而使生育率加倍，又不因贫弱愚而使死亡率减低，则约70年后，中国的人口就可以满10万万了。从现在起，过20年，中国就有五六万万的人口。人口增多而耕地面积并不扩大，则在20年后，平均每人所有的耕地，也许不满8亩。这个数目和美国现在每人的平均耕地相比，相差约40倍。换一句话说，我们的生活程度，到那时候要比美国现在的人降低40倍。

凡是注意中国农村经济的人，除了极少数外，没有不把现在人多地少的现象作为农民贫、弱、愚的基本病因。以现在的情形来说，每人平均只有可耕地10亩弱，每户平均只有可耕地约30亩，在这样小的农场上，尽你怎样努力，也不过图一温饱，哪里谈得到其他的生活需要。托尼教授形容得好："中国人好像都站在水里，水已齐肩，只要略有一些风波，就有大批的人惨遭灭顶。"水为什么这样高呢？那是因为人太多，地太少。我们所有的资源，本来有限，人多了挤着争这一点资源。在中国，一般人民的生活，只能说是"还没有死"。生和死在这里真的只差一口气。在这一口气里，尽你高谈富国强兵，国怎能富？兵怎能强？在这情形之下，我们若再加上1万万的人口，终会表现怎样的穷相？

当然，话也得说回来，我们一方面奖励生育，另一方面也得改良生产技术。若是我们能在20年内增加农产量一倍，上述的情形自然可不发生。我不敢说20年内农产量加一倍是不可能，虽则很多学农的人曾经屡次向我这样保证。我想，即使这是可能的话，最好也是先等成了事实以后再来增加人口吧："麻雀尚在天空里飞，忙着先在厨房里砍葱蒜"，究竟是件拿不稳的事。何况一旦农产未增而人口已加，那就够麻烦了。说不定世界大战过了20年没有重演，我们却已抢米抢得酿成内乱！

提倡奖励生育固然是有道理的，但要所加的人口多数变成充实国本的人力，则绝不是不付代价而能办得到的。让我们先在代价上打算周到了，再谈奖励生育，你看如何？

四、人多了仍然会缺工

或者有人这样问我：若是中国人口已嫌太多，如今怎会感到人力不敷分配？因此，我得再写一段来说明人口和人力并非一事。

我们说人口太多，是从现有的资源分配上说的。资源不变，人数增多，各人分得的数目愈来愈少，生活程度越降越低，低至人过狗的生活，我们不能不说人口太多。人力缺乏是从现有生产事业和人力的比例上说的。技术不变，人力不增加，新事业扩张，找不到人来做工，此之谓人力缺乏。

人口的总数若等于人力的总量，那就没有问题。困难是在人的生产能力并不相等：有些等于零，有些且在数字前加个负号。在计口授粮之时，一人必定一口；而在计手派工之时，决定不是一人两手。让我们看看事实：有些嚷着雇不到老妈子的主妇，自己很可以每天约集三四个人陪她在麻将牌上消磨她们的"人力"。同样的，在农村里，我确知道还有不少全家躺在大烟榻上为找不到长工而致发愁的地主。撒旦用着麻将牌、烟灯，甚至一部分衙门里的办公桌来缚住了这样的人手。他若彻底捣鬼，连口也塞住，我们的世界便会多么丰富！现在所要解决的是人手问题，不是人口问题！

再进一步说，生产事业中所需劳工的总数，是依每个劳工的工作效率如何而定的。若我们去看看那批造路的"役工"，动手挖了三锄头地，就得撑着腰说三句闲话；过一刻，又得找个阴凉地方，抽三筒烟，悠悠自得地做，10天也不过做勤快工人一天的工。后方工厂里的"师傅"们，自己就说这里做工比较轻松，在上海一天得做完的，在此可做三天。同样数目的劳工，做同样的事业，效率减低了就会发生人力缺乏现象。人数多寡和劳工总数并没有必然的关系。

此外还有一个更重要的关键，那就是技术。这里，我又想到每天早上闹得我不能熟睡的舂米声音来了。我现在所住的村子里是怎样舂米的呢？每家门口有一个高约 2 尺的石臼，舂米时把谷子放在臼里，舂米的双手举起一个石锤，一上一下地向石臼里舂，他们的一举一动，全赖两臂肌肉动作，不借一些别的力量。这种技术，比瑶人都不如！瑶人还知道利用杠杆作用，减少体力。他们把石臼埋在地上，旁边搭个架子，作为支点，搁根木杆，木杆一头是石锤，另一头用脚踏，一上一下地舂。同样一个人，费同样的劳力，可以多舂不少的米。在禄村就没有用体力来舂米的了。他们利用山沟里的激流，冲动一个木轮，木轮上安一个碾子，谷子放在石槽里，碾子转动，谷子碾成了米，人只袖手在旁说闲话，或是抽烟。在江南，连这一种碾子都看不到，有碾米的船航到四乡去兜生意。船上安了个柴油发动机，一两天就把整个村子的谷都碾完。

在用两臂来舂米的村子里闹人力缺乏，不是自作自受？他们若是为了舂米的劳工不够，而想多生几个孩子，没有人不会不笑他们愚蠢！为什么不利用一个简单的杠杆，而一定要女人们到"血污池"里去翻身受难？让我们平心静气，反躬自问：为要增加中国现在的人力，而去奖励生育，是否也有一些说不过去？

附　录

疏散与生育
——给某杂志编者的信

编者：

纵使政府当局并不"奖励生育"，我也未尝不想试试那做爸爸的味道。人生有如走马看花，世间种种，管它甜酸苦辣，总得遍尝一下，才不枉此一遭。

这是去年夏天的事，孩子据说是有了，方庆此愿可偿。不料敌国的空军却找到了昆明是个最好的演习场所，于是不三不四的飞机便来满天飞了。昆明的警报是要"逃"的，一逃就得远走五六里，虽则不必定要翻山越岭，可是郊外的阡陌也不怎样平坦。我一面担心着尚未出世的孩子，一面要扶时常呕吐的太太，一脚高一脚低地在那坟山里乱爬。这时的情景也许可说狼狈得很，然而每一念及自己快做爸爸，也就可以咬紧牙关，鼓起勇气来了。10月13日，远足回来，发现我的小小的院子业已变成一座荒废了千年似的古庙。屋面开了一个天窗，满院子飞来了一地栋梁，还有一本旧书店里难觅的无线电手册。若是炸弹再重50磅的话，隔壁的七位无名英雄，准会飞临这个道场！

昆明是住不成了。冒了炸弹的危险，绕过飞机场，把家"疏散"到乡下。有话则长，无话即短。在乡下住了不久，太太的肚子更大了，有一天房东突然给我一个意想不到的警告。他说我的孩子绝不能在他的家里出世。他接着声明：这并不是有意为难，而仅为了遵照本地的风俗。据说一家人家的住宅，若被别人家的孩子血光一冲，则这人家的子子孙孙，也就完了。房东自己有年纪，并不十分惧怕这般秽气，可是他不能不稍为子孙打算，所以希望我能原谅他的苦衷。当然，我是一个将做爸爸的人，自己也很想做一个负责的"光前裕后"之人，怎能拒受他的事实教训？

我们本已请妥了一位相熟的助产士来乡下接生。这一警告便把预定计划全盘打破了。省城是去不得的。要不然，当初何须疏散？郊外医院索价过昂，穷产妇只好望门兴叹。交通不便，路又难走，倘若孩子等不及，要在半路上溜出来欣赏阳光，怎么应付？这绝不是杞人忧天，我有一个表嫂，半夜里就在城门口那个！

或者你得问我，"入国问禁"，古有明训，为什么不先打听打听？我的答复是：你得原谅我是一个"名教"中人！在此以前，政府早已下令，不准郊外房东刁难疏散居民，尤其应该保护孕妇。我想我已有了保障，毋庸提心吊胆。

闲话略过，言归正传：当我接到了房东的警告以后，就去找一相熟的局长，责以春秋大义，请他执行政府法令，破除本地陋俗。他唯唯称是，答允派员去和房东交涉。可是事隔三天，音讯杳然！朋友们劝我另谋出路，于是转向卫生院去接洽。但是卫生院设在文庙里，那是一县的圣地，当其成立之初，就已接受了人民的要求，绝不容留产妇！

行政法令既不发生实效，卫生机关又怕圣地被污，我急得团团转，想托一个本省的同事去和房东商量，"挂挂红"就算了事。谁知他说："这还要看房东对这风俗究竟认真到什么程度！"他自己的太太也曾在乡下生产，也是弄得没有办法，结果把房子买了下来，才算解决。又说他有一个亲戚，生产得太急，来不及出门，引起纠纷，终以改造大门为条件，费了很多的钱，尚未能使房东的心事完全了结。听了他这许多报告，我当然不必再请他去做那劳而无功的疏通工作。幸亏天无绝人之路，最后终找到了县城里的一个广东太太，肯以5元一天的代价，租了一间白天黑得看不清楚钞票数字的房间给我，孩子总算可在屋内出世了。

满月回家，房东送了一份礼来。他的确和我很讲交情，至今还没有提加租的事。他是一个可敬的老人，对于世事看得非常清楚。他对子孙负责——为了他们的利益，半点不肯让步。即使他不送礼，我也没有理由怨他。

我怨谁？怨自己罢，像我那样年纪已过三十，而又娶得"优秀妇女"的人，即请潘光旦先生来检定，似乎也够为父资格，至少我的太太是有为母资格的。

怨风俗罢，也不成。因为我是读过文化人类学的，而且还有一个老师是属于"功能派"，对于任何风俗，都能寻出它的道理来的。生孩子绝不是件苟且随便的事。为了这，人们才把婚礼看得异常隆重。在任何民族里，每当文化鼎盛之时，添丁总是一家之庆，它象征着家运亨通，保证着香火绵延。凡为家主的人，自应在他治下，留出一个地位来给新生的宁馨儿。而且亲族制度最重血统，最忌"杂种"，所以孕妇应在家人的监视之下，明白"交货"，不许偷偷摸摸地产在别处，致生以女易男或伪装膨肚一类弊端。对于这种杜绝流弊的风俗，如果明白了它的作用，当然也不应该抱怨。

时代已是变了。如今是在"发扬民族，以固国本"的大前提下"提倡优生，奖励生育"。

法律既承认了"非婚生子女"的利益，则对所谓"杂种"的观念，亦必随之改变。安得广厦千万间，庇尽后方产妇尽欢颜！

生活到反抗

一、生活程度的变异中找不到足与不足的标准

"衣食足而知荣辱!"自从管子说了这话,大家就不假思索地把它引作格言,"生计压迫"成了很多不分荣辱者的护身符。可是"衣食足"的标准在哪里呢?若管子不能把这个标准拿出来,这句话就没有多大意思了。

要说衣食足与不足,我们得有一根计算生活享受的规尺。可是用什么单位来表示享受的多少呢?直接测量享受既不可能,于是经济学家只能去借重交换经济中的货币单位了。

每一单位货币所购得不同的货物是不是给人相等的享受?只在一种情形之中这是正确的:购买者在一定的购买力,一定的物价水准上,用钱时熟虑衡量,不受不合理的冲动所影响,则他在这时每一块钱所得货物的边际效用至少是差不多的。若是我们要绳量较长时间中一个人享受的总量,或是比较同时间很多人享受的多寡,用货币来表示就有相当困难了。因为购买力、物价、经济考虑的能力,在事实上,是因时、因人而变。在种种变数中只有物价的涨落比较上容易知道,容易除外。于是在经济学中,分出了两种概念,一是生活费用,一是生活程度。

生活费用是指一个人或一个团体在一定时间内,为谋生活上的消费所支出货币的总数;生活程度是根据生活费用用物价指数修正之后的数目。生活程度是用来表示这人或这团体享受总量的。当然,用这种方法来表示,说不上十分

正确，可是在没有其他更好的方法时，这至少是可以表示一些大概的情形了。

生活上的享受既然找到了一个可以绳量的规尺，我们能不能借此来决定"衣食足与不足"的标准呢？在普遍的言论中，我们的确看见有很多人用生活程度这概念来讨论"足不足"的问题。他们立下一个"最低生活程度"的名词来批评这地方或那地方的人民是"在最低生活程度之下"过日子。或是含糊一些说"这辈人够不上生活水准"。这种说法初听来好像很顺，可是细细一想是丝毫没有意思的。

生活程度是用来叙述一地方或一个人享受的事实，本身不含有价值的批判。我们可以从这概念中知道一地方人民中享受最少的人和其他人们相差多少。可是在事实中绝不会有比"最低生活程度"更低的享受者，因为既有比某程度更低的，某程度就不能成为最低的程度了。若是有人认为"最低生活程度"是"衣食足"的标准，那么天下就不会有"衣食不足"的人了。若是说一地方生活程度变异的中数是"足不足"的标准，则我们已说定了在这地方有近一半人是衣食不足——从统计上，我们是找不到"足不足"的标准。我们一定得先立下了一个标准，说哪一种生活程度是代表"衣食足"，然后才能根据一地方生活程度的统计来判断有多少人是"足"和有多少人是"不足"，这标准怎么定法呢？

二、客观的生活最低水准

人民的生计有没有最低的限度？普通人一定可以很快地回答："怎么没有呢？饱食暖衣是也！"可是若追问一下："饱到什么程度，暖到什么程度，才算足呢？是不是指饿到不致死，冻到不僵才算是最低的限度呢？"可是常识不许我们把"死"作为"活"的限度，生活不能说就等于不死。维持于不死是最低的生存线，普通所谓最低生活程度实在是指获得健全生活所必需的享受。可是健全生活的标准在哪里呢？

营养学的发达给了我们树立"健全"生活标准的希望。标准不在饿和饱，而是在一个机体要维持常态活动时所需的营养。常态活动固然还得加以定义，因为一个肉体劳动者和思想劳动者的常态不相同，所需营养也有不同。可是营养学的研究推进，我们可以希望得到一张比较详细的分着年龄、性别、职业、种族的表格，规定每一特殊种类的人，一天至少要吃多少什么种类的食品，这张表格似乎是可以作为我们"最低应当获得的生活程度"的标准了。可是我们所能希望于营养学的却不能太大，因为在我们所谓"健全"的生活中并不只是营养足够一个条件而已。

我是个学社会学的人，所以特别注意一个人和其他人所维持着的社会关系。这个关系网张得愈大，他在社会中活动的能力也愈大，可是这个网却需要经济力量来维持的，为了要说明一个人生活中必需的社会费用起见，我可以先举一个在江村里所见的实例。

江村自从丝业衰落后，人民生活程度一直下降，下降得最快的就是社会费用那一部分，他们本来有一种传统的习惯，就是结婚时一定得举行隆重的仪式，在这仪式中要请亲戚朋友大喝大乐，依我在1936年的估计，结一次婚总得要500元国币。这笔费用在经济枯窘时大都支付不出。除了有些把婚事延迟外，娶童养媳的风气大盛。在439个已婚妇女中只有34个是童养媳出身，可是在244个未婚女子中却有95个是童养媳。童养媳圆房的仪式简单，没有女家来要长要短，经济得多。可是贪这便宜是有代价的，就是媳妇没有女家的保障，地位跌落，儿子没有舅舅，社会上丧失了不少方便。这损失很难用货币数目来计算的。有着亲属网的不觉得生活上有什么便宜，可是缺少了就会觉到艰难。生孩子是件经济上最不合算的事，可是没有孩子的想孩子时才真凶。据当地人同我说太平天国时代，这地方也盛行过童养媳，可是经济恢复了，大家又用花轿去娶媳妇了（详见《江村经济》）。

亲属关系不过是社会关系的一种。我们目前为了国家抗战所付的代价何尝不是要维持我们独立自由的身份？何尝不是要争取安全和发展的社会地位？岂不也是一种必需的社会费用么？

社会费用有没有一个最低的标准呢？社会需要能不能和营养需要一般可以列表来说明最低该满足的限度呢？我不敢回答这问题，虽则我个人认为这是社会科学应当探求的一个目标，至少我可以说，现在还是谈不到这标准。于是，单有营养学家的努力，还是不能客观地决定人们生活应当满足的最低水准。

三、正当生活标准

从客观方面我们既不能立下一个生活应当满足的最低水准,"衣食足"的标准似乎得回头来到各个人的主观境界里去寻求了。当我在江村调查时,因为无法得到农民日用账的材料,不能采取讨论和估计的方法,结果我却在无意中得到农民们公认为正当的生活标准。这并不是统计的结果,而是通行在一社区用来分别贫富的标准,也就是当时当地人民所采用来决定"足与不足"的标准。这标准是规定农民实际生活程度的一种活的力量。若是一个佃户穿了绸袍子,人家就要批评他;一个绅士而不穿长袍又要给人笑话,甚至影响到他的身份。我在《江村经济》中曾主张研究社会经济的人,应当特别注意这种标准。

当然,一个人并不一定要遵守这种在一社区中通行的"正当生活标准",因为它所有的裁制力量只是社会的舆论罢了。社会舆论所以能发生裁制的效力是靠了被裁制者的"羞恶之心"。若是我们承认一个普通人最关心的并不是物质生活的享受,更不是机体的需要,而是别人对他的批评,则荣辱之分在事实上常是决定一个人甘心忍受而认为"衣食足"的主观条件了。

一个健全的社会决不能让一个人任意地向物质享受上追求,因为享受是没有止境的,他很容易使人希望着超过他正当报酬之上的享受,社会上物资有限,若让每个人不择手段地争取享受,一定会使一部分人的享受压迫下去。"正当生活标准"是一种社会控制个人享受的力量,使一个人对于"非分的享受"发生羞恶的观念。没有羞恶观念的人,是个不受舆论裁制的人;没有正当生活标准的社会,是一个在解体、在崩溃中的社会。

正当生活水准在社会中并不是一律的。在一个封建社会中,地主和田奴可以接受相差很远的标准,相差的基础是在继袭的身份上。在一个资本主义的社会中,资本家和劳工的标准也相差得很远,相差的基础是在生产工具所有权的有无上。无论相差的基础是什么,只要社会上共同接受这相差的基础,这种社会结构总是能维持下去,若是社会上有一部分人对于通行的"正当"标准的基础发生了怀疑,不再被传统的荣辱观念所支配时,这社会就会发生革命,不满意于当时正当标准所给予的享受的一辈人,向这传统的社会结构发生反抗,在反抗时,他们以前认为"已足"的生活程度为"不足"了,只在这时候

"衣食足"才提到了荣辱之外，不再受传统的社会标准所控制。

四、反抗线

若我们把那会引起反抗的生活程度作为最低生活程度，则最低生活程度的意义是政治性质而不是纯粹经济性质的了。决定这反抗线的高低的因素也时常超出于经济的范围之外。要在实际生活程度上去寻一条固定的反抗线是得不到的。且不说在荣辱的观念下有饿死事小，失节事大的实行者，即使是普通人因饥荒而抢米，他们也并不是要修正一种生活标准，而是争取生命线的行动，是一时的骚扰而不是革命。

反抗线的划定并不在绝对的生活程度而是在相对的生活程度。换言之，是一个分配形态中所发生不平等的事实，再进一层说，不是根据实际需要而发生的不平等分配，而是根据社会原因所产生的不均的分配。当那种社会原因被认为不合理时，才会发生反抗行动。"不患贫而患不均"是明白社会经济动态的话，可是所谓"不均"应当是指当时通行的观念中被认为不合理的分配的意义。

我在这个时候特地提出这个问题来，是因为我觉得这是安定后方社会经济中应有的认识。在战时生活费用高涨，生活程度降落是无可避免的。要从平价运动去安定民生，似乎是件不太容易办到的事。在战时每个人在生活享受上牺牲一些，在现行的道德标准上看来是应当的，何况事实上，因为有这"荣辱之分"，徒步当车，在香油灯下写文章，不但不会使人觉得"生活压迫"非反抗不可，而且确有不少乐于忍受的人在。一个人能忍受的程度甚至可以降到生命线之下去的。可是问题却不在此，我们要防止的是生活程度上反抗线的提高。

反抗线的上升是系于社会上是否能维持"正当生活标准"的观念，在得到超过这标准的享受时，会不会觉得羞耻？社会上是否能给这种人以道义上的制裁？那辈获得较高享受的人所用的手段，在通行的道德标准上看是否是合理的？生活程度下降是否是一律的？是否在造成一般人不能容忍的不均现象？荣辱不分，衣食足的标准是不能定的，这里是社会组织崩溃的起点，是我们亟宜自问的一个严重问题。

增加生产与土地利用

一、土地的负担

中国是个农业国,因之一切经济问题的打算,归根结底,总离不了土地。我们这一片土地已经养活了我们几千年的民族,到现在,我们还是没有法子减轻它的负担,敌人有大炮、飞机、坦克打来,我们得向这片土地讨取招架回击的东西。前线上留着几百万大军,都市里住着比以前多了好几倍的人口,嗷嗷待哺,我们又要向土地讨取这一笔粮食。这一片老大的土地,还能应付我们愈来愈重的要求么?

一年多前吴景超先生对此很乐观地说:"我们的主要粮食是稻米和小麦。我们现在每年虽然还有数百担的米谷进口,但这个数目如与我们自己的生产数量比较,真是微乎其微……即以推广良种一项而论,如积极进行,便可以增加产量20%以上……假如生产的技术进步,每亩的生产,可以增加一倍,那么种植粮食的土地,便应减少,以从事于别种经济作物的栽培。"(《我国农业政策的检讨》,《新经济》第2卷第10期)

当吴先生提出我们可以在谋粮食自给之后尚有余地足以栽培经济作物,换取外汇的时候,正是我们需要外汇来购取军火的日子,因之,普通都注意到增加经济作物的培植,粮食方面求足已够。

隔了半年多,经济作物培植的提倡似乎并没太满人意,而且渐渐觉得老大土地的担负力也不像我们所希望的那样大。汤佩松先生给了我们一些对于土地利用的具体估计。他说:"中国的战前土地利用情形大约如下:在八大农业区内,食粮作物面积占23%,牧场面积占5%,森林面积占9%,特种作物面积占4%,未耕或荒地面积占59%。"又说:"设若我们只就已耕面积来说,战前土地利用的分配比例是:食粮物产面积占61%,工业原料物产面积占37%,出口农产面积占2%。"又说:"根据农学家的观察,在现在状态下,耕地面积不能再有若干的增加,但是如果现有的耕地能用适当方法处理同经营,农品的产量有增高25%的可能。"(《战后土地利用问题》,《新经济》第3卷第8期)这种口气已经不太响亮了,若是要靠2%的耕地面积来换取我们所需要的外汇,当有杯水车薪之感。

二、粮食和衣着占住了土地

可是问题更严重的是我们有了61%的耕地面积来培植粮食作物,是否已达到自给程度? 若根据战前的海关报告来说,粮食自给的资格还没有得到,因为每年还有从国外输入的米麦。当然,如吴景超先生所说,为数不多,而且即使有粮食进口,并不一定表示我们粮食绝对的不能自给。若是运输不便,费用太贵,很可能有些地方在把谷子当燃料烧,另一地方在闹饥荒,要洋米美麦来救济。

因之让我们问一问:全国一年中一共能收多少食粮,若是能把这一批粮食平均分配,能养活多少人呢? 我手边并没有详细的统计可以作根据,只能用主计处所发表1933年的数目,若把已沦陷区域除外,有调查的有浙、闽、粤、滇、湘、赣、鄂、川、陕、甘、豫等11省,其中浙、粤、鄂、豫省已有一半沦陷,故只能以半数计,这几省所产籼粳稻约有31 505万公担,糯稻约有13 500万公担,小麦约有8 000万公担,合起约有53 000万公担的米和麦。

据我们的估计,不论米或麦,每个壮丁每年约需200公担作食粮,上述这数目,应当可以供给2万万6 500万个壮丁的所需,在上述几省中现有多少人口,我并不确实知道,1933年左右,据主计处发表的数目(半沦陷省,以半数计),约2万万250万人,近10年来人口自有增加,而且还要加上从沦陷区撤退到后方来的人口,可是总数大约不会超过3万万。这3万万人口中包括老弱妇孺,若折合成壮丁则决不能超2万万5 000万的数目,因之,若是近年的农业出产并没有比 1933 年低落，则后方的食粮应当是能自给的。可是我们在现有土地利用的分配上，至多也不过做到粮食自给而已，若要有剩余，则还得推广出产粮食的土地面积或是提高单位面积上的产额。扩充出产粮食土地面积，显然是和求增加输出农作物的政策相反的，所以我们注意的是在提高产额上打算来缩小粮食作物所占的土地，使它可以让出一些来腾作别用。

提高农产绝不是一件短期间可以奏效的事，农学家虽说有提高产额 25% 的可能，可是没有说明要经过多少时候才能实现这可能性。有些方面比较容易，好像害虫的扫除或减少。至于品种的选择和肥料的配合，都得要较长期的试验。而且农业是十分富于地方性的，每个地方都须从头做起，即便我们已有足够的人才，急功还是不成，何况在人才上，并不见得足够呢？25% 的增产，以现在来说，还只是一种安慰自己的目标罢了。

假定这 25% 增产可能性已经实现，若要出产现有的粮食，只要用现有耕地面积的 45% 来种米麦等作物已足，换一句话说，我们可以把原来种粮食的耕地中取出 1/4 来改种其他作物。这片土地用来种什么呢？

若是从广义来说，粮食不只是饭和面包，应当包括一切营养上的需要。所谓粮食自给不只是说每个人不挨饿，而是指每个人应得到适当的营养。汤佩松先生在上引那篇文章中曾说过中国农民的健康和营养有改进的必要。

据董时进先生的估计，中国人每年平均食肉量当不能超过 10 斤（《食料与人口》第 59 页）。我固然不知道从营养上讲，每人每年应吃多少肉？但依我在农村中的观察，一个不常吃肉的中等人家大约每人每年要吃 40 斤。若是要使每个国民每年都有 40 斤肉吃，我们就得扩大现有供给肉食畜类的土地面积 4 倍。其他如鸡蛋如蔬菜，大都也是和肉食的情形相似。唯一的例外也许是辣子，而辣子在营养上的贡献，还是问题。因之，若我们为谋国民营养的健全，还得拨出一片土地来充这方面的应用。在稻作麦作等技术改良上所挖出的 16% 的耕地面积也许全部用在提高营养上还不一定足够。

在工业原料物产方面，能不能匀一些土地出来用作种油桐等输出的农产呢？这里所谓工业原料大部分是棉花。吴景超先生说："棉花的产额，已由 1932 年的 490 万公担，增至 1936 年的 840 万公担，因此我们进口棉花，也由 1932 年的 220 万公担降至 1936 年的 40 万公担。可是那年我们出口的棉花也有

36.8万余公担,可见那年我们的棉花,已能自给。"

据主计处所发表1933年产棉量中,沦陷区除外,有皖、浙、湘、赣、鄂、陕、豫等7省(中有皖、浙、鄂、豫半为沦陷)共产棉150万公担,在这些省区内(沦陷者亦以半数计),共有10 900万人,每人每年分不到一公斤半。

估计每人得需棉花量比粮食为困难,因为衣被耐用,没有办法时可以几年不添置,而且气候及社会地位等均影响每个人的消费量,可是每人只能有一公斤半的棉花似乎是不够的。以华北说,有一句俗语,一人每年得6斤花,才能过得冬,即以气候没有很大变动的云南中部说,一个普通的农民,依我的估计至少要两公斤半棉花。所以除了比云南更温暖的地方,后方的棉花似乎尚没有达到自给的程度。产棉区的华北沦陷之后,工业原料所占的土地也决难再降低了。

三、经济作物的需要

德国要它的附庸国家恢复它们的农业,欧洲的工业集中到它自己的怀里。日本所希望的是棉花的华北、桑麻的吴越和稻米的安南,没有半个烟囱——这是个十分毒辣的手段,因为农业可以困住人,使他们永远不过得一个平庸的温饱。即在美国,什么可以用机器的都用了,可是在棉花田上,你却能找到成千成万的黑人,林肯解放了他们奴隶的名义,棉花田却还不曾宽恕他们奴隶的实质。至于那稻米,前途更是暗淡,阡陌纵横,沟渠如网,再加上烂污的泥,梯形的田,机器的应用似乎还不能想像。这是双手文化中最高的表现,它需要大量的人力,而能给人的却也不多过恢复为它而消灭的体力,和稻相配地活着。稻离不开人,人也离不开稻。

若是我们一定要求衣食的自给,我们就离不开稻,离不开棉花。不离开稻,不离开棉花,耕地中总得拨出60%给粮食作物,30%给纤维作物,这是个贫弱的象征。

董时进先生提出了一个很基本的问题,就是为什么我们一定要吃自己种出来的米,穿自己种出来的棉花?这些东西我们尽可向别人去买,只要我们有钱,而我们这片土地可以给我们充分的钱,若是我们不在粮食一定要自给上转念头。在他《中国农业政策》一书中,说了一句警语:"中国农业的出路不是在使一担谷子的地面出两担谷，而是在使一块钱的地面出几块钱。"

不幸董先生把这意思提出不久，我们却碰着了两个逆转的势力，一是外债有了把握，一时不必亟于以农产品来换取外汇；一是米价高涨，似乎时有粮食不足的恐慌。这两个势力使我们又回到了扩大种植粮食作物的老路上去了。

若我们细心看看这个逆转的势力，就会使我们觉得维持或甚至增加粮食作物的土地面积，绝不是一个基本的打算，而且也救不得急。外债到底还是有本有利的债，而且这笔债是用来买军事上的消耗品，不是用来生产的，这只增加了我们以后输出的担负，试问我们可以拿什么东西去输出，来偿还这笔债呢？去还这笔债也不知要什么时候才还得清。因之，我们得及早推广经济作物的土地面积。

当然，粮食问题这样严重之下，再说要减少粮食作物的土地面积，不是荒谬么？可是在政府能公布粮食产额和人口数字之前，我觉得确有理由相信粮食恐慌并不是出于粮食的绝对缺乏。若果真是粮食绝对缺乏，像日本一般，那我们决不能在扩大或维持作物的面积上想法来应付这个问题。因为理由极简单，农业增产不比工业，绝不是短期内可以见功的，米价的涨风也绝不会因秧田里多插了几把秧而停止的，粮食问题的解决是在囤积的绝迹，洋米来源的开辟和运输机构的调整。在土地利用上打算是最末的末策，而且这正可因之使我们比较健全的农业政策受到意外的打击。

在此增产增粮闹得极响的时候，提出我上面一篇话也许是不太动听，可是作为基本的农业政策，如何去利用我们这片土地确实还是一个值得考虑的问题。

货币在农村中

一、农家经济的自给程度

货币在农村中并没有像它在都市中那样有势力。在都市中住惯的人,他所要吃的,要用的,哪一件不是用钱去买?没有钱可以使一个人潦倒街头,冻饿以死,可是在农村中住的人,所吃所用有不少是不消花钱去买,而是自己田上园里长着的。农家经济中还保留着不少自给部分。

农家经济的自给部分是在市场之外,是不用货币做媒介的经济活动。我们若是要明了货币在农村中活动的情形,先得知道农家经济的自给程度。

普通所谓自给经济是指自己生产自己消费,不用和别人交换来满足经济生活的意思。可是依这种说法,除了鲁宾逊之外没有可说是自给的人了。人类的经济生活没有不是靠集团的分工合作,既有分工,个人之间必发生交换以互通有无。团体的经济自给从何说起?是否是指一个不需要与别团体交换的经济单位?我觉得自给的意义不单是对外的自足性,而且包括对内约定分配的特性。譬如在一个自给的家庭中,夫妇儿女分别从事于不同的生产,每个人贡献他一部分的收益给别人享受,同时也享受着别人的收益,这虽是一种各个人间互通有无的交换方式,可是规定各人权利和义务的不是临时的契约而是习俗的约定。权利和义务的相互抵消既有习俗保证,不需要步步清算,节节记账,在这里货币没有了活动的余地。

农家经济,对内可说是完全以约定分配来维持的,它是一个自给的单位,但是对外却并不是完全不求人的，它只是部分的自给罢了。于是我们要设法来比较各单位自给程度的高低了。我们用什么单位来测量呢？譬如说某家的米是完全靠自家供给的，可是衣料却要靠别家供给。另一家自己没有房屋要租别家的地方住，衣料却可以靠自己。试问哪一家自给程度为高呢？若是我们一定要比较时，只有以各家自给部分占全部消费量的百分比做根据，可是用什么共同的单位来计算自给部分和买入部分相对的百分比呢？普通只能借用货币单位，把自给部分用市价来估计，这种办法在理论上考量起来是不很通的，因为自给部分并没有进入市场，它和货币没有发生关系，货币没有能力来表示它的价值，何况，市价的决定是以当时在市场上的供给量为前提，若是自给部分全入市场，当时的市价如何，在不知数之中。所以若是我们用市价来估计自给部分，至多只能说是没有办法中的办法罢了。现在我们所熟习的经济学是在研究以货币为活动媒介的交换经济中发生的。因之，用经济学中现存的方法和概念来研究自给经济时，每每要遇着困难，这里提到的不过是一个例子罢了。

J. L. 巴克在 *Chinese Farm Economy* 里发表他所调查 13 个地方生活程度的结果，平均各家消费总量中有 65.9% 是由自家农场所供给的，华北农家自给部分平均占 73.3%，华东中部农家自给部分平均占 58.1%，这是表示华东农产品商业化程度较深，他更举美国的情形来比较：美国农家自给部分平均占 42.8%。

二、农家自给程度的差异

我在禄村调查时选了五家，各家代表不同的经济地位，详细询问他们在 1938 年所费的各项数量，分别注明自给的或是买入的，凡是自给部分更以当时的市价折合，求得相对比例。结果发现在一村中各家的自给程度相差得很远，最高的 67%，最低的只有 18.7%。我根据各家经济地位来分析自给程度差别的原因，发现很多有趣的事实。

甲乙两家是雇工自营的地主，甲家自给程度是 20.1%，乙家是 44.3%，甲家自给程度之所以较低，是因为他有个儿子在中学里读书，有一笔较大的学费得支出，可是这笔学费其实是由氏族津贴的，我们若把它除外，则甲家自给程度是 35%。乙家自给程度较高，一部分是因为他有一注田产是典来的，不必缴纳耕地税，而且经营的农田面积较小，雇工一项支出较甲家为低。普通说来，一家雇工自营的小地主，自给程度约在40%左右。

丙家是租田来经营的佃户，经营面积和甲家相若，可是他家的自给程度则有67%，甲乙两家所吃的米完全是自给的，丙家因为每年要交出40%的谷子作田租，所余的谷子又须出卖以便去买其他的日用品，所以一年中有1/5的米是买来吃的。虽则这样，但是丙家其他支出却会比甲乙两家为少，而且丙家尽量利用家有劳力，在雇工一项中也较甲乙两家担负为轻。

丁戊两家是没有田的雇工，丁家自给程度是25.8%，戊家自给程度是18.7%，他们是靠工资度日，没有自给的农产物，所需的食料、衣着、住房都得花钱去买去租。他们所自给的只是劳力，可是利用自给劳力的机会又不多，只有背柴来供给自家的燃料，自家去公路服役，以免用货币来支持捐税等，但是他们消费总量较低，所以这些有限的自给部分还能占20%左右。

在表面上看来戊家和甲家的自给程度很相近，可是他们所代表的经济形态却大不相同。甲家自给部分比例少是因为他把农产物出售后，在各项生活费用上增加支出的结果；戊家自给部分比例少是利用他自给劳力机会稀少的结果。他们自给程度既低，经济活动中利用货币的地方多，货币价值的改变对于他们的影响也较大。从这项分析中，可见货币在农村中活动的范围是受当地土地分配的形态所支配的，地主和雇工多的地方，货币的活动力量较大，佃户多的地方，货币的活动力量较小。

三、不用货币的经济支付

直接以货物或服役来互相抵消权利和义务的方式，也限制了货币活动的范围。这种方式在部落社区中最为显著，甚至可以使一地方的经济活动完全超出于货币势力之外。我不妨举出两个在广西瑶山中的例子来说明这种方式如何活动的情形。

瑶山中每家都养着猪，若是每家只吃自家所养的猪，则杀一头猪总要吃上几个月，换一句话说，每家吃新鲜猪肉的机会太少了。加以他们保存肉类的方法不很高明，腌着的肉味儿太差。在这情形下，一定得有个互相交换的办法，若是开了家肉店，问题自然少得多，可是他们没有。他们肉食的安排是这样：

杀猪是件大事,轻易是不杀的,定得等结婚、做斋、祭庙的时候,才可以杀。结婚和做斋由事主出猪,祭庙是逢节举行,各家轮流献猪,杀了猪,把肉分给全村吃,不付代价,每家出猪的机会差不多相等,按期所分得的肉也差不多,没有人吃亏,没有人便宜,大家从此常有新鲜肉可吃。

瑶山中要造房子的也不必花钱购料请工,只要向全村声明了有这需要,村子里的男子在农闲时全有帮工的义务,他只要请这辈人吃和喝就得了,房子的格局都差不多,每个人没有特别事故,一生至多造一座房子,这次人家帮了我,下次帮还人家,结果大家做了工,大家住着了房子。

在农村社会中,这一类比较复杂的安排虽则少见,但是依旧有很多重要的支付是不用货币而用货物和服役的。在云南我们所调查过的农村田租全是以谷子计算的,借债的利息也是多数以谷子计算的。譬如禄村在1938年时,借10元国币年利谷子4斗,有时借债是以服役来清偿的,好像禄村的贫户向有田的人家借米,到收谷时,帮工折价回偿。工资虽则有一部分是用货币支付的,可是做工时工人的膳食却大多数由雇主供给,此外水利交通等公家的事在云南农村里大多是直接征工来服役,而不是加税雇工来经营的。我们可见在农村经济中,重要的支付里,货币只占次要的地位。

在货币价值变迁得激烈的时候,农民们对于有时间性的债务都有避免以货币来计算的趋向,在目前农村中常发生纠葛的是借钱回谷利的契约,债户因为谷价上涨不愿意缴纳谷利,债主因为货币价值跌落,认为放债不如囤货。农村中货币活动的范围是否因货币贬值而更形缩紧,是值得我注意的一个问题。

四、街子和货币储积

云南农村中重要的贸易机构是街子。街子是定期集合买者卖者的场合,任何人有东西要出卖的都可以在街子上一坐,等顾客的光临。街子的特色是在把商业这一件事大众化了。若是说每个云南的农民都是兼做一些生意的,也不会太言过其实。

街子虽则把农村商业普遍化了,可是也使生产者和消费者直接有碰见的机会。在这场合下,物物交换的方式也可能发生,据张之毅君在易门调查,在这地方米和盛米的竹篓是直接交换,不需要货币作媒介的,一个竹篓值多少米大家承认的。

　　物物交换有不方便的地方，交换中的各物相对价值都得个别规定，也麻烦得很。在街子上，货币是普遍地在应用，可是货币时常是用来作计算价格的单位而已，这是说某甲要到街子上去买些酱油，他时常不是在袋子里带些货币上街，而是带着些米，或是带着些菜。他在街上把米和菜卖出了，得了货币，很快地把货币脱手换了酱油回家。货币只过一过某甲的手，时间很短。在这种情形中，货币流转得极快，停留在农家的数量却极少。他们囤积着的是货物不是货币。这一种现象自从货币贬值之后，更是显然，我们也许可以说，云南的农民吃货币价值变动的亏已经有很长的历史，他们在经验中积有少和货币接触的教训。更加上了那每个人都可参加卖买的街子组织，使他们有和货币减少接触的机会。

　　我们在禄村问过比较熟的朋友，他们通常积在身上有多少钱？一家中产阶级的农家，一下可以拿出来的货币不过四五十元国币（这是在 1939 年 10 月的时候）。他们说若是要钱时就得卖谷子了。

　　在内地农村中，货币活动范围很显然是很狭的。这也许是使农村经济停滞的一个原因。若是农村经济的发展有赖于农家经济自给程度的下降，货币使用范围的扩大，则我们在云南还有许多应当努力的地方。

农村游资的吸收

一、农村货币的充斥

农村中发生游资的现象是一年多来特别可以令人注意的事。有一次我们在昆阳的一只小船里,看见有一个老太太在付船资时,向衣兜里摸出一大卷钞票来,而且全是伍元拾元的大票子,当时真把我看呆了。穿得这样不整齐的乡下老妪竟是个富翁!最近我疏散到离昆明有20公里的乡下住,据说我们的房东过去一年有2万元的收入,并不是滇币,这又是使我初听来不易相信的事。又据说中山大学离开澄江时,学生们在短期内,曾把旧货换得农民十几万元的货币;一条绒毯竟卖到几百元!大热天气,路上会碰见披着大衣的乡下佬。货币有如潮水一般涌进农村,和两年前1毫钱可以雇工一天的情形相比,真是有隔世之感了。

农村货币充斥并不限于云南,11月21日昆明《中央日报》载有中央社重庆航讯,美丰银行经理的谈话谓:本年度川康农村出售食粮和副产品约有20万万元,从前农民把农产品出售后,即购买其他日用品,通货可以再流入城市;今年却不然,20万万中只有半数复入市面,其余半数却呆滞在农村里。这谈话中的数字若是可靠的话,则农村游资已成了很严重的问题了。

二、农村里哪里来这批货币呢

农村中货币的充斥是目前一件很显著的事实。他们哪里来这些货币的呢?

我们不应忘记抗战之前中国的农村到处都闹着金融恐慌。为什么不到三年，后方农村中反而会发生游资的问题呢？简单地说来是农民收入的增加超过了他们支付的增加，超过的结果是剩余了一大笔没有动用的资金滞留在农家，不再回到市面上去——即使动用的话，也大部分在农村范围之内。

《新经济》第 4 卷第 2 期吴景超先生发表了一篇《抗战与人民生活》，这是他 5 月间在湖南、江西、浙江、福建、广东、广西等省去考察的一篇报告。他的结论是农民生活在抗战的几年中普遍地改善了。改善的原因是在他们收入的增加。他更分析农民收入增加的原因有下列几种：

（一）农产品价格的高涨。

（二）农民在运输工作上，得到一笔很大的收入。

（三）许多机关学校因为疏散的关系，都从都市搬到乡间，以前花在都市里面的钱，现在都花在乡间了。

（四）农民在副业上的收入，大有增加。

（五）农贷的积极推行。

（六）农村失业问题完全解决，人人有事做。

据这分析，我们可以见到在抗战过程中，农村经济的传统自给程度已受到打击。抗战已迫着农村把农产品大量地输出，把他们的劳力加紧地利用，他们已成了前方的军队和后方都市居民生活资料的供给者，他们的经济由"自给"成了"他给"。

三、生活程度提高的困难

敌人的经济封锁，前方军需的需要，以及后方人口的集中——这些都刺激着内地农村的生产力，加重了他们供给别人生活资料的担负。可是他们得到的是些什么呢？内地都市能有什么东西拿来和农村交换呢？

我们若分析这一方面的问题，就可见到货币呆滞在农村中的原因了。当然农民的生活，好像吴景超先生所说的，是普遍地提高了。老百姓现在比以前吃得好了，衣服穿得整齐了，新建筑比以前增加了，赎田的人多了，田价涨了，田赋的收入增加了，不必急于把新谷出售了，还债的能力提高了，市镇中杂货店生意好了，乞丐游民减少了——可是我们若仔细一查，吴先生所举出的 10

项中，只有很少的几项是表明农民向都市获取的生活资料在那里增加。农民穿的土布大都还在农家织的，吃的更不用说还多是自己家里的。只有市镇杂货店生意好的一项透露了一些都市产品输入农村的消息，农村输出增加而输入不成比例地增加，则他们的地位就会像美国在大战中成了黄金输入国一般，只是他们输入的不是黄金而是纸币罢了。

为什么都市向农村的输出不能成比例地增加呢？这也是抗战中不易避免的现象。抗战过程中都市工业总是在军用品上发展，即使不把原有制造日用品的工厂改造成军需工厂，至少在轻工业方面不会有突飞的发展，这在中国尤其是如此。后方都市既没有大量日用品生产，若是要提高农民的生活程度，其势不能不利用国外的输入，这在抗战中又是不可能的。即以政府所允许的输入品来说，因为数量少，运费贵，总是不容易到达农民的手中——以上是从都市的供给能力方面来说明农民生活资料不易改善和增高的原因。

在农民本身说，收入增加对于他们改善生活的刺激还是不够大。我们可以想像一个常在债务中挣扎的农民，突然鸿运亨通，手边有了一卷一卷的钞票，他若不是个朝不顾夕的无聊家伙，第一件事要做的自然是料理债务，还有余钱，也不会敢放胆花去；中国的农民是素来在勤俭两字中训导出来的，而且经验告诉他厄运是随时会光临的，所以积蓄一些生命的保障金是他们认为和吃饭一样必要的。这是使他们的生活程度不易跟着收入增加亦步亦趋地提高的主观原因。在吴先生所列的10项生活好转的事实中，重要的也是还债赎田，留些谷子在家和置一些不易消耗的不动产。抗战中人民的生活是好转了，可是好转的速度并没有赶上他们收入的增加。

四、节约而不储蓄的危险

从每个箱子藏着一大卷一大卷纸币的农民来说，他们确是很能勤俭立家的人，"有的时候想着没有的时候"，留着一些钱以防将来农村不景气的时候用，这是最可奖励的打算。可是大批的通货呆滞在农村中，从整个国家的经济上来说，却并不是一个好现象。通货入藏和储蓄是不同的，通货的入藏是把一部分可以用来再生产的经济力埋没了，储蓄是把积聚分散的游资用来生产的意思。入藏和储蓄的区别告诉我们节约而不储蓄是件有害于国家经济的举动。

假如我们的货币是黄金，而黄金的产量不能突然提高的话，则入藏的结果是可以使货币流通量缩紧，压迫物价下落，货币的流转困难，生产力降低。但货币若是纸币，又处在战时，农村中一批批把货币入藏的结果，却会引起纸币发行额的不断扩大，以维持战时金融的流转。而且因为货币不断地吸出市面，减轻了通货膨胀的威胁，使发行机关更可大胆发行。可是货币入藏并不是销毁，每一张藏在箱子底下的纸币，每时每刻都可以走入市面上发生货币作用的。大量的入藏虽则暂时地减轻了通货膨胀的威胁，可是潜在的威胁却更大。若是有一个时候，收藏的人忽然对于货币缺乏信用而要在市面上换取货物时，很可以促成金融的危机。

货币呆滞在农民手中，不去用在生产事业上，在目前情形中，还有一个不良的影响，就是农民没有急于把农产品抛售在市场的需要，因而促进农产品价格的上涨，增加一般非农民的生活费用，而且更加速地使货币流向农村。

这样说来，农村游资的呆滞不但是旷费国家的生产力，而且还潜伏着对于国家经济很大的危险。可是我们怎样能去吸收这一批在农民箱子底下、衣兜角里的纸币呢？诚然，我们是不应当，也不可能，从努力提高农民消费量和农村的输入额来解决这问题，因为问题不是在农民节约节错了，而是发生在节约之后没有继之以储蓄的缘故。

五、吸取游资的方法

我们所谓吸收游资的意思，是在使这一笔可能的生产力实现出来，换言之，是要把农民现在所收藏的钱用在生产事业上。因之减少入藏的最捷途径，自应是增加用在农业上的资本，使农民自己来利用他们的储蓄。

这问题又牵连到我们的农业中还能吸收多少资本的题目上来了。反过来说，我们要吸收游资，还得开辟农业投资的门路。譬如在云南农村中用化学肥料的人家极少极少，我们所调查过的地方还没有看见过。他们所用的肥料是牲口和人类的粪、"油枯"（豆饼）和草。除了油枯是有市场者外，离市镇稍远之处肥料全是自给的。因之，肥料一项就不成为利用资本的项目。若是国内能有化学肥料的生产，一方面可以吸收大量的农村资金，另一方面可以增加农田的生产力。

若是在农业本身开辟投资的门路比较困难,则我们还得在农村副业中增辟投资之路。好像各种纺织机的输入农村等,都是应当注意的方法。

除了奖励农民自己利用他们的资金外,我们还得想法把他们多余的钱借出来用到农业以外的生产事业上去,可是这并不是一件容易的事。"钱到了农民手上就像黏着一般,不易吸出来了"。要农民节约,那是一点也不难,因为节约的好处,早已由痛苦的经验,深深地印在他们的心上了。要他们储蓄在银行里则不然,因为银行在农村还是件太新的东西,短期中极难取得他们的信仰。在这过渡期间有什么方法可以比较有效地把农村游资吸收出来呢?

在回答这问题之前,我们最好先看一看农村中原有的金融机构。在中国任何农村中我们都可以见到"钱会"的组织,这种组织在云南俗称"上赛"。它的机构大致是如此:凡是需要大宗资金的人,出头集会,入会的人大家拿出一份钱来凑给他,以后每定期集一次会,由会员轮流收款,已收款的则按期归还,这是一种整借零还和零存整取两种方式并合而成的。我曾这样想:我们能不能利用这个机构来集中农村游资,然后再想法把这笔集合了的资金利用在生产事业上去?利用这机构的方法有两种:一是由政府或特许银行做会首,在农村中集会,任农民自由加入,并予以较高的利息,以资奖励;二是政府或特许银行提倡集会,规定凡集会者,政府或特许银行可入股若干,会首由农民自任,这样凡是有利用资本能力的农民,都容易在这机构中获得资金,而且在会规里面,公家所认股子的利息可以特别降低,以示提倡之意。

或者有人以为钱会的组织只能限于较小的亲密团体中,它信用的基础是人情和面子,若是公家参加了,就不易顺利进行,这一层我是觉得并不必顾虑的,因为依我们实地调查钱会的组织并不一定限于近亲,即使不太相熟的人也可以入会的,据张君之毅在玉溪调查,那里的钱会可以扩充得很大,参加同一组织的有百人以上,这个例子表明了若将这种机构稍加改良,就能有很大的活动能力,活动的范围也可以超过亲密的小团体。无论如何,我认为这是一件值得慎重试验的事业,希望农村金融的负责当局能留意及之。

还有一种吸收游资的方法值得试验的是奖券和有奖储蓄。在货币充斥的农村中,已发生了赌风滋长的情形,我们在昆明附近的乡村中,就知道有大规模的赌博,一夜的输赢有高至 2 000 元的。这种现象是很自然的,因为游资无法吸收在生产事业中，投机行为就会发达，这在都市中是如此，农村中亦然，单靠一纸公文来禁止是没有用，而且反而增加行政机构腐化的引诱。最好就是政府能利用人民这种投机心理来吸收零批游资。现在中央储蓄会的有奖储蓄在吸收都市零批游资上已有很好的成就，可是加入储蓄会的至今还大都限于都市居民，这辈居民并不是入藏货币的重要人物。怎样可以使农民加入储蓄会？怎样可以引起他们的兴趣？怎样可以特别使农民容易得奖？我在这短文中不能提出来详细讨论，但是我愿意唤起金融界当局的注意，希望他们能及早在吸收农村游资上有具体的方案。

清理农家债务

一、农贷和生产

农贷政策,目前已到了一个亟待检讨的时候。推行农贷的基本目的,过去是在促进农业生产。促进农业生产,一方面可以繁荣农村,提高农民生活程度,另一方面可以保障前线和都市的粮食供给,以及增加可以输出的农产量,以获取外汇,平衡国际贸易。可是农贷直接所能做到的,不过是农村金融的易于流转。从金融流转到生产增加,中间还隔着几道门墙。农民手上多了几张纸币,并不一定就能增加农田上的出产。

要使农业生产额有所增加,一定得有新的资本、劳力和土地参加到已有的经济结构中去,才有希望。农贷添加了农业的资本么?普通以为货币就是资本,这是一种误解。资本应是可以再生产的实物:在农田上是肥料、牛、马、犁、耙以及其他工具。从每一农家来说,固然没有钱就得不到资本;可是从整个的农民经济来说,钱是钱,肥料是肥料,钱不能变为肥料。钱不过是决定谁可得到这些已有的肥料和牛马:有钱的买得起,分得着;没有钱的轮不到。流通农村金融,可使要钱用的借得着钱,这就是说以前无法得到肥料和牛的人,现在可用借来的钱换得到了。但若我们原本没有多少肥料和牛在那市场之上,一时又不能因需要增加而添出,那么,农民手上即使有了新得的货币,也是白白的。

从农贷入手来促进农业生产,只在两个条件之下是可以有效的:那就是

（一）市场上确有多余的农业资本，不是钱而是肥料和牛马等实物，金融的流转可以使这一批存货分散到农民手里去从事再生产；或（二）农业为资本本身的生产，受了需要的刺激，能够随时提高，以使本在农业以外的生产力量，集中到那农业里来。

目前的事实情形并不合于上述两个条件。以肥料来说，在战前的市场上面，还有一大批洋牌的肥田粉，现在则因运输的困难和入口的限制，农民要买也买不着了。农村里的牛马骡驴，数目虽则不致比较战前减少，可是因为军事上的征用以及运输事业的利息较大，也有一部分是不复任农田工作了。现在农业里所余的兽力，虽则没有调查可稽，可是扩充的机会，绝不会太多。工具呢？那是更说不上了。我近来住在农村里，常常憎厌一种舂米的声音，既笨重，又单调，而且不合人道。有一次，我的房东和我一位在机器厂做事的同居谈话。房东是个保长，他说这村子里想办一个碾房，用水力来代替人力。我听了十分高兴，一则因为早上可多安睡一刻，二则因为抗战的影响究竟能使农业机械化了。可是我的同居扫了我们的兴。他说这种机器一时绝买不到，连新式的木机都没有。

若是我们认为目前确没有闲废的农业资本之存在，一时也不会因需要增加而有化学肥料厂和农具机器厂之兴起，则从金融入手来促进农业生产，前途似很难有希望。

二、债务重压下的农民

这样说来，农贷根本没有意义了么？这却又不尽然。以金融势力来促进生产，在资本没有新加添的情形之下，虽则没有多大希望，可是农村中的问题却不止于生产而已。在生产以外，还有一个很大的消费问题之存在，亦即所谓民生问题。在那方面，农贷却还有个可以开垦的很大的园地。

金融并不直接创造新资本，同样地也并不直接创造新的货物来供消费之用。可是金融的力量，在另一方面，却是足以改变物资的分配形态。在农业资本上，分配问题并不严重，所以金融政策不易收效；但在消费品的分配上，就是在民生上，情形不同。农民生计的爬平，大有待于农贷的推行！

我们已有的农贷政策并没有疏忽这一方面所可以做的事情。举一个例：就是借钱给佃户收回土地权。土地权分配的调整不是生产问题（佃户所耕单位农田上的生产量常较自耕农所耕单位农田上的为高），而是农民的生计问题。佃户失去土地权后，不能享受所耕农田的全部利益，生活程度因之降低。农贷可以设法恢复他们的生活程度。

在本文中，我想另外提出一条和借钱给佃户赎田性质相同的事情，用以扩充农贷对于民生的贡献——那就是我在题目上所写的《清理农家债务》。

据韩德章先生的估计：全国农户负债总额约在20万万元以上（见《经济动员》第4卷第10期第9页）。借款来源的分布，据韩先生所引《中央农业实验所农情报告》如下：25%来自商人，8.8%来自典当，5.5%来自钱庄，2.6%来自合作社，又2.4%来自银行。这些数字说明了农村负债情形的严重，和农贷在这方面所做工作的微弱。

这20万万元以上的债务压在我们62%的农民身上，使他们永远翻不过身来，劳苦终年的结果只造成了少数商人、地主和富农们的优裕生活。若我们一看这笔大借款的利率，就容易了解农民为什么总是被人看不起的苦力。

上引的农情报告上说：借钱利息，平均周年一分至三分者占45.6%，三分者占41.5%，五分以上者占12.9%。粮食借贷的利率，平均月利为七分一厘，若以年利计算，至少平均为周息八分五厘以上。让我们想想：每年农民至少要白白地输出价值8万万元以上的农产来偿付这笔借款的利息，这数目竟等于全国田赋租税的1/2，农民安得不穷！

三、货币贬值的机会

货币贬值给予农民以清理债务的千载一时之良机。但若不得政府之协助，负债的农民也不能够利用这个机会。让我说些事实：

以我曾调查过的禄村来说：债主们历年饱受了货币贬值的经验（在云南过去20年来，货币贬值确是常事），所以定下了借钱改上谷利的办法。1938年我在禄村住时，借用国币10元，每年应上谷利4斗。这时谷价每石（当地石）8元，折合年利三分二。到1939年我再去禄村时，每石谷价已经涨到28元，所以谷利4斗，折合年利十一分二，利息比本钱还多。从债主的立场来说，这是有理由的，因为1938年10元国币所有的价值并不等于1939年的。

可是这时候的农村里面，便常因为债务而起纠纷。欠债的要用 1939 年的国币来还 1938 年的债，放债的却不愿意接受这种还本办法，仍要继续收受谷利。最可恶的是在 1938 年放债的人，还要坚持 10 元 4 斗的利率！于是需要钱用的人，不敢借贷。在这时候，各级政府并没有规定一个清理债务的办法，只让农民们去自谋解决谁负贬值的损失。这样，有势力的方面自是占便宜些。

最近听到一件事。据说有个农民在前年用田契为抵押品，向一绅士借了一笔钱。今年他因有了一些积蓄，想去赎田，而为绅士所拒，说只要他的田，并不要他的钱。他告到县政府去。无钱无势的债户怎争得过绅士！他没奈何，只得在火车上大哭大喊，说是没有王法。债主在任何情形之下，总比债户有势力些，假若仅凭势力来决定谁负货币贬值的损失，那当然是"没有王法"。农民哪里能想占得便宜！

政府苟能利用这个机会，规定农民清理债务办法，即以现有的农贷经费来代负债的农民偿清高利借款，至少可以大大地在农村里面做出一件"德政"。可是事实上怎样呢？让我抄一段陈翰笙先生的话（见《中国农村》第 7 卷第 3 期第 6 页）：

> 20 年以前，一般人没有听到信用合作社的时候，高利贷者，只能用他自己的资本来剥削农民。现在他们可以自己不出力，转向信用合作社去利用农贷的制度。他们可以拿到一笔款，不是慷他人之慨，而倒是借公济私，赤手来剥削农民。况且，从前用个人的名义出借款项，有时不容易收回借款，甚于难于索取利息。现在有了合作社的名义，凭借官厅保障，可以用更大的压力，加之于欠债的农民。在个人高利贷穷于应付的时候，得到集体高利贷或变相高利贷的帮助，高利贷自然更加猖獗了。

陈先生固然没有举出事实的观察来证实这种情形，我自己也没有见过这种转借谋利的中间人，但我认为这是很可能发生的，因为现行的农贷条例偏重于向有田的人放款，贫农极难得到借款的机会。农贷政策既以促进农业生产为主，且为防止呆账起见，放款对象自然应当限于有田的人，至少大部分要向这辈人去放款。可是事实上，这笔款项不一定能全部用在生产上面，一转手便很容易就成剥削那些需要用钱而又不能直接得到农贷的贫农的本钱。

在我个人看来，若是农贷要贯彻其促进农业生产的目的，则决不能仅以小宗放款的办法为已足。这一层意思，我在另外一篇文章中说过（《中农月刊》：《农贷方式的检讨》），这里不必赘述。若是事实上农业资本并不能大量扩充，则农贷的主要目的，不如老老实实放在促进民生上。若真要在这个目的上来发挥农贷的效力，清理农民债务是件急不容缓，而且机会极好的良图。

我们可以很具体地立下一个政策：在若干年内，把农家所欠高利贷的账目转到国家银行的账上，使每年农民要在利息中输出 8 万万的巨额，减低到 2 万万元。余下的 6 万万元不是等于国家向着农民所放的直接贷款么？若是农业里所需求的肥料、工具、牲口，在市场上有增加时，农民自己就有余力来增加他们的资本了。农贷所有促进农业生产的目的，也不是一样可以达到了么？

论贫农购赎耕地

吴文晖先生在《当代评论》第10期发表了一篇《贫农购赎耕地问题》。他是因为今年四联总处通过了《三十年（1941）度中央信托局中国交通农民三银行农贷办法纲要》规定有"贫农购赎耕地贷款"一项，所以提出这问题来讨论。在他看来中国没有土地和有土地而太少的农民竟占总户数的68%，所以我们得极力设法使他们得到土地，以实现"耕者有其田"。贫农购赎耕地贷款是扶植自耕农的良法，只是过去放款太少，不免有"杯水车薪"之感，他对现有贷款方法上虽有批评，但是使贫农得地的基本政策上并没发生问题。我却觉得这基本政策还有提出来检讨的余地，愿意略抒己见，以就正于农业经济学者。

我要提出来检讨的可以分为两方面，第一是贫农得到贷款购取土地之后是否能改善他的生活？第二是自耕农增加之后，农场是否要更小，小到不值得经营？最后我想说从另一方面也可以达到"耕者有其田"的目的，不是使现在耕田的都有田，而是使现在有田而不耕的人，都下田去耕种。

一、"借钱盘田，愈盘愈穷"

我完全同意吴先生所说中国没有土地和土地太少的农民为数太多，这辈没有土地和土地太少的农民只有出卖劳力去当雇农，或租人家的土地耕种成为佃农，他们的生活程度极低，所以可以称作贫农，吴先生认为他们之所以贫是在没有土地权，若是他们都有了土地权，成了自耕农，他们生活就可以改善了。

这其实还是成问题的。

先说佃农，吴先生反对无偿地没收地主的土地分配给农民，因之这辈没有土地权的佃农要得到土地权总得付一笔钱，这笔钱不论从哪里借来，他总得从土地经营的利益中去划出来支付。假定贷款期为30年，则每年得支付田价的1/30，也就是3%，若加上现定利息一分二，则每年得付出田价的15%。但是农业经营的利息有多少呢？我们曾在云南农村调查过这问题，我们的结论是农业利息（剩余利润除田价及成本）没有过一分三厘的，普通的农田只在七八厘左右，以这种付息的能力来担负一分五厘的利息是绝难胜任的。

吴先生也已经注意到这一点，所以说贷款期限应当加长，最好能和爱尔兰一般长到60年以上，利息应当减低到如美国的三厘。这样每年农民只要支付田价的4.5%，则农民还可以有一半的余利润作为维持生活之用。这比现在的情形，其实行的可能性自大得多，可是我们现在财政的能力能否担负这种长期的放款和这样低的利息呢？当然，我在这里用不着再去分析我们的银行利息低不下来的原因，可是这是事实，不容我们否认：苟其放款利息能低到五厘，中国的金融全会改善了。

假定我们有这希望，贷款期限加长，贷款利息减低了，可是还有一个基本问题在阻碍我们，那就是一个只能获取农业经营剩余利润一半的农民，一定得要有较大的农场才能单靠农业来维持生活，关于这一点我曾经根据禄村的材料计算过，依1938年的物价，每工最好的田（3工合1亩）可以有10元的收入，减去4元的成本，剩余利润是6元。一半是3元，一家三口，每年要有135元的生活费才能维持一个过得过去的生活程度，他们非有45工田不成。若是自己劳作，每工田可以多获得3元的工资。即使这样也得23工田才能勉强过日子，有23工田以上的人家在禄村只占全村户数的30%。换一句话说，要维持生活的话，单有土地权是不够的，还得有相当大的农场。这一点无论如何是做不到的，让我在下节里再讨论。

反过来看我们的佃农如何，我们农村中的租额确是很高，普通是农产的一半左右，据吴先生的计算是合地价11%左右的钱租，所谓农产的一半时常是指春收而言，在两熟田上，冬收通常是不付租的。所以佃农所得可以在全部农产的一半以上。即使如吴先生所说地价的11%，已显而易见是比现在"低利"

的农贷更低了。

说来是很可以使人奇怪的，现在没有人不承认田租太高，政府已经试行过二五减租，可是在"贫农购赎耕地贷款"的办法中却会允许一分二厘的利息，这岂不是政府在和地主争利了么？而政府所要的竟会大过地主！这笔账我真不知应当如何算法了。

我们知道农业的收成常有升降的。佃农付租实额常是依实收成数而定。在我们江苏每年要规定实收成数。每逢荒年，可以由政府规定减租多少成。这种伸缩性在贷款付息上就不易得到，除非贷款期限可以在必要时拖长若干年；不然有荒年时，贷款买田的自耕农很可能还得另外出卖田地支付这笔利息了。

还有一点值得我们注意的就是田价不是固定的。若是现在有几百万的资本要投到土地里去，田价很可能涨起来。田价的上涨若比农产物价格的上涨为快时，农田利润还可以下跌，担负这笔债的"自耕农"又得冒这一层的风险。尤其是在这货币贬值的年头，借了一大笔钱去买了田。在今后的 60 年中要是货币价值有重新提高的时候，名义虽说是一分二厘的利息，实际可一直往上高升，结果出卖了田，也许还要赔一笔老本。

我在禄村就听见农民和我说得很透彻："借钱盘田，愈盘愈穷。"这一点老农的经验是值得我们考虑的。

二、土地权并不等于富有

再说雇农。雇农是农村里最穷的人，大家都这样说，可是这句话在这几年就不然了。每天卖工的除了伙食外，可以有 3 元左右的收入，一个月净收得 90 元，他比小地主和佃农强得多。雇工的所以穷和所以阔起来，全在有没有卖工的机会。在劳力充斥的农村中，卖工的机会很少，一年在农田上只能做一半日子，另外一半日子，得在农业之外另求工作。这辈半失业的雇农自然是苦了，可是现在情形已不同，内地农村的劳力供给逐渐在减少中，农业工资提高得很快。而且在农业之外找工作也极方便，他们若是天天有工做，生活也就提高了起来。一个挑夫可以衔着一支教授们想吸而吸不起的香烟。

这样说来，雇工的穷不穷并不由于有没有土地权，而是决定于有没有工作机会，在人浮于事的时候，有土地权却是工作机会的保障，可是足以保障工作机会的却不止土地权一种，何况土地权要保障农民终年有工作做是不可能的，因为农业里并不能吸收整年的劳力供给。

若是使这辈雇工都有了土地不是更好么？事实上却并不是这样，他们能得到很肥沃的田，那还好，若是分着的田土质不太好，他们所得很可能低于他以雇工身份所得的工资。我们知道在一块土质比较坏的土地上耕种，农业利润可以低到零，甚至农田上的所得可以付偿不了生产成本。可是这种土地还有人在耕，原因是农民自己的劳力是不计工资的，他们以降低自己的工资来减轻生产成本。这也可以说是以生活程度来争取耕种边际的办法，张之毅先生在易村调查的报告上有下列的一段话："租种人家田的，如果在收入中要纳去租谷一半，再除去各项开支，则租种人所费的劳力，除膳食外的工资男工高至3角7分，低至无偿；女工高至2角2分，低至无偿。只有租顶好的田种，还可值得，租种坏田，简直是白费劳力。但是替人家做工，除供膳食外，男工工资5角，女工3角。"这表明雇农的工资可以高过有坏田的佃农甚至地主。

单单从土地权的获得上显然是并不能解决佃农和雇农的生活程度，佃农若有较大的农场，雇农若有较多的工作机会，他们实得利益可以比有一块小小的土地大得多。

三、贫农的出路

若比较现在有田和没有田的农民，不成问题的，前者生活较丰裕，可是没有田的既不能一跃而成为有田者，若要借钱来变成有田者，他们的生活很可能比现在没有田的时候更苦。

即使假定现在没有田的可以不花代价的都成为有田者了，这时农村经济是否会比现在更好呢？事实也许并不这样乐观。我们一共有多少土地，更有多少农民？每个农民都有土地，结果每个人能有多少土地呢？多年前翁文灏先生曾有过一个统计说：中原区每人得6亩，扬子区每人得4亩7分，丘陵区及东南沿海区每人得11亩，四川盆地每人得6亩半。若专就可以耕种土地论，他曾引巴克的估计说每个人分得的数目是：直隶4亩，江苏2亩半，广东1亩半，所以平均每个人大约只能得到3亩田地，这3亩田地的所有权即使属于耕者，试问这些有田的耕者能维持什么样的生活？用饥饿来换取地主的身份，在我看来未免太不合算。

中国农民的贫穷，基本原因是有耕地太少，有没有耕地权还是次要问题。为中国农业前途着想的，没有不是为现在农场面积太狭发愁。不论从生产的增加或是为生计的提高上说，扩大农场面积应当是今后农业改善的一个主要目标。

希望读者不要误会我是在为地主辩护，我完全和吴先生一般认为没有土地的农民是贫农，应当设法把他们的生活提高。同样我也觉得耕者没有田是件社会上不合理的事。可是要提高贫农生活，要耕者有其田，却不能只把既有土地设法分给既有耕者就了事。

若一看我们过去几十年以至现在的状况，农村里有土地的向外跑，没有土地的困守乡下。有地离地，无地守地，于是造下了"贫农"的身份。当然，使这现象发生的原因很多，其中最重要的是贫农在农业里尚能贫而活，一离开农业连贫都没有资格了。这种情形现在快要过去了，都市兴起，工业在建设，农业之外亦要劳力，离开土地一样能生活，没有土地的人自然可以出来了。

工业建设一定要有个相配合的农业革命，那就是说，我们一定要解放一部分农业里的人力到工业里去，现在工业里正感到人力缺乏，而农村里的确有闲手的地主。地主可以闲手是因为农村里有没有土地的贫农情愿替他劳作，假若他们离开了农村，则没有卖工，也没有人愿意纳高租来当佃农，那时有土地的得下田耕种了，"耕者有其田"的目的不是一样达到了么？

因此我们解决贫农的出路，不一定在土地。这也是一条出路。要讲工业，非使他们离开土地不成。这一点意见也许可供研究"贫农购赎耕地"问题者参考。

举办春耕劳力贷款

春耕已到,窗外的秧田铺上了一片嫩绿,成行的农夫正在挖田,妇女们忙着打豆。这春尽夏来的几个月中农村里又明显活跃起来了,这几个月里农民们的辛劳将决定秋后一年粮食的丰歉,也部分地将决定我们在抗战最后关头的实力。我们有什么方法去帮助这季农作,使我们对于自己命运多一分把握?我在这里提出的是举办春耕劳力贷款。

一、农业金融的季候性

若是我们一看内地经营农田费用的账目,最大一项的支出便是工资。依我在禄村调查的结果,工资(包括工人伙食)竟占全部农田经营费用的74%。而从清明起到芒种止的两个半月中,农田上所需劳力又占全年需要量的56%。在这期间工资的支出占全部农田经营费用的41%。这几个数字可以告诉我们两件事:在现有农作技术下,劳力是农业成本中最重要的项目;因农作劳力在时间中需要的不平均,农业金融也充分表示了季候偏重性。

让我们回头看看农家在这个时期的支付能力:清明时节离开上年度秋收已经有6个月。这6个月中除了经常的消费外,还包括田租上利的清算期。农村结账是在年底,而清明离开新年还不到三个月。农闲的冬季中又常是男婚女嫁的忙月,特别的支出也多挤在这个时期,春季作物到清明时节即使成熟了,还正在收获中。蚕豆从田里割下,大部分还在堆着,离开整理清楚,能送到市场上去出卖,至少还要有半个月到一个月的时间。这时候新的投资已催着不能再等，而农家的储蓄却早销蚀到所余无多，新的收入还须有待，于是农村金融上就发生了恐慌。说清明是"断魂"的时节，其实这感觉是不仅限于"路上行人"才有的。

或者有人会问：农民不是自己有劳力么？他们所需的资本既以劳力为大宗，他们不是可以不必靠金融来流动的么？事实上却并不如此，农田上所需的劳力总是十分富于时限性的。我曾计算过一对夫妇，若全靠他们自有劳力至多只能经营10工田（约25公亩，1公亩等于100平方米），而以禄村为例说，凡是经营农田的，他们所经营的农场在10工田之下的只有11%。这是说云南普通农家除了极少数之外，劳力都是不能自给的。当然，他们有换工的方式，可以不必用货币去获取家外的劳力。但是以工还工的办法只能发生在亲密的团体中，并不能解决农家缺乏劳力的全部问题。三年前的禄村，在掼谷子时，外供给的劳力，据我的估计，竟占20%，而掼谷子还不是劳力最缺的时期。据说在挖田的工作中利用外村劳工最多时竟占2/3。这些外来劳工都得给付工资的。

在春尽的时候，手边没有钱的农民，就雇不起工。可是若只靠自有劳力来凑合，结果泥土不能挖够，秋收时就将大大地吃亏。我在禄村曾比较过两丘土质相同的田，其一因挖得不够，谷子长得又稀又弱，据说收成要比另一丘少一半以上。于是为了避免这种损失，农民只能借钱了，不论利息多高，也得忍痛。这一来，高利贷便找着它活动的机会。

若是要举行农贷，清明到芒种正是最适当的时期。

二、贷款的对象

有人或许会提出目前农村比战前要繁荣得多，是否还需要外来资本的援助？而且农产品价格的提高，农村内已有游资发生，是否还应当把纸币送到农村里去？我也是主张农贷应十分慎重的人，但是并不认为农贷政策本身有问题，只是实行这政策时应当防止它的流弊。农贷的主要目的一方面是在增加农村生产力，一方面是在整理农村的金融机构，因之，推行春耕劳力贷款正是发展农贷的正当路线。

抗战以来，在农村中已经引起一种不良现象，就是财富的集中趋向。农产品价格的提高固然是事实，但是只有那些有余粮可以出售的农家才能占得这份利益，农村中有多少人家有余粮可以出售的呢？我们不妨在这里计算一下：一个人每年需要米350斤（若以士兵所发米计算，每年548斤），一工最好的田出来200斤，所以一个人得有两工田才能维持他的食粮，食粮只占一个人全部生活费用的40%，全部生活费用得有4工田来维持。一家平均以4个壮丁计算，则需田15工以上。但是在内地农村中有田15工以上的有多少呢？以禄村为例，只占全村的34%。若是农村日用品的价格和米价的上涨率相同，则农村中大约只有1/3的人家是可以因米价上涨而多得一些储蓄的。这表明即使抗战以来农村比较繁荣的话，也不过是指这一部分的农民罢了——这一部分本是较富的农民，现在可以更富一些。

而另一方面，那些粮食不足自给的农家，在工资上涨率没有米价为快的情形下，很明显的是吃了亏，而这种自有农田不到15工的农家，在禄村就占全村的2/3，其中有一半根本是没有田的。这辈人的生活，除了因工作机会增加之外，并没有分享农村的繁荣，反而因之受到了损失。

还有一项应当提出来的，就是征兵的结果，要使那些无力逃役的贫农加上一笔损失。我们知道有不少因为家中壮丁被征而破落的事例，这说明抗战以来有一部分贫农的生活更见降低的现象。

农村中财富集中的趋势也就引起了农村的金融问题。农村中游资的增加无疑是目前的一个严重问题。可是正因为这笔游资握在少数富农的手中，使他们可以利用贫农的窘急而发挥他们榨取高利的威力。因此，在这个时候政府能用低利把款子放入贫农的阶层，不但可以使贫农得到必需的资本去雇用劳工，使这季农作不致因资本缺乏而减低它的产量，而且可以使富农手上的游资不成为榨取高利的工具，富农手上的游资既不能以高利投入贫农的农田上，它也比较容易流出农村来作其他正当的用途了。这时若有适当的方法也就不难把它吸收出来。这种农贷的作用其实并不是在增加农村货币的流通额，而是一种从富农手上的货币用低利转入贫农手上的办法。

三、动员农村劳力

但是问题是在这种春耕劳力贷款是否能刺激劳力供给？若是劳力的总量已

经无法增加,则我们若送进一笔货币进去,固然一方面是可以转变劳力雇用的分配方式,但另一方面只是造成增加工资和农业成本的效果罢了。我们在这里得细细考察一下云南农村的劳力市场。

云南因地形的高低差别很大,所以在相距不过一两天路程的地方,气候便会不同,各地的农作日历可以有一个多月以上的参差。甲地惊蛰播种,而乙地可能迟到清明。因之甲地的农作可以比乙地早一个月。当甲地农忙时,乙地还在闲着,乙地开始农忙时,甲地却已经忙过了。即在一个地方,因水的供给大都依靠高地的泉源,所以同用一条沟水的田,不能不依地势,先后灌田,他们在农作上因之也有先后。农作日历的参差不齐,使地域间的劳工可以流动,互相济急,这本是云南农村的普遍现象。劳工地域间的流动使劳力供给量具有很大的伸缩性:若是甲地需要增加,附近区域流入的劳工数量也可以增加。

春耕劳力贷款固然可以使工资上涨,这种上涨对于出卖劳力的贫农说是有利的,但上涨的程度却有个合理的限制。因为上涨的工资刺激着一般本来闲着的农民,使他们可以走到比较远的地方去受雇。劳力供给上既有增加,工资也就平稳了。春耕劳力贷款绝不是膨胀农村里的通货,因为它具有刺激劳力供给的能力。实际上这是在加紧动员农村劳力,增加生产;减低农民的闲暇,添增他们的收入。

四、贷款的方法

农贷的危险是发生在贷款会走入富农的手上,增加他们囤积和剥削的能力,或是走入贫农的手上而成为一笔救济金,并不能达到生产的目的。所以在农贷的技术上是应当十分慎重的,技术上的疏忽可以使有益的事反而成为有害的事。因之,若是要举办劳力贷款时,最理想的方法是由农贷机关发给劳动券,该项劳动券可以由雇主交给佣工,佣工向农贷机关领款。而且规定发生效力的期限,使雇主不能把这笔贷款充作别用,甚至抵押出去。这样不但可以免除增加农村货币的流动量,而且可以保证这种贷款的用途。

每家贷款的数量也可以有个合理的规定。我们知道每工田在这时期中需要多少劳力,减去这家自有劳力的数目,须雇用多少人工根据每家经营农田的面积,我们就可以决定贷予款项的数目了。

我相信这种农贷比较其他种类，在技术上容易管理，而且不致发生流弊。希望农贷当局能对于这种建议加以考虑。清明虽已过时，但是还有许多地方现在刚在播谷。及时举办，还来得及造福农民，使我们对于今年丰盈的秋收多一分把握。

1946 年 7 月

中国乡村工业[①]

  1939 年的暑假,之毅和我一同到禄村去做调查工作。我们睡在一间房里,晚上,隔着两层蚊帐,上下纵横地谈起来。年轻人总是善于做梦的。有一次他突然从床上坐起来,撩开了帐子,点了一支烟,很兴奋地和我说:"我想到一个风景优美、与世隔绝的小天地里去住上一年。一家一家都混熟了。你不要来管我,好像忘了我一般。可是我有一天忽然回来了,写好了一本书。"这本是之毅的性格,默默的,装得好像很平庸,可是他在预备,在干,无声无息地,等待有那么一天,叫人对他刮目相看。床头的梦语,谁也不当正经话,说完也就过了。可是,隔不上几天,他要我一同去看张大舅,听他讲绿叶江的神话。似乎是在江的尽头,有一个桃花源似的去处。红红的山岩,像是给天火烧过。大江就在这山坳里滚滚地流,两岸长着几十里不断的翠竹,丛丛密密,把天都遮住了。就在这地方,有着无数的纸坊,家家都造纸。张大舅讲得出了神:"我和你们一同去,我认得这地方。你们调查好了,开个大工厂,我来帮你们办事。"张大舅的口才把我们都说动了。隔不上两个月,之毅和我两匹马就在高山险峰上盘旋着向这动人的易村出发了。

  易村对于我们的引诱,当然不止是红的山,绿的竹。更具有魅力的是它所代表的那种农村经济的结构。在我们研究计划中,早就写下了要调查一个以手工业为基础的内地农村。一方面可以和太湖附近有手工业的江村作一比较,一方面可以和以农业为主的禄村作一比较。从各方面打听下来,易村正是我们理想的研究对象。因之,我们不辞劳苦地走访这个村子。实在的易村,并不和传说的易村那样家家户户造纸。可是,我们住定了一看,发现它比我们所预期的更有意思，因为它不但有造土纸的作坊工业，还有织篾器的家庭手工业。正可做一个比较研究。

我们不久就离开了易村，之毅准备了一下，单身匹马一个人再去。他就在这外人罕至的小山坳里默默地进行他的工作。易村的工作环境，实在比我们所有的工作地方都困苦。不但我们曾好几天除了花生外，没有任何其他可以下饭的东西，而且人地生疏，没有半点捷径。一切都得硬硬地打入这个陌生的社区中去。这自是一件极不容易的事。之毅初次加入我们的队伍，就派着这个苦差。他离开我时，我不免为他担心。那年年底，之毅饱受风尘地回来了，没有说半句怨言。他和我住在一起，一行一行地写下了这份报告。禄村小楼上的一句梦话，居然成了事实，至少也可算是我们这几年艰苦生活中的一点小小的安慰。

在这份报告中，之毅很仔细地解剖了易村的经济结构。更在整个结构中，点明乡村工业所占的位置。他好像是在显微镜下对一个标本做了一番极周到的观察，并且一一为我们描画了下来。可是我们的目的，却并不是如张大舅所说的一般，调查了可以去开一所造纸厂，我们对于易村本身可说并没有特别的兴趣。我们所发生兴趣的，还是乡村工业的本身，易村只是我们研究这个问题时的一个标本罢了。我读完了这本报告，很想借这个机会，根据之毅研究的结果，对于中国乡村工业问题说几句话，用以指明之毅这次研究对于我们了解中国乡村工业上所有的贡献。

一、工业和农业的界线

我常觉得一般人把工业的范围看得太狭，好像一定要有厂房，有机器，有大烟囱，才算是有工业。西洋现代工业固然是最新的工业，但不是工业的全部。把工业的范围看得太狭，很容易使我们抹煞了建国过程中一个重要的节目，就是怎样使我们原有的工业蜕变成现代工业。要我们能对付这个问题，自得先明了我们原有工业的性质。

本来农业和工业的区别不是容易用一条清清楚楚的界线来划分的。理论上说来，农业是只限于在土地上培植作物的活动。至于把作物的自然形态改变成可以消费的物品，就得算作工业的活动。可是培植和制作，在事实上却不易严格区别的。比如有一次我们在田里看人家掼谷子,曾问一位朋友:"这算是农业活动么?"他坚决地说:"那自然是,收获不算作农业算什么?"可是我问他:"碾谷子呢?"他踌躇了一下:"必要时,算作工业活动也可以。"我不很明白掼谷和碾谷在性质上有多大分别。为什么把谷粒和稻穗分离的工作算是农业,而把米粒和糠秕分离的工作,就可以算作工业。本来,没有人会对这个分别看得这样严重,因为农业和工业其实并不是对立的两回事,而是相连的两个段落。农业靠土地的生产力给我们植物性的原料,工业是把这原料制造成可以消费的物品。

这样说来,我们可以说没有一个地方的人民是可以单靠农业而生活的了。至少,自从人们不能专以树上的鲜果、地上的菜蔬直接充饥以来,人们的生活多少得靠一部分工业来维持。田里的谷子成熟了,得掼下来,碾成米。米还得煮成饭才能吃。麦子得磨成粉,烤成面包。棉花得收集了,把纤维整理,纺成纱,织成布,裁了,缝了,才可以成为衣服。这些基本工业和日常生活关系太深,所以时常就在出产原料的农家经营的。这种农夫和工人不分的情形,是自给经济的特色。每一个自给单位,家族、村落,或是庄园,必须经营着一些基本工业,不论如何简单,用来满足他们生活上的需要。

中国农家在消费上具有很高的自给性。据我们在云南乡村中调查的结果,农家消费中的自给部分普通要占总数的70%左右。当然自给的农产品较多,不自给的部分大多是由都市工业所供给的日用品,但是衣食住各项基本用品中,自制的还是很多。

以我们曾调查过的禄村来说:它的经济是以农业为主,在村子里除了四家外,全是耕田的。他们每家所做的工作也差不多。以特殊工艺作副业的只占全村户数的10%。普通人家并不是不需要木器、竹器、陶器和棉织物,他们除了直接到村外去购买外,大部分是靠自己来制作的。我们邻居姓刘的那位朋友,家里的厨房和马槽是自己动手盖的,屋里的草垫、竹筐是自己编的;身上的衣服,是太太缝的。这种不求人的自给经济,把很多工业活动普遍地分散到每个农家。中国并不是没有工业,只是工业太分散,每个农民多少同时是个工人。

农家不但因为求生活的自给多少都做一些工业活动,而且他们所不自给的消费品，也大都是从别的农家中买来的。都市工业的不发达，使得我们种种用品，好像衣着、陶器、木器等都在乡村中生产。凡是有特殊原料的乡村，总是附带着有制造该种原料的乡村工业。靠河边有竹林的地方，有造纸和织篾器的工业。有陶土的地方，就有瓷器的工业。宜于植桑养蚕的地方，有缫丝、织绸的工业。这种地域性专门工业的发展，并不一定引起工业和农业的分手，这类工业依旧分散在多数的农家。在家庭经济上，农业和工业互相依赖的程度反而更形密切。中国的传统工业，就是这样分散在乡村中。我们不能说中国没有工业。中国原有工业普遍地和广大地与农民发生密切的关系。

二、工业帮着农业来养活庞大的乡村人口

中国乡村中工业的发达并不是偶然的。在农村经济中工业是必要的部分，原因是在中国农业并不能单独养活乡村中的人口。之毅在本书中说得很清楚。在这个分析中，"至少我们可以明了乡村工业的一个特性，就是它是用来帮助农业维持我们庞大的乡村人口的。这在易村是十分显然的，若是没有手工业，易村就不易有这样多的人活着。"这是在显微镜下检查易村这标本的结论。这结论却很能适用于其他有手工业的乡村。

人多地少是中国乡村的普遍现象。乡村人口密度太高，农田分割得十分细碎。依普通的估计，每家平均所有土地已不到 30 亩。在土质肥沃的地方，各人所能分得的地更少。多年前翁文灏先生曾说：中原区每人得 6 亩，扬子区每人得 4 亩 7 分，丘陵区及东南沿海区每人得 11 亩，四川盆地区每人得 6 亩半。若专就耕种的土地说，他曾引巴克的估计说：每个人可以分得耕地的数目是，直隶 4 亩，江苏 2 亩半，广东 1 亩半，所以平均每个人大约只得 3 亩田地。他接着又说，这 3 亩田地若种麦子，每亩只出 6 斗，3 亩共有 1 石 8 斗，如何能使一个人免于饥饿？② 在种稻的区域中，人口更密，每人可分得土地更少，平均不过 2 亩左右。最好的水田，每亩产米 3 石，而每个人每年要吃 2 石半。虽则从字面上看，种 2 亩水田的农夫，应当还有些剩余来作别项费用。但是农民中，尤其是水稻区，有 80% 左右是佃户。他们得贡献一半以上的产量给住在市镇上，时常不事生产的地主，每人所余也只够一饱了。我在江村调查时，当地人民异口同声地说：这地方的田要是丰收，也不过给人一些饭米罢了。这句

话似乎是很确当的。

饭米固然是日常所必需的，但是单单吃饱并不是健全的生活。我们还要穿，还要住，病了要医药。人死了要埋葬，过时过节还得烧一些纸钱。这些费用在江村可以说其中有80%是在农业外筹来的。依之毅的调查，易村的情形也相似，全村只有11家单靠农田上的收入，在食用外还有剩余，其余42家却有亏空。估计全村食用，单靠农田上的供给，每年尚差谷子470石左右。这笔账就得以工业来填补了。

人多地少，农业不能维持生活而得求助于工业的，不只是江村和易村。广西的宾阳又是一例："宾阳乃广西省著名之手工艺区……该地因人稠地稀，土地生产力远不足以供养全县之人口，故人民除种田外，多从事一种手工艺，以为副业。往往一村之内，全村居民均赖此为生，该村即以此种小工艺而著闻于当地。"③调查山西农村的李有义先生也说："上郭村的农民在耕田之外，都有一两种副业。特别是小农，他常要靠副业的收入补耕田收入的不足……这种主要的副业是纺织。"④农民因生活的压迫，不能不乞助于工业，而乡村工业却帮助了农业来维持中国这样庞大的乡村人口。

可是乡村里为什么要维持这样庞大的人口呢？这可以从两方面来说，一是在都市工业没有发达的社区里，除了乡村，人民并没有更好的去处。农业固然养活不了这样多的人口，可是单靠工业也养活不了。之毅在织篾器的一章中已算给我们看：在这样穷苦的农民，不论耕田或是织篾器，所得的其实都不过是一些糊口的工资，在劳动报酬十分低落的情形下，他们没有出卖劳力的机会时固然要死，即有出卖的机会，也只能免于一死罢了。加以市场狭小，运输困难，手工业的利益不能高，出品不能多。他们不能离开土地，单独靠工业谋生。

另一方面是农业在现有的技术下，非拖住大批人口在乡村中不成。我在《禄村农田》里已分析过农业里的劳动是有季候性的。农田上的工作受植物生长的限制，每节农作都有很紧促的期限，早不得，迟亦不得。比如插秧，从立夏到芒种这一段时期最适宜，过了夏至，在禄村就不能插了。在这30天到40天之间，这节农作都得结束。人少了就忙不过来。所以劳力得老是养着以备急需时候之用。紧急的时候一过就闲了。所以乡村人口不能太大地减低，因之乡村中永有这种矛盾的存在：一方面要拖住大批的人口，一方面又不能在农业里利用他们所有的劳力，一方面又不能以农业里的收入来养活他们。

之毅在第三章里把农业里劳力过剩的情形，分析得很明白，所以他把易村织篾器的工业称作："在农闲基础上用来解决生计困难的工业。"这是个十分得当的定义。这表明乡村工业不是一个单独的问题，而是密切关联着农业技术和人民生计的复杂问题的一环。

三、乡村工业的两种形式

在农闲基础上用来解决生计困难的工业，固然是中国乡村工业的一种基本形式，但是在乡村中的工业，却并不止于这一种形式。之毅在本书中最重要的贡献，也许是在他利用易村的材料充分说明了乡村工业的另一种形式，那就是他所称的作坊工业。这种形式，以我国人说，在以前是常常忽略的，虽则一经之毅说明，我立刻想到母亲说到她幼年生活时，常常提起的油坊和米行来。这实是我们传统乡村工业中的一个重要形式。

织篾器所代表的家庭手工业，是发生在人多地少的乡村中。它是利用过剩的劳力。而造土纸所代表的作坊工业，是发生在土地贫瘠的乡村中，它是利用过剩的资本。之毅曾为此详细分析易村土地吸收资本的能力。易村农业本是先天不足。红页岩的冲积地已够贫乏，加上了肥料的缺乏，生产力自然更难增加，在这种情形下，所谓投资，其实是等于多加劳力。易村农业里所用劳力，实在已经极多，每单位土地上所用劳力总数已超过禄村，和巴克的估计相比，相差更多。[⑤]若是在易村土地再要加工，所增加的产额，已不够恢复所费劳力的消耗。这种土地实在已经到了经济学上所谓耕种边际了。

易村土地虽然贫瘠，可是因为土地权分配得不平均，一辈拥有较大农场的人家，还是能累积资金，这笔资金既然不容易吸收到土地里去，于是逼着他们去寻求利用这笔资金的门路，这样发生了造纸的作坊工业。

农业里所累积下的资金，变作乡村工业的资本，在和都市靠近的乡村中即不易发达。以江村为例，全村大部分是佃户，因有田较多的地主已经全数迁入市镇。乡村的居民，每年要在地租上输出大部分资金到市镇上去。因之，乡村本身并没有剩余的大宗资本来发展本乡工业。作坊工业是发生在市镇中。更因大都会的兴起和洋货的畅销，市镇上的作坊，也入于式微的趋势。可是，内地的情形则不同，乡村离市镇和都会太远，交通不便，洋货的势力较弱，所以像易村这种只有50多户的小村子中，还能保有9个土纸作坊，固定资本竟超过1.8万元（以1939年市价折合），这很可说是内地乡村的特色。

织篾器所代表的那种家庭手工业并不能吸收资本。它的特点，就在不需要值钱的设备。所以之毅比较这两种形式的乡村工业时说："织篾器不需要很大的资本。一把砍刀值不了几块钱，而且可以用上十几年也不坏。竹料自己家里就可以长，所需不多，即使要向人买也不过几块钱。几天之内就可以把篾器织好，卖出去。所以我说织篾器这种工业中主要的成本是劳力。作坊工业不同。它需要相当的设备，所需资本也相当大。所谓作坊工业，我是指那种有一专门工作场所的工业。织篾器只要一方空场，下雨时在卧室里、在厨房里都可以工作。而造土纸就得有个专门为原料加工的池塘和碾房，专门舀纸的木棚，和专门烤纸的炕房。这些有专门设备的作坊工业，资本才成了一个重要的生产要素。"

作坊工业利用较进步的技术，利用人力以外的动力，大批地购进原料，更大批地生产商品，使它可以得到经营的利益。易村的土纸坊，投资的利息高至6分，比农业利息高上5倍。可是作坊工业既需资本，没有资本的贫民也就没有沾光的机会。得到这种高利的是工具的所有者，而不是生产劳动者。这是和家庭手工业的一个重要分别，也可以说是资本主义经济的起点。可是作坊工业在传统的运输和贸易机构中并不能一帆风顺地发展。它和农业的联系也很深，因为所用的原料常是当地的产物。这些产物因土地的限制不能尽量地扩充，因之也限制了这类工业扩充的可能性。太湖流域的土丝行、菜油行、轧米行都受着原料的限制不能发展成大工业。若是作坊工业可以算是我们传统经济中资本主义的萌芽，则这萌芽在运输困难和市场狭小的阻碍下被遏制了。易村的土纸作坊充分地显示了中国传统资本主义所以不能发达的原因。

作坊工业在乡村中发达起来，成了一个累积资金的机构。这笔资金既不能在工业里翻覆地再生产，最后依旧得向土地里钻。之毅在末章里说明了这两种工业对于农民生活上影响的差别。家庭手工业是救济他们的力量，使他们不致有劳力没处出卖的苦衷。但是作坊工业却刚刚相反。它成了一只攫取土地权的魔手，向着贫农伸去，这样促成了乡村中贫富的对立。

四、都市工业和乡村工业

易村是一个内地乡村。所谓内地不单是指它地理的位置，也指它经济的处境。内地是表示和现代工商业接触较浅的地方，可是现代工商业的势力一日千里地向内地侵入，内地的范围日渐缩小。当百年前，沿海诸省也属内地，可是到现在，西南诸省也快要抛脱内地的称号了。

内地经济基本上代表着和西洋接触前，我们中国传统经济的一般方式。沿海诸省近百年来所遭遇的变故，也正是内地诸省不久将来很可能的命运。所以在此，我们不妨转到沿海诸省乡村去看一看在那些地方乡村工业所发生的问题。

沿海诸省乡村工业的处境，我在《江村经济》中已经叙述过。简单地说来，就是都市工业的发达促成乡村工业的崩溃。从世界经济史上看，工业中心都市的兴起，是工业革命后的产物。工业从乡村集中到都市来，主要的原因，是工业所用动力的改变。利用体力来生产的手工业，集中到都市中去，是没有多大利益的。在人口集中的地方，地价高，生活费用高，生产成本因之也高。原料运输费用既大，工场管理上也多麻烦。集中的工场所以会发生，推究其源，是出于蒸汽力代替体力的结果。利用蒸汽力来作工业的动力，限制了工作场所的面积。我们要记得每一个轮子的转动，在蒸汽动力下，都不能脱离和动力机直接或间接相连的皮带。这根皮带决定了机器的位置和可能的距离。在手工业中是工具来就人力；在机器工业利用蒸汽动力的时代，是人力来就工具。因之，动力的改变，产生了都市，集中了劳工，把工业和农业的地缘拆散，工业脱离了乡村独立了起来。

都市工业和乡村工业在这个时代是大规模机器生产和小规模手工生产的分别。我在这里不必再去分析大规模机器生产因成本低，技术精，出品良，把小规模手工生产压下去的原因。这已是普通的常识，也是可以目击的事实。当然，我并不是说一切手工业都立脚不住。我们所需要的用品中有些并不是机器所能做的。表现个性的艺术品就是一个例子。可是机器本身的日趋精巧，不能做的东西为数已日趋减少。手工业所守得住的壁垒实在是已经很可怜了。我们只要想一想：大规模的食品和服装工厂的发达，使那些和个人癖好密切相关的用品，也已经有趋于标准化的危险了。

我们现在所要讨论的问题，若是在机器工业和手工业间作一选择，或是在比较大规模生产和小规模生产的利弊，我想很少人能站在乡村工业方面说半句硬话。大规模的机器生产固然有它的缺点，可是这些缺点并不足以作为维持小规模手工业生产的理由。我们现在所要注意的是都市工业兴起后对于乡村经济的影响。这些影响若是有害于民生的，我们得用什么方法来加以补救，这是第一层。乡村工业本身是否必须以手工业为基础？我们能不能改变乡村工业的性质使它可以和都市工业并存？这是第二层。

从乡村工业到都市工业是世界经济史上的普遍现象。可是在中国却另外还有一种新的意义。因为中国本国的都市工业，在西洋先进工业的压力下无法发展。我们关税不能自主，领海及内河航行权已送给外国，加上了历年来厘金特税的束缚，国外输入的工业品在市场上到处占着优势。只要看历年洋货进口量的增加（1931年比1911年增加3倍）和入超的提高（1931年比1911年提高6倍），就能知道我们国家经济处境的危险。

国际贸易上的劣势有两方面是和我们乡村工业有关的。一方面是我们以前可以自给的日用品改用了洋货。比如，我们以前的布是由自己纺的纱自己织成的。可是到了清末光绪年间，机纺洋纱已开始代替了土纺的棉纱。接着手工业的织布机输入，促进了织布工业的发展，成为一种重要的乡村工业。河北高阳一带曾是华北织布业中心，在欧战期间，外国布匹入口减少，曾有一度兴盛的时期。可是"欧战停止后，外国棉布，又复畅进，夺去了高阳布一部分的销路"。[⑥]

另一方面是手工输出品的下跌，我们对外输出的货物，除了农业原料外，以手工业品为主。但是手工业品质不易改良，所以不易和国外机器出品相竞争。我们的输出，也因之日形跌落。以茶叶说，1911年输出148万担，到1931年只剩下65万担；以丝说，1930年比1928年减少了20%，1934年竟不到1920年的1/5。

在这些简单数字的背后，却包含着无数可悲可痛的故事。我已经说过农业和工业在乡村中的联系，是人的生活把它们结住的。工业固然可以撒手入城，甚至出国，可是一般农民的生活却怎样呢？若是都市的工业是在国内发展的，情形也许可以不同一些，因为新兴都市可以调剂乡村的经济需要。在中国不幸的是都市和乡村之间横着一道国界。整个的大趋势是中国经济的彻底农业化。我在上文业已指明农业中国等于是个饥饿中国。把工业集中到了国外，或外资统治下的"孤岛"上，是剥夺我们广大民众的生活凭借。手工业衰落的过程怎能不成为我们民族的一段伤心史。

我在江村就目睹这段伤心史的表现，这里用不着重述。我们见到农家因为收入的减少，不能不举债度日，在高利贷的活动下，土地权整批地向外流，全村差不多成了一个佃户的集团。土地问题日趋严重，最后竟引成了一个政治性的争斗。我虽不敢说，在抗战前乡村经济的崩溃全是由于手工业的衰落，但是乡村工业的破坏，农民部分的失业，自然是乡村不安和政治扰乱的一个原因。国外工业利用其政治上的特权，尽量作经济上的侵略，而在手工业衰落的渡船上，转变成国内政治的不安。

在抗战之前，政府对于这个局面所持政策，不外镇压叛乱和救济农民两项。这两项政策即使努力做去，也解决不了问题的症结。问题的症结是在国家工业没有办法。要有办法，非先抵住外国工业的势力不成。抗战军兴，整个局面才算改观。

五、乡村工业的复兴和前途

抗战把我们所有在沿海的一些小小的都市工业根本就破坏了。同时政府着手限制进口货物，很多本来仰给于外国的日用品不能大量地输入。又因外汇上涨，洋货价格飞跳，想买的也买不起，于是日用品的供给不能不自谋解决。后方都市在敌机轰炸之下，不易建立起来，即使是大规模的工厂，也都向乡村中求隐蔽。而且在国防需要下，政府能力所能维持的工业，大都偏于军需性质。从沿海迁入的和从国外购得的机器，为数既少，自不能不大部分用来充实国防工业。日用品的制造，只能留给乡村工业了。这样，乡村工业顿时脱离了洋货和机器产品的竞争，走上了繁荣之路。我固然没有统计材料可以用来表示后方乡村工业发展的实况，但凭我们日常的观察，在大都市附近的乡村中，到处可以听到各种手工机器的声音。而且经营这些工业的，没有不是谋得大大的利益的。

在抗战期间，农业和工业配合的需要益见显著。征兵的结果，在乡村中吸去了大批的劳力。而粮食问题的严重，又使我们不能让农业衰落。同时，新工业急速的发展，工厂里莫不感觉到劳工缺乏之苦。后方人力有限，如何合理地分配到农业和工业里去，成了一个急迫的问题。这提醒了农业和工业共用同一劳力供给的需要。我在上文中已说过农业所要的劳力，是季候性的。工业固然没有季候性，但是在小型的工厂中，即使在农忙时停一两个月工也不致有重大的损失。

抗战转变了乡村的处境，不但挽回了一落千丈的衰势，而且因战时的特殊局面，工业不能不疏散。又为了要兼顾农工双方的生产，要尽量利用后方的人力，不能不提倡农民来兼营工业。可是抗战结束之后，乡村工业还有它的前途么？

抗战胜利结束后，在短期间农业技术不会有重要的改变，换言之，战后和战前一般，农业依旧需要季候性的劳力供给，乡村中不能不有大量人口用以应付短期的农忙。乡村人口虽或可以因都市工业的兴起而略见减少，但并不易在人地比率上有重要的修改。每家所分得的土地还是很少，农业单独依旧不能维持这庞大的乡村人口。于是，我们必须考虑：假使乡村工业的效率的确无法追上都市工业，从工业本身着想，都市工业较为合宜，我们是否值得以降低广大乡村里农民的生活程度，来换取我们的新工业？

从事实上说，中国现代工业的发展，因资本和资源的限制，也绝不会太快的。而且受了这次抗战的教训，我们今后工业建设自应从重工业下手，轻工业的建立在时间上很可能要比重工业慢一个时期。因之，在这个时期中，抗战中所造成的形势会继续维持，而且因为安全有了保障，小型机器可以由本国工厂中自行制造后，乡村工业可以更为发达。

有人可以为将来的乡村工业发愁。假定大规模生产对小规模生产在经济上占绝对优势，则将来我们大规模的轻工业，若有一天发达起来，小规模的乡村工业不是又要重演战前的悲剧了么？因之，我们对于这假定还得推考一下。

大规模生产之所以经济，最重要的是在动力和机器的利用。我在上文中已说过，工业集中的原因得推源到蒸汽动力的应用。自从电力和内燃机的采用成为工业的动力后，大规模的集中工场，就不一定占有特殊的便宜了。单位较小的制造机，用电力来推动的，就不必要挤在一个工场中了。这样造成了工业由集中而分散的新趋势。

我并不是说一切工业都能分散，工业中确有不可以分散的。可是也确有一部分工业，只要分散的工场在运输上和经营上有配合的系统，它在技术上就不致绝对地不能和大规模的集中工场相抗衡。这样，我们的新工业并不一定全部都要集中在都市中了。若是留着一切可能留在乡村中的，设法限制不必需的集中，则我们的都市工业和乡村工业不致有尖锐的冲突了。

这样说来，乡村工业是可以有前途的，可是有前途的乡村工业，却绝不是战前那种纯粹以体力作动力的生产方式，也绝不是每家或每个作坊各自为政的生产方法。除非乡村工业在技术上和在组织上变了质，它才能存在，才能立足在战后的新世界里。

六、乡村工业的变质

乡村工业在技术上需要改良，那是无可避免的。乡村工业的变质第一步是在引用机器，使乡村工业并不完全等于手工生产。可是怎样去改良乡村工业的技术，怎样引用机器，怎样使它依旧适合于在乡村中经营，依旧能和农业相配合，那却是值得提出来讨论的问题。关于这问题，韩德章先生曾发表过一篇重要的文章，⑦我在这里不妨把他的意思择要介绍一下：

在一件工业品的制造过程中，有些部分可以由手工来做，有些部分则最好用机器来做。若是我们能把那些不一定要机器做的保留在农家，而把须机器做的集中到小型工厂里去，则出品的质地可以不因部分的手工制造而不易改良。韩先生曾举例说：

> 以制糖而论，旧法榨糖，蔗汁混入杂质颇多。煮糖之际，一部分蔗糖经高温而转化，以致减少结晶糖的出量，且旧法制造白糖，只凭重力滤去糖蜜，耗费时日，仍难获纯净的产品。倘使改用机器榨蔗，用压滤机除去杂质，用真空釜浓缩蔗汁，用离心力分蜜机去除糖蜜，则上述诸困难迎刃

而解。这样新式作业一样可以用小规模的设备在农村生产。战前浙江金华蔗糖合作社的联合社，曾建议筹设小规模机器制糖工厂，其全副机器设备，均可采用国产，且代价不过数千元，轻而易举。同时这种小规模的机器制糖设备还有一种长处，就是每种工具均能单独使用，可以随时同手工作业配合。如用土榨榨得蔗汁，亦可以用真空釜浓缩，人工煮制的带蜜糖，亦可用离心力分蜜机去除糖蜜。人工不足的作业，可用机器代替，节余的人工，仍可从事其他不必需机器的工作，因此在这样的糖厂里，可以用小规模的设备，完成大规模的作业，可称一举两得。战时农村手工业的局部利用机器，已有显著的效果，如四川铜梁实验制纸工厂，采用机器打浆，手工抄纸，成绩斐然可观。因为在制纸工程中，用手工打浆，人工最费，而机器抄纸设备最昂。今以机器打浆，手工抄纸，则截长补短，恰到好处。由此类推，烧瓷程序中之舂泥部分，织帆布或麻袋程序中之打麻部分，亦可以设法利用机器，而以手工完成其余不费人力的部分。战时生产资金筹措不易，生产工具输入困难，农村工业所含有的手工生产并不一定需要全部用机器代替，只要取占人工或人工不能达到良好效能的部分应用机器及动力，已可认为满意。

把比较要精制的部分交给机器生产，则手工业不一定要完成整个生产过程，出产消费品。它可以就农产加工，以供各种新工业原料之用。

  如制造油漆、油墨、洋烛、假漆、滑润油、漆布、肥皂所需之植物油料，制炼精糖所需之土糖，制酒精所需之糖蜜（制土糖之副产），制调味粉所需之面筋，制蚊香所需之除虫菊粉等，都可以用农村手工业的方式先行农产加工，再供新式工业原料之用。类此的例证很多，不必一一列举。

  反过来看，在农村里织布、织袜、织毛线衣，以及制造熟皮器、漆器、金属器、抽纱、挑花、丝绣、毛毯、地毡、人造果汁、混成酒等，都是以新式工业所生产的半制造品为原料，施以加工，而制成可供直接消费的制造品。可知若干农村工业借着新式工业的树立而存在。如能利用二者之特性，取得密切的联系，平衡发展，则吾国工业化的推动，必能加速。

以上所说的是就制造过程中纵的分段，使那些不必需机器的部分留给手工业，借以利用乡村里多余的劳力。制造过程横的方面也有能分成各部门分别在小型工厂中进行的。韩先生曾举例说："如同电话线所用的绝缘珠，室内电灯路所用电压的陶瓷器，在配合材料及制型方面都不需要十分严格规定，都可以在窑业的农村中生产。"有一次和韩先生讨论这问题时，他还举出日本的自行车制造，是把各部分零件分散到乡村家庭中，用简单的电力机器制造，然后到总厂去装配，因之价钱可以便宜。他还提起天津的小型铁工厂，时常担任军火零件的制造。这些例子说明若我们把制造过程拆断了，其中有不少部分是不需要大机器的。都可以分配到用电力推动的小型工厂或用体力的家庭工场中去制造，结果，以前乡村工业在技术上所受的限制就破除了。

在韩先生所提出乡村工业部分机器化的方案中，有一点特别值得我们注意的，就是在本书中之毅所分别的家庭手工业和作坊工业在技术上是可以联系成相辅的生产部分。在我们传统经济中，这两种乡村工业的方式，是可以说各不相关，而且有时是相冲突的。这种分立或冲突，使乡村社会中发生对立的两种阶级，也是我们乡村中各种社会问题的根源。韩先生所主张的联系，实在不止于技术上的配合，更重要的还是在组织上的统一。

乡村工业的变质，主要是在利用动力和机器，变了质的乡村工业，在它的结构中，生产工具的成本一定要加大，因之，绝不是一个在生计压迫下的农民所能购备。他在新式乡村工业中所能得到的利益，还是限于保留于手工生产的部分。机器生产部分所获得的利益，统统会归到占有生产工具的富户手里。这种分配方式，正和本书中所描写的方式相同。因之，我们可以说，家庭手工业和作坊工业若单在技术上加以联系，对于乡村经济的贡献，是决不会太大的。反之，这种新式乡村工业的发展，反而会引起乡村社会中贫富的悬殊。之毅在本书中所描写的情形，正是给我们新式乡村工业的一个警告。

家庭手工业和作坊工业在组织上要谋联系，就得采取合作方式。作坊里生产工具的所有权，不使它集中在少数有资本的人手里，而分散到所有参加生产的农民手上。这一点正是现在工合运动的宗旨，已有充分的发挥，我在这里不多申说了。

用合作方式来组织的乡村工业，就可以避免如之毅在末章所说的，作坊工业成为集中土地权的魔手了。作坊工业成为集中土地权的魔手，是发生于两个原因：一是作坊工业有极限，工业里累积下的资金，因为在少数人手中，不能在消费中用去，因之又得向土地中投去。二是一般农民生计的压迫，他们不能不借钱来维持生活，以致入了那只金融的魔手。作坊工业若是在合作方式中组织起来，则在这工业中所得到的利益，可以分散到一辈需要钱用的农民手上，花在消费之中。他们生计既有了保障，也不必借钱了，这非但安定了工业，也安定了乡村里的土地问题。

云南大学社会学系研究室，
魁阁，古城，呈贡，云南。
1941 年 9 月

注释

① 本文是作者为张之毅著《易村手工业》所作的序。
② 翁文灏：《中国人口分布与土地利用》，《独立评论》第 314 号。
③ 千家驹、韩德章、吴半农：《广西省经济概况》，第 54 页。
④ 李有义：《山西上郭村的经济组织》，燕京大学硕士论文，未出版。
⑤ Hsiao Tung Fei, Agricultural Labor in a Yunnan Village, *Nan Kai Social and Economic Quarterly*, Vol. XII, Nos. 1~2, p.151, Footnote 5.
⑥ 吴知：《乡村织布工业的一个研究》，第 17 页。
⑦ 韩德章：《战时农村工业的新动向》，《今日评论》第 4 卷第 17 期。

禄村农田

农村土地权的外流,和都市资本的流入农村,是出于农村金融的竭蹶。为什么靠近都市的农村金融容易竭蹶呢?引起农村金融竭蹶的原因,不外两个:一是农村资金输出的增加,一是农村资金收入的减少。

我国传统的市镇和现代都市是不同的。它不是工业中心,而是一辈官僚、地主的集合居处和农村货物的交易场所。在传统经济中富于自给性的农村,是个自足单位。它在租税的项目下输出相当资金,而藉家庭手工业重复吸收回来一部分。乡镇之间,似乎有一个交流的平衡。平衡保持得住,土地权不会大量外流。现代工业发达却把这平衡打破了。手工业敌不过机器工业,手工业崩溃,农村金融的竭蹶跟着就到。

《禄村农田》1943年由商务印书馆初版，为吴文藻主编《社会学丛刊》乙集之一种。作者1943年—1944年访问美国时，曾以英文将本文以及他的学生的《易村手工业》（商务印书馆，1943年）和《玉村农业和商业》（书稿）三份报告写成 Earthbound China 一书，1945年由芝加哥大学出版社出版。1987年，作者将这三份报告的中文书稿合编为《云南三村》，1990年由天津人民出版社出版

导　言

这本《禄村农田》可以说是我那本《江村经济》的续编。在理论上我将根据《江村经济》的结论，用我在禄村听见的事实，加以修正和发挥。所不同者，只是本书的范围较前书为狭，将以土地制度为研究中心，在方法上，我还是采取以村落为单位的实地观察。所不同者是本书的叙论将一贯地以理论为经，以叙事为纬，层层推进以达到整个地解释禄村人民由利用农田而发生的种种现象为目的。较之前书或可更合于解释和叙事并重的社会调查方法。

本书既有很多地方是以《江村经济》为底子的，在这里似乎应当先把江村土地制度的背景择要一说。江村是江苏靠太湖南岸的一个村子，这里水运便利，所以农村社区很多早就脱离了自给自足的经济形式。江村的居民并不是全靠农田上的收入来维持生计的，他们有很发达的手工业。他们所出产的生丝和生丝原料，并不是用来自己消费而是用来作向外运销的商品。这样，他们每家的经济情形多多少少受着都市工商业的支配。江村是附近都市的附庸，代表着受现代工商业影响较深的农村社区形式。

西洋工业革命之后，海运畅通，江村的土丝可以一直运销到海外的市场上去。它曾一度在中国输出品中享受很光荣的名誉。丝价高涨时，这村子里的人民，虽则很少见过和用过西洋的轻绸软缎，可是收入的增加，的确使他们得到了一时很优裕的生活。他们可说是莫明其妙地占得了这便宜，不久又莫明其妙地把这便宜失去了。传统的手艺敌不过现代的机器，土丝的价格因市场的日缩，一落千丈，竟致不能支付生产的成本，于是江村经济遭着了空前的打击。

农家收入的减少，使他们不但缺乏生产资本，连日常的生计都有匮乏之虞。农村经济活动不能不依赖市镇资金的接济。市镇资金流入农村的另一面就是农村土地权的流入市镇，因为农民们除了土地所有权之外，很少有其他可以吸引市镇资金的东西。用土地权来换取市镇资金却有如饮鸩止渴。农民们从地主变成了佃户，在他们肩头上加上了一项租金的担负。每年农村在租金的名目下，流出大量农产品，农村金融随着更形竭蹶，土地权外流得更快。当 1936 年我在江村调查时，全村中已有 70% 的人家成了没有田的佃户了。

当我在分析江村的材料时，就感觉到土地问题决不能视作一个独立的问题。一地方土地制度的形态其实是整个经济处境一方面的表现。若是要解释江村佃户充斥的现象，我们决不能忽略了该地手工业崩溃的事实。用手工业崩溃和现代工商业势力的侵入来解释江村土地制度的现象，是我个人的一种见解。这种见解可否成立，单靠江村的材料是不足为凭的。我们得把这个见解当作假设，在不同形式的农村社区里加以考核。当时我就发生了下列的问题：一个受现代工商业影响较浅的农村中，它的土地制度是什么样的呢？在大部分还是自给自足的农村中，它是否也会以土地权来吸收大量的市镇资金？农村土地权会不会集中到市镇而造成离地的大地主？当我写完那本《江村经济》时，心头搁置着许多不能解答的问题。

《江村经济》是在 1938 年暑末在伦敦写完的。写完了，我就搭轮返国。船到西贡，连续接到广州和汉口沦陷的消息，于是不得不舍舟登陆，取道越南，进入抗战后方的云南。一到云南我就觉得非常高兴，因为我认为在这中国版图的西南角里一定很容易找到一个和现代工商业发达的都市较隔膜的农村。在这种农村中可以得到我搁置着的那一套问题的答案了。

抵昆明后两个星期，我得到了姨母杨季威女士及同学王武科先生的介绍，到离昆明西 100 公里的禄丰县的一个村子里开始我的实地调查工作。这村子在本书中将称作禄村。和江村一般，禄村并不是这村子的真名。我们的兴趣既在一实有农村所代表的社区形式，所以村子的真名对于我们没有多大重要性，而且在作学理上的讨论时用形名比用真名更方便些。

第一次在禄村实地调查是从 1938 年 11 月 15 日起到同年 12 月 23 日止。在这期间，我得到同学李有义先生的合作，尤其是在人事方面得到他极大的帮助。1939 年的上半年，我在云南大学担任一些功课，未便长期离校，所以利用这时间，把调查材料整理成文。我曾以这初稿请教各师友，前后又改写了好几次。同年8月3日我乘暑假之便，又去禄村做第二次实地调查，一方面校核我已有的论据，一方面考察一年来禄村经济的变迁情形。同时，我因为怕自己或许所见有偏，所以偕同张君之毅和张君宗颖一起在实地观察。我们反复校订，一再考核，经两个月，到10月15日结束回省。根据这次复查的结果，我又把原稿重写了一遍，至1940年1月才完卷。1940年年底，吴师文藻主编社会学丛刊，决以该刊乙集专搜实地研究专刊，并命以《禄村农田》归该刊出版，因又加增删，以成今文。

若是有读者对于本书发生兴趣，我希望他能特别注意到本书所表现社区研究的方法，因为我觉得若是本书在社会学上略有贡献的地方，这绝不在它所叙出的事实，或是所提出的见解，而是在它所用方法上的试验。至少，我自己认为本书在方法上比了我以前所编所著各书已略有不同，我不妨在此提出来一说。

当我在编写《花篮瑶社会组织》①时，我曾极力避免理论上的发挥，甚至我认为实地研究者只要事实不需理论，所谓理论也不过是在整理材料和编写报告时，叙述事实的次序上要一个合理的安排罢了。②1936年在江村实地调查时，我还是主张调查者不要带任何理论下乡，最好让自己像一卷照相的底片，由外界事实自动地在上射影。这种方法论上的见解使那本《花篮瑶社会组织》中埋没了很多颇有意义的发现。我虽说是避免理论，其实正如我同学黄迪先生说："太不自觉自己无时不在用着些单薄、褊狭和无组织的理论。"③江村调查完毕，我仓促地到了英国。在马林诺夫斯基（B. Malinowski）老师门下，就发现了我原有认识的错误，因之在写《江村经济》时，常常感觉到痛苦。在实地调查时没有理论作导线，所得到的材料是零星的，没有意义的。我虽则在这一堆材料中，片断地缀成一书，但是全书并没有一贯的理论，不能把所有的事实全部组织在一个主题之下，这是件无可讳言的缺点。

说来是很惭愧的，我经过了两次实地研究，才觉悟到这个方法论上的错误，但回头看看社会人类学的前辈却早已把这错误指出了。当我在广西瑶山工作时，拉德克利夫－布朗（A. Radciffe-Brown）教授在燕京大学演讲时已说：

多年以来，人所咸知的社会调查，已倡行于世界各处，中国也已受了这风气的影响。我愿意向诸位贡献一点意见，指出另外一种不同的研究之可能性，这种研究我将名之为"社会学调查"。概括地说：社会调查只是某一人群社会生活的闻见的搜集；而社会学调查或研究乃是要依据某一部分事实的考察，来证验一套社会学理论或"试用的假设"的。④

依这种说法，我所编的《花篮瑶社会组织》，虽则挂了社区研究的名字，而实在还是一种社会调查报告。《江村经济》可说是我个人从社会调查到社会学调查或社区研究的过渡作品，而这一本《禄村农田》则至少是我想贯彻社区研究方法的一个企图。至于究竟成功到什么程度，自己不敢说了。

我在本书中要提出来考察的主题是现代工商业发达过程中农村社区所发生的变迁。我将暂限于这主题的一方面，就是土地制度中所发生的变迁。禄村和江村正代表着两种形式。江村是靠近都市的农村，深受现代工商业的影响；而禄村则还是在开始受现代工商业影响的初期。在禄村，我们可以看到一个差不多完全以农业为主要生产事业的内地农村结构。它的特色是在众多人口挤在一狭小的地面上，用着简单的农业技术，靠土地的生产来维持很低的生计。在这里土地分割得很细小，村中住着的不是大量佃户而是大量的小土地所有者。他们因为有便宜的劳工可以雇佣，所以可以不必自己劳动，于是我们见到这种农村中特别发达的是雇工自营的农田经营方式。这种方式的基础是在农村劳力的供过于求，也可以说因为没有其他生产事业来和农业争取劳力的结果，这是现代工商业发达前期农村的一般现象。

我根据这一层认识，所以本书将从土地利用中劳力方面入手，说明人多于地的比率，然后分析多余的劳力如何集中到小土地所有者的手里，使土地权成为劳动者和不劳动者的分界。这是在江村一类农村中所不易见到的现象。江村是佃户占多数的村子，而禄村是小土地所有者占多数的村子。在禄村，租佃关系只发生在团体地主的农田上，租得田地是一件幸事，和江村的佃户，在性质上并不相同。

江村的地主在市镇里，而禄村的土地所有者多在村子里。江村的地主可以有很大的田产，而禄村的土地所有者的农田为数极小。为什么禄村土地权保得住在村子里而不向外流呢？我在分析了农田经营的方式后就转入土地权流动的问题，在土地制度的动态分析中，我将特别注意农业资本。在一个工商业不发达的农业社区中，资本的积累是靠农田生产和农民生计的差额。我将根据禄村人民的生计来说明土地权不易集中的原因。若是要积累资金，在一个现代工商业不发达的地方，很难采取经济的手段，最可能的办法是走"升官发财"的政治路线。

我用劳力充斥和资本分散来说明自营的土地所有者的土地制度，同时亦即是分析一个现代工商业发达前期的一种传统的经济形式，给了我们了解现代工商业对于农村社区可能影响的张本，更衬托出江村土地制度形态的意义。

中国已开始要工业化了，这大概是无法避免的路子。这工业化的过程会在农村中造下些什么结果呢？在本书中，我们将见到一些端倪。在我调查期的短短一年中，劳工的外流已威胁了传统雇工自营方式的基础，我在本书的结束将藉此指出一些内地农村变迁的趋向。

注释

① 王同惠遗著，发表于《广西省政府特约研究》专刊，1936年。

②③ 费孝通、黄迪：《理论与实地社会研究》，发表在《益世报》，《社会研究》周刊上，1937年。

④《对于中国乡村生活社会学调查的建议》，《社会学界》第9卷第79页，燕京大学社会学系出版，民国二十六年。

第一章 农　作

一、农作日历

这本书的目的是在说明禄村人民从利用农田而发生的一套社会关系，或称作土地制度。这套社会关系既然从利用农田中发生出来的，我们若要说明它，自不能不从农田的利用入手。可是我限于学识，并不能在这里做农业技术方面的专门讨论。本章中所要叙明的只限于以后讨论其他问题时所必需的基本材料。这些材料，为了要使读者便于查阅起见，已列成一表（表见下页），作为本书的开端。在这表中，我注重农作物的生长过程和农作活动在时间上的配合，因之称该表为农作日历，以下几节将为该表作一些必要的注释。

二、农作物

上节所列农作日历可以分为三个重要项目：中间是农作物的生长过程，一边是气候变迁的情形，另一边是农民培养农作物时所需的活动，所费的劳力和所用的工具，这三项在时间上是互相配合的，所以在横行里用12个月和24个节气作为坐标。它们互相在时间上配合的原因是出于农业的特性。人们在农田上所做的工作，不过是在帮助农作物得到充分生长的机会，而农作物生长过程的本身，人力很不容易加以左右。揠苗助长已成了我们通用的诫语。决定农作物生长过程的是它的生物特性和气候。因之我们若要知道一社区人民的农作活动，必须先问他们农田里种着些什么农作物？这地方的气候怎样？所以让我先从农作日历的中项说起。

表 1　农作日历

月历	气候 温度℃	气候 雨量	节气	农作活动、劳力及工具（劳力估计以一人做工一日为单位，面积以一工日为范围）♂男工　♀男或女工　♀女工　指参差期
2 月	10.9	20.5	立春 雨水	三十天 { 播谷♀（手工）
3 月	14.2	23.1	惊蛰 春分	三十天 { 割豆（镰刀）和打豆（链杆）3♀
4 月	17.5	33.5	清明 谷雨	
5 月	19.5	111	立夏 小满	四十五天 { 翻土4♂（锄）　放水、修沟（锄）2/3♂
6 月	19.4	207.5	芒种 夏至	三十天 { 施肥1♀　平田面（锄）1♀ 犁地1/4♀+牛（犁） 运秧1♀（肩挑）
7 月	20.6	261.4	小暑 大暑	七十五天 { 耘稻三次4♀（手工2）
8 月	19.9	216	立秋 处暑	剪稗1/2♀（手工2）
9 月	18.1	158.3	白露 秋分	三十天 { 割稻1♂（镰刀） 掼稻1♂（掼♂） 运谷、晒谷1♂（肩挑和木耙）
10 月	15.4	75.6	寒露 霜降	三十天 { 挖豆沟1/2♀（锄） 下豆种1♀（木椿）
11 月	12.7	41.2	立冬 小雪	
12 月	9.9	7.2	大雪 冬至	运和堆稻草1/2♀（肩挑）
1 月	9.2	5.0	小寒 大寒	合计10.3♂1.5♀8.5♀

在农作物生长过程项下，我只列入水稻和蚕豆两种，因为它们是禄村的主要作物。夏天时节，在禄村背后山上一望，遍地差不多全是青青的水稻，一直

青到四围的山脚。秋收之后，不久就换上了绿油油的一片蚕豆。当然仔细一看，禄村农作物并不只是这两种。西河边的沙地上就有好些玉蜀黍。每家的后园里也缺不了一些蔬菜。稻田的小道上也常夹着一丛丛的毛豆，碍人行走。豆田里也常夹着一方方的麦地。可是这些都是次要的作物，种类虽多，在数量上都远不及水稻和蚕豆。它们在禄村经济中并不占重要的地位，所以我没有把它们列入农作日历中。

我们若按着时间的格子，把农作物的生长过程和它旁边的温度和雨量一起来看，就不难发现水稻和蚕豆是极适宜在该地生长的农作物了。可是在这里我得先说明在表中所列气候记录的来源。这些数字并不是直接根据禄村的气候情形记录下来的。我们没有测量气候的仪器，又没有当地现存的材料，所以只能借用昆明气候的记录了。[①]

禄村是在昆明之西100公里。两地距离虽则很近，可是因为地势相差，所以气候并不是完全相同的。昆明海拔有1 890米，到禄村盆地时，降到1 650米。[②]这200多米的相差，使较低的禄村温度转暖。我虽无法确说两地温度相差多少，可是在农业上却已发生了很显著的影响。在昆明、安宁一带因为温度较低，所以很少种掉谷，而禄村的盆地里却全是种掉谷的。掉谷是水稻的一种，当谷粒成熟后，一经掼打很易从稻穗上掉下来。这种品种的水稻决定了当地较短的收获参差期，我在下文中还要提到。禄村的农期也因为天气较暖，比昆明一带高地为早。以1939年来说，阳历10月15日左右，禄村的谷子已经近于收完了，而安宁和昆明，沿公路的田里，一直到11月初才开始收割。农期先后相差有一个月。两地气候的不同，农期的先后参差，对于禄村农作劳力供给上是极重要的，我也将留到以后再说。

表中所根据的气候记录是1929年到1936年的平均数。我在这里也应当说明，各年气候不是完全相同的。1939年是个很好的例子，那年气候转暖得特别迟，往年禄村人民在惊蛰过后就可以播谷，可是那年阴历二月初八（阳历3月28日，春分后7天）播的谷，全冻死了；到阴历二月二十八（阳历4月17日，清明后11天）又得播一次谷。换一句话说，那年的稻作期因气候的变化，比往年迟了一个月。因之，我在表中所列的气候记录，只能给我们一个大概的参考罢了。

在气候项中，至少我们可以注意两点：第一点是一年中温度变化很少，最热的7月里，平均温度是摄氏20.6度（华氏69度），最冷的正月里，平均温度是摄氏9.2度（华氏48.5度），相差只有摄氏11.4度（华氏20.5度）。在这没有严寒的地方，四季都可以培养农作物，农田可以不必因气候太冷而闲空。春秋两熟是禄村一带普通的农作。一年中，水稻和蚕豆紧接着相继在同一田中生长，其中只留着一些整理农田的短时间。

第二点，我们可以注意的，是禄村一带雨量变化的激烈。雨量最多的7月里，多至261.4厘（应为毫米），雨量最少的是正月里只有5厘。而且雨量自从5月起突然地增加，继续了5个月后又突然地降低。这5个月就是普通所谓雨季。雨量上的变化正宜于培植需要水量不同的水稻和蚕豆。水稻是长期地要水浸着，正合于在温度较高，水量充分的雨季中生长。在表1中我们可以看到稻作期和雨季相配的情形。蚕豆可以在温度较低的时候生长，可是不宜长期被水浸着。谷子收起之后，雨量也跟着愈来愈少，正合蚕豆的需要。

我虽说水稻和蚕豆是禄村的两种主要作物，可是两者比起来，种水稻的面积较种蚕豆的为大。我虽没正确的统计，大概说来，种豆的田只占全部农田的70%左右，要说明这种差额，我们得一看当地的地形、土壤和水利的条件了。

禄村所在的盆地面积约有50平方公里左右，③并不宽敞。地面的倾斜度比较高，盆地的形状像一个凹字，四围都是高山，禄村是在盆地突入的那个腰节上。西北一带山上的水，向盆地低处流，汇集成四条河流，到盆地中心的县城附近会合，更向西流入易门县境。

山上是岩石，河流两岸是些沙土，这些地方是不宜于稻作或豆作的。山上长的树木也不多，只能供给盆地中人民燃料的一部分。沿河的沙地，可以种些杂粮，可是也不多。距河稍远的才是黏土，但因为水流里带着沙土，靠河两岸因河水泛滥也常被沙土所盖，土质也比较差。

禄村处于东西两河之间。东河靠山，而且山上树木稀少，大雨时冲洗力很大，水流含沙最多，因之，靠东河一带的农田，每年被东河的水带进一些沙土，在稻作上不免受到一些损失。可是东河附近的田，地势高，倾斜陡，积水容易排泄，而且土质松，宜于豆作，所以两熟田较多。西河源流很远，流到禄村附近，已经过了一段平坦的地面，速率较东河为缓，水中所含沙土较少，所以附近的田中黏土成分较高，易于保持它们的肥沃力，宜于稻作。但是地低，积水不易排泄，不宜豆作。西河附近的田就有很多因为这个原因而不种豆的。

禄村既在盆地中心部分，除了东部有一些没有开垦的荒山之外，其余靠了这东西两河全能得到灌溉之利，所以种杂粮的地极少。依清丈结果的耕地图上所示，近900丘的耕地中，只有30多丘是农地，其余全是农田。田和地的分别，据当地的区别，是在前者可以灌溉成稻田的耕地，后者是不能用沟渠灌溉的耕地。

我在本书（特指《禄村农田》部分——出版者注）中将以农田为研究对象，所以称本书作《禄村农田》。

三、农作活动

农作活动，固然是要追随着农作物的生长过程，可是农作物生长过程中需要人力培养的地方，却是断断续续的。农作物入土之前得有一番预备工作，一旦安置定当，除了芟除些杂草之外，人们可以坐等农作物的成熟。成熟之后，又得忙一阵子收获的事务。因之，我们在农作日历中看见农作物差不多继续不断地在农田上长着，很少空隙的时间，可是和它相配的农作活动却是挤一时，空一时的，而且各时各节的工作性质又不同。我在农作物生长过程的右边，把各节农作活动按时间架格逐一注明。

编制农作活动这项最理想的方法，是由调查员直接观察一年，依农民每天在农田上的工作情形记录下来。可是我因事实上不能在禄村不断地住上一年，因之只能舍此理想的方法而求其次，就是利用口头的报告。直接的观察只用来校核口头报告罢了。口头报告的可靠性，除了得不到诚实的报告者之外，是依报告者有没有正确的知识而定。要得到诚实的报告者，在一个地方住得相当久的调查者，并不是一件太难的事。而且若多问几个人，多问几次，多问几个相关的问题，不诚实的答案是不难辨别出来的。调查者要利用口头材料，重要的是在找到能回答问题的适当人物。在一个社会中生活的人所有的知识，并不是相同的。若是我们要知道一个学校的情形去访问一个开商店的人，自然不易得到正确的回答了。这虽则是最明显的常识，可是在做调查工作的人却时常会忽略了，甚至会把各种不同的答案，一视同仁地加以平均，以为平均出来的数目必然较近于事实。事实上，很可能各种不同答案包括着不少没有资格回答的人的胡诌。在我看来，口头报告的正确性决不能从数量上来补足，而应当以报告者的资格来断定。

在农作日历中，有些项目是容易找到有资格回答的人的，好像农作物的生长过程和农作活动的项目和顺序。凡是和农田有关的人，不论是自己下田劳作的，或是雇工耕种的，全知道水稻下了种要多少天才能收获，什么工作做完了接下去该做什么工作。把这些问题去问任何人，他们的回答可说是没有什么出入的，连我们邻居的几个14岁左右的小朋友，都能逐项地背给我们听，一项也不掉。

各节农作活动在什么时候开始？做了多少日子？到什么时候才接下去做下一节工作等问题，我们猜想那些从事农作活动的至少是可能记得和告诉我们的。可是在口头报告中，我们却得了两种性质不同的答案：一是自述当年各家实际的情形，一是说明当地所通行的标准。当年各家实际的农期是有一定的日子，好像禄村有好些人家说，1939年第一次播种的日子是阴历二月初八；可是各家的个别农期，并不是一律而是参差不齐的。有些人家二月初八并没有播谷，迟了十数天才播。当地的标准农期并没有一定的日子，而是划出一段时间，从哪个节气到哪个节气之间是适宜于做哪种农作。在这限度的前后都适宜。比如当地人和我说："惊蛰之后就可以播谷，60天秧熟了，就该插，可是不能过夏至；插了之后15天，可以开始耘，耘田不能过立秋。"标准农期规定了每节农作活动的期限。在这期限内，各家可依其特殊情形，决定他们个别的实际农期；这期限我将称之为农作参差期。

标准农期是根据当地人民累积下来的经验而规定的。它是农民们规划他们活动的底本。可是和其他经验中得来的任何规律一般，并不是一定适宜于新的局面。我在上节论气候时已提到1939年禄村人民曾吃了这标准农期的亏，白费了一批谷种。那年气候突变，一直到清明过后十几天下的种才能生长。和标准农期的"播种不得过清明"的规律不合。可是这种情形，在禄村人民看来是例外，所谓"天时不正"，并不是标准农期有误。事实上，在没有其他更完善的气候预测的方法时，除了这种传统规律之外，他们有什么更可靠的底本来规划他的活动呢？

标准农期很可以从口头报告中得到，但是我们若要知道各家个别的实际农期就比较困难了。第一是各家的个别农期，只有各家自己知道，而且不一定完全可以明白记得。若是要直接从观察入手，方法上虽是可能而且最正确的，但是一定要有大批调查员同时工作，方能胜任。譬如1939年，我和张之毅君因为要知道攒谷期中劳力雇佣情形，曾在田间清查工作人数；两个人整天在田里跑，到晚上回来和人谈谈，每每发现遗漏了几家没有看着，还得用口头报告的材料来补足。

为事实上的限制，我并不能把禄村各家个别农期的参差情形详细调查清楚。表中所述农作活动，在时间上的分配是根据标准农期加以分划的。

四、时间架格

在继续说明第三项中劳力估计之前，我愿意插这一段来说明这表中所用的时间架格。在气候一项中，我是用公历的月份来划成12格，因为气候的记录是从《中国年鉴》中抄来的。这里的数字是依公历的月份中每日记录中平均得来。所以我只能沿用这种时间架格。可是在农作物生长过程和农作活动两项，我都将用节气来作时间架格，关于这一点，我应当加以申说，因为以前论中国农作活动时间分配问题的人，据我所知道的，还没有采用过这种时间架格。

我采用这种时间架格的理由是在于这是农民们自己用来规划他们农作活动的时间架格。我们的目的若是在了解一社区中农作活动在时间上的配合，自应先根据当地实际应用的时间架格来加以分析，时间架格是规律及配合一社区活动的基本体系之一。它是适应着当地人民生活需要而产生的。脱离了人的生活形态就无法了解时间架格，因为在自然界中时间是一个不能分的继续体，把时间分成年月，分成日夜，分成一刻一秒，那是人为的，是文化界的现象。文化界的现象，依我们看来，并不是没有理由的偶然创造，而是用来达到人们生活目的的手段。因之，我们认为以另一文化中的时间架格来表明不同文化中人民生活的节奏，在理论上是没有根据的。

可是，在我国农村中所通行的日历是普通所谓阴历，是根据月亮和地球的关系做标记的时间架格。我在这里为什么舍此而用节气呢？节气能不能脱离阴历而自成为一种时间架格呢？关于这些问题，我在《江村经济》中曾提出来讨论过。[④]这里可以简单地择要复述一遍。

传统的阴历，即是以月球和地球的相对地位来做时间架格上的标记。每逢月圆那晚一定是排作十五日，则每月的日数不是29就是30天（月球绕地球一周是29.53日），每年12个月实际只有354.36日，与地球公转所费365.14日相比短了不少日子。日历的一个用处是要预测周而复始的循环现象，其中最重要的是气候。气候的周期大部分是决定于地球和太阳的关系，因之若纯粹以阴历做时间架格，则每年与气候的周期差十几天。几年之后，相差得可以很多，结果可以使每一个月份并不能代表任何一定的气候了。为了这个原因，每隔两年得加一闰月，把这差额补足。可是用阴历的日期来预测气候，相差10多天是常事。农作活动必须追随农作物的生长过程，而农作物的生长过程是一定要和适宜的气候相配合的，于是，以阴历来安排农作活动必然是要发生困难的。比如某年禄村农民在阴历二月二十八那天播种适合农时，这一年若是在三月之后有一闰月，则在那年二月二十八那天播种就会碰着天气太冷的困难，因为和前一年二月二十八相隔365天的是那年三月初九左右。再过一年若在二月二十八播种则又嫌太晚。因为和前一年三月初九相隔365天的是二月初九左右。这个例子足以说明阴历的时间架格是不合于安排农作活动之用了。

于是我们可以问中国农民是根据什么时间架格来安排他们的农作活动的呢？这就是节气。节气是根据地球和太阳的相对地位来决定的时间架格。从立春到大寒一共有24个节气。每一节气的起点是用几刻几分来表明，每节大约是15天多一些，合起来刚等于地球的公转一周，所以它是气候变迁的最好标记。我们在城市里住惯的人，对于这24个节气关系极浅，甚至背都背不上来，可是一到乡下，农民就很少不时常把这些节气的名字挂在嘴上的。关于农作活动的歌诀也常是依节气的次序。在《江村经济》中我曾举例说明农民在什么场合下用阴历来安排，好像初一月半的献灶，如中秋端午的节日，但是与农作有关的就用节气来安排了。所以在分析农作活动在时间上的分配时，我们应当采取节气作时间架格。

节气的架格和公历的架格，大致是相合的，但是为了公历每隔一年有一天的闰期，所以这两种架格也常有一天的相差，譬如某年2月5日是立春，下一年的立春是在2月4日。用公历架格来分析农作活动固然不致有大错，但是公历在农村中尚是很少应用，不是他们自己的东西。我认为不如先就他们自己的时间架格作基础，然后不妨注明白和我们所用的时间架格的差合程度。

节气是一个较长的时间段落，凡是要说明哪一天做哪一件事，则还得有一个记日子的体系。这体系在农村中是阴历。节气是要在记日子的体系中表明出来，好像"二月初一是春分"，或是"二月十六是清明"等说法，就是以阴历来表明节气开始的日子。可是我们不应当认为节气必须和阴历连在一起，因为我们同样可以用其他记日子的体系来表明，好像我们一样可以说"公历3月21日是春分"，或是"4月4日是清明"。节气本身是一种时间架格，它和阴历可以分开，所以我在表中没有把和农作活动间接发生关系的阴历列入。

五、农田单位

在第三项中，我在每节农作活动后附以男女性的符号，用来说明这种工作是由男工或女工来做。接下去是一个数字，这是用来表示这节工作在单位农田上所需多少工人。再接下去是一个括弧，括弧中说明这节工作所用的主要工具。在劳力估计中，我得先解释农田单位和劳力单位是什么。

空间的区划和时间架格，一般是人们为一定目的而规定的。因之，我们应当以同样的功能看法来说明一地方所用的农田单位。在禄村，农田单位是"工"。这个单位其实并不是实际面积的单位，因为各工农田的实际面积并不是一律的，可以有相当的差额。这些差额并不是出于当地人民没有正确的丈量方法，而是因为这种农田单位的意义并不在实际面积的计算，农民们用这种单位来估计农作中所需的劳力。各块农田因土质、位置等因素的不同，所需劳力量因之有异。相同劳力量所能经营的面积既有差异，以劳力量来规定的单位，在实际面积上自可以有大有小了。

农田单位的功能基础各地并不一定相同的。比如我在江村调查时觉得他们所谓亩，其实是指纳税单位而言的，一部分是根据生产量，一部分是根据逃避纳税的能力。在湖南据说农田单位是石。一说是指能出一定收获量的面积，一说是指一定容量的种子所播的面积。路南的农地单位是驾，指一驾耕牛在一天内所能犁的面积。这些例子可以告诉我们在农作活动中实际面积的知识，对于农民并不重要的，重要的是功能面积，就是需同样劳力，或是出同样产额，或是担负同样税赋等的农田单位。

禄村的农田单位是工。当地人给我的解释是"一工田，一个人工"。可是，我们已知道各节农作活动中所需劳力不同，各人的工作效率又不同，所谓一个人工是什么意思呢？若要为一工田下一个定义，我们还得说明哪一种人，哪一种农作活动中，和在哪一个时间段落中所能料理的面积。当地人对于这些问题并不能给我很确切的回答，因为他们并不发生这些问题。每丘农田的工数是传统定下的，农民们可以指着一丘田说这里有几工田。他们并不是因人因地，随时规定，好像一个工作效率高的人可以少说几工，一个工作效率低的人可以多说几工。究竟每丘田的工数是什么时候，怎样规定下来的，我们也不知道。据有些人说是以一天一个人能插秧的面积来规定的，因为至今一般的说法总是一天插一工田的秧。

禄村人民虽以劳力来作农田单位的根据，可是另外仍有对于农田实际面积的概念。他们常说这丘田工口大，意思是这丘田中每工的实际面积较大。工口各地不同，可以有很大的差异。我们在这里自应知道一工田的实际面积究竟平均有多少大，变异的程度如何，不然我们就无法和其他材料相比较了。可是我并没有测量的工具，所以只能用极简陋的办法，挑比较方形的田，周围用绳尺量过。有时用自己的步子来核算长度，然后再求其面积。我得到结果，一工田等于 240、256、277、300 平方米，有两次在另外一个村子里得到 460 和 487 平方米的数目，可是报告我工数的并不是该丘田的主人，所以我疑心它们并不正确。依这些数目来说，禄村一工田的实际面积当在 240~300 平方米之间，后来我在云南省农村调查的附录中见到禄丰县当地亩折合公亩数目，平均每口号亩合公亩 7.011（每公亩合 100 平方米）。⑤禄村普通都说是 3 工合 1 亩，所以每工平均约是 230 平方米，比我上述的数目略小。根据这些数目，我作一估计，以每工田平均作 250 平方米计算，1 市亩合禄村 2.6 工。

六、劳力单位

在讨论劳力单位时，我们同样地要看到当地人民所用的单位，然后把这单位划到一个可以和别地所用单位相比较的基础上。禄村当地所谓一个人工是指一个人工在一天之内所费的劳力。我们若以劳力的本身是体力的消耗，则当地所谓一个人工并不指一定量的体力消耗了。第一，劳动者因年龄、性别、健康、兴趣、工作环境等在同一时间内，同一工作中，所消耗的体力并不相等。第二，在农田上的工作性质又不一律，所谓一天又并不是指一定的工作时间。

在这种情形下，我们不容易计算一个人工究竟消耗多少体力。体力的单位我们固然可以热量来计算，可是不在试验室中，这种计算又是不可能的。我们在这里只能从年龄、性别、工作性质和工作时间各方面简略地说明当地所谓一个人工的内容罢了。

在禄村，我常见到 12 岁左右的男女儿童在农田上做工。他们所做的工固然是有时和成年人不同，好像掼谷子时，他们担任的是搬运的助理工作。但是在这些比较上不太需要体力的工作中，即以成年人来做，也不一定能比孩子们强多少。孩子们的工作常被视作和女工一般性质，在工资上也和普通的女工相等，及成年男工的一半。这可并不是说孩子们和女工们只做男子们一半的工作。事实上，并不能以两个女工来代替一个男工，或是一个男工代替两个童工，因为在工作上男女是分开的，在普通情形下，并不能顶替。只是童工则不像成年工人那样分开得严格。即是如此，我也并没有见过有男子参加插秧和耘田的工作。

男女分工在禄村是很明显的现象。大体上说来，男子所做的工是比较吃重，体力的消耗比较大，好像收谷时，女子只管割稻和运稻、捆柴等工作；男子则管掼稻、背谷子等。种豆时，男子管开沟，女子管点豆。收豆时，男子管收过豆之后的挖田工作，女子管割豆和打豆。在工具上，男女大体上也有分别：锄头是男子所用的工具，镰刀是女子所用的工具。男女既然分工，我们就不能在同一工作中去比较他们相差的程度，更不能说多少女工等于一个男工。在计算劳力量时，只有把男工和女工分开来讲，所以我在表中把担任每节农作活动的工作者性别，一一注明。

禄村人民若向你说，哪种工作中，哪块农田上要费多少人工，他的意思并不是指需要几个人在一天内尽力工作，而常是指要雇多少人来工作而已。一个人工并不是指一个人在一天内可以供给的劳力，而是指一天内普遍认为应该供给的劳力。因之，我们知道，包人家工作的，一天内，一个人可以做完普通佣工三个人的工作。不但工作时懒懒的、"悠悠的"做和赶紧些、上劲些做，所供给的劳力不同，而且工作时间的长短，可以使同人家帮工的和为自己做工的两种人，在一天内供给劳力量上发生很大的差异。

普通所谓一个人工是依佣工的工作效率来说的。佣工的工作效率怎样的呢？我可以举个实例来说：我的房东雇人去犁田，那位佣工上午 9 点半才到。他在廊前一坐，要了一盆水洗了洗脸，蹲在墙下，默默地抽他的烟。不久房东开了饭，他从从容容地饱餐了一顿，又说了些白话。房东的丫头牵了牛先去田里，他跟着背了犁耙，到田里工作去了。我一看表已是十点一刻。午后，房东派丫头送了一顿饭去，晚上五点半左右回来吃饭，一天工作算是结束了。即便不除去他在田里吃饭、抽烟、和回家去招呼招呼，一天工作时间也不到 7 个半钟头。

收谷是农作活动中最紧张的一节。我在街头看那些等换工的姑娘们，挟了镰刀，站在闸门口等待，一直到 9 点之后，才全去做工。1 点钟的时候回来吃一顿饭，休息一个多钟头。2 点之后再去做工，到天快黑时陆续回来。一共做 8 个到 9 个钟点的工。在工作时间间断的休息很多，而且很长。收谷时，每次割完一丘田的稻，就可以在田岸上坐着等半个钟头再做。主人要是在队伍里一起工作，则比较好些。

若是要使帮工或换工加长些工作时间，则须另外加工资，称作早工。这样 9 点之前可以多做两三个钟头。可是由外村请来的工人给他们寄宿的，不加工资，也有做一个早工的。普通说来，所谓一个人工，不论男女，总不过是 7 小时到 8 小时的工作罢了。

七、劳力估计

在导言中已说过，我将从土地利用中劳力方面入手说明禄村人多于地的比率，因为我认为劳力的供过于求，是内地农村雇工自营的农田经营方式的基础。因之，我们在这里一定得先对于单位农田上各种农作活动中所需劳力作一估计，根据这些估计，我们才能指出禄村农业中劳力的供求差额。

怎样着手来估计农作活动所需的劳力量呢？第一步我得先问自己在禄村的当地人中有没有知道每节农作活动中所需劳动量的？在农田上劳作的人是否记得他在每一丘田上，在某一种活动中，花过多少时间？若是我们随意拉住一个在农田上劳作的人，问他这劳力估计的问题，他时常会说这可没有数，除了插秧收谷等工作比较上是整批整日工作之外，很多活动是零零散散的。在甲丘做一上午，在乙丘又做了一下午，于是计算每丘做了多少时间，就得费一些计算，普通农民不大耐烦来这样仔细地推考。在那些整批整日的工作中，又时常是很多人一起做的，每一个人每天做多少工作又不是直接就可以说出来，因之，劳力估计的知识并不是每个农民都有的。可是禄村有没有人在那里对于这问题打个算盘呢？有的。在下文中我将详述禄村那种雇工自营的方式，在这里可以简单地先说这方式是指在村子里有不少小土地所有者，他们自己并不下田劳动，而是雇工来做的。他们既然靠雇工来经营农田，在每节重要农作活动中要预先知道在他们的农场上要雇多少佣工，几天之内可以做毕，要花多少工资。而且在事后，也时常记得在哪一节农作活动中付过多少工资，从工资的总数上，他可以记得一共雇了多少工人。换一句话来说，劳力估计是雇工自营的人们所必有的知识。

我的房东就是一个雇工自营的人，我们依着日历逐项地讨论，他拿了算盘，算给我们听，他一共有几工田，哪一节活动中，花了多少钱请工人，合起来是一工田多少人工。他说自己并不精于计算，可是有一位精明的周二爷，"走路都在计算的"。关于这些他全有数，由他的介绍，我们就和周二爷又逐一计算了一遍。除了那些他们认为说不上用劳力的工作，好像播谷、碾谷之类的工作外，我们得到了一张劳力估计的底稿。

第二步，我就多方设法来校核这底稿上的数字。校核的方法有两种，一是逢着有这些知识的人就问他们的意见，看有没有出入；一是以实例来计算，好像掼谷时，我就问了好几十家，哪一天掼多少田的谷子，用了多少人。最初的底稿虽则有些地方在校核中曾修改过，好像收谷一项中周二爷没有把背谷子回家的一项工作列入，但大体说来是很正确的。当然，我已说过，这里所用的单位是以佣工的效率为根据，所以若是一个人在自己的农田上工作，或是包人家的田来劳作，效率比较高，所需劳力量（以一人一天为单位计算时），也就比较低了。

各种农作活动中所需劳力是依技术而改变的，所以我在劳力估计的数目后面加上一个括弧，说明活动中所用的工具。

总结来说，在禄村，1 工种豆并种稻的两熟田上，一年在农作活动中，一共需要女工 103 个人工，女或男工 15 个人工，男工 85 个人工，一共是 203 个人工。

我的估计若和巴克的估计相比较，有相当的差异，不妨在这里一提。据巴克在华北、华中及华东七省的调查，"谷类所需的人工以稻为第一，通常的稻每公顷（Hectare）需 117 人工单位，而糯稻则需 142 人工单位。"[6]有四处，他调查了关于蚕豆所需劳力，是每公顷 91.14、108.52、73.81 和 89.06 人工单位;平均是90.63人工单位。他所谓人工单位,"系指每一普通工人在每天10小时内所能成就的工作量"。后来,他又调查西南水稻区的情形(云南即属此区),通常的稻每公顷需137天的工作。⑦这里他没有说一天工作是多少时间,所以我们只能根据他第一次的调查,假定第二次的调查所用单位也是10小时。于是我们可以把这些数目全化成100平方米内农田上所需每天10小时的劳力多少单位了。

表2 劳力估计的比较

	巴克(1930)	巴克(1938)	禄村(1939)
稻(普通)	1.67	3.38	4.40
蚕豆	0.90	1.26	1.24

在比较中可以见到云南的稻作所需劳力特别高,较华北、华中、华东的平均高出一倍以上。这一点很使我怀疑的,因为依我在江村的印象(可惜当时没有对于劳力加以估计),似乎在灌溉上,江村农民要费很多的劳力。在云南因地势倾斜的原因,不必在水车上日夜做工。为什么云南的稻作反而需要多一倍以上的劳力呢?这是值得我们注意的问题。

以云南来说,巴克的估计较我的估计为低,可是在他所列表下有一附注,"西南水稻区中太高的数目曾经删去,不列入平均数中"。⑧也许这被删去的数目正和我的估计相近,可惜巴克没有把删去的理由说出来。

注释

① *The Chinese Year Book*,1937年,第37~39页。
② 见中华文化基金董事会编:《中国分省图》,云南省分割,商务印书馆出版。
③ 依禄丰县政府所存地图的比例估计。
④ *Peasant Life in China*.
⑤ 《云南省农村调查》,商务印书馆,1935年,第278页。
⑥ *Chinese Farm Economy*,1930年,第227页;《农家经济》下册,第323页。
⑦⑧ *Land Utilization in China*,1938年,第302页。

第二章 劳力的利用

一、农业里的忙闲

在农作日历表中,我们既已看到各种农作活动在时间上分配的次序,并且关于每种农作活动中所需劳力已加估计,于是我们可以进而分析农民的劳力如何利用在农业中的情形了。

我们若把那张农作日历表放在眼前,就很容易看到和农作物生长过程相配合的农作活动中,各时所需的劳力不同。从清明起到芒种的一段时间中,挤满着各种必须做的工作;从立冬起到惊蛰的一段时间里,却可以说没有什么重要工作可做。因之,在农村中常有农忙和农闲的分别。

农业里的忙闲是被农作物的性质所决定的。人们不能自由支配他们在农田上劳作的分量和时间。种田不像织布,织布的可以因杂务烦身自动地休息一下,停一两天布机;或是因为货催得紧,赶一两天夜工,织出来的布还是一样。种田的却不然,他一步一步的工作都有期限,早不得,迟亦不得。拔苗助长固然犯忌,坐失农时,又要遭殃。以禄村农作来说,播种非到惊蛰以后不会长秧,1939年天气冷,早播了谷只糟蹋了一份种子。谷播在秧田里须经过一定的时期,等秧长成了之后,才可以插入农田,在禄村这时期要60天左右。插秧之前,田里得有一番整理——挖田,上肥,放水;这些工作一定得在插秧之前做毕。若是田里种着豆,这些工作又一定得等收了豆才能动手。豆熟又有一定时期,禄村是在清明前后。农田整理就绪,插完秧,须过15天才可以开始耘稻。耘得勤,稻长得好,收获的数量也加多。到立秋左右，稻花开过不必再耘了；没有耘够的也只能随它去了。耘稻期可以有 75 天上下。从插秧起到稻成熟，早稻要 120 天，迟稻要 140 天。稻熟了不去收割，风打雨击，谷子容易狼藉在田里，1939 年我们在禄村时正值发大水，一连下了一个星期雨。早稻在田里不能收割，雨停了去看看，泥里混着不少谷子。粒粒辛苦，就这样损失了有 1/10 的收成。

禄村的稻作，从播谷到收获不过 180 天到 200 天。若是单单种稻，一年中就有近半年没有农事。以田来说，也有半年闲空，不长农作物。这样可说是人地两闲。禄村有一半以上的田是能种豆的。收了谷子可以继续种豆，收了豆能继续种谷子。这样田是不得闲了，可是豆不像稻一般时常要人耕耘，开了豆沟，点了豆种，就一直要到收豆时，才忙一下，所以以人来说，种豆的并不能减少太多的农闲日子。

在农作期间，一个农民是否能每天都有工做，还是问题。假如男女两个人合作耕一工田，播谷之后女的费一天把豆割好，两天把豆打好，就没有事，可以让男的去挖田，四天也结束了。上一天肥，再费半天把田犁过一道，就可以插秧了。可是秧在这时却还没有熟。假定他们惊蛰播的种，清明开始割豆，要等到立夏才能插秧。所以他们把田整理完竣之后，有 20 多天没有事做。秧熟了连运连插，一天就完事，又得空上 14 天才能耘。男子插完秧一直要到收谷时才有工作。女的在 75 天耘田期内也只有四天工做。耘田期过后，又得空上 30 天才能收谷。两个人一天赶紧些可以收完 1 工田的谷子，挖半天豆沟，点一天豆，田里事已告一段落，等明年再来。

这样说来，他们耕种的农田面积愈小，则农闲愈长。究竟他们两个人要耕多少田才能尽量利用他们在农作期间所有的劳力呢？若是这一对男女只在自己的农场上工作，不去帮人，也不请人帮工，因为各段农作所需劳力不同，他们可耕的面积，是决定于最忙的段落中可耕的面积。在较闲的段落中，劳力依旧不能充分利用。

农作期间最忙的段落是从豆熟到插秧，一共约有 35 天，或 60 天的时间。假定谷子播得较迟，豆却收得早，有 60 天可以从事于收豆和整理农田的工作，则他们若耕 10 工田，女的一定要帮着做上肥的工作，否则男子已经忙不过来了（因为这时期中，每工田需女工 3，男工或女工 1，男工 5.5），耕 10 工田，插秧时，他们得做 10 天工，休息 5 天，女的开始耘田，一共要费 40 天。耘田期女的有 30 天闲空，男的一直到收谷时才有工做。收谷前女的又有 30 天空闲。稻熟了，费 15 天（以每工需男工 1.5 计算）已足够，再费 10 天点豆（以每工需女工 1 计算），农事方面只剩了背草堆草等杂务。因之，要充分利用农作期间的劳力，一定得扩大每个人在每节农作活动中耕种的面积。在禄村我们见到的方法，一方得利用换工，雇工的办法，一方是利用农作参差性来拉长各人可以工作的农期。

二、个人能耕面积的估计

农作物生长过程虽有一定，但是各家农作物却并不一定要在一天上开始生长的。于是各家个别农作日历可以有相当的参差。在惊蛰之前固然不宜播种，但是可以播种的日期却有 30 天左右。从惊蛰到清明的一段时间中，在普通年份，只要放得着水，天天可以播种。若有甲乙两家，甲家先放水，在惊蛰播种，而乙家水放得迟，在清明播种，则甲家插秧时，乙家正无工可做，可以去甲家帮忙；等乙家要插秧时，甲家在自己田上也已没有工作，可以帮回来。这就是所谓换工。

换工的办法，在禄村是很普遍的，因为藉此可以增加各个人在农田上工作的机会，而且同时增加了每家可耕农田的面积。我们在 1939 年攒谷时，实地调查当时在农田上劳作者性质，发现有一大半是换工。一个人出去帮 10 天，等到自己要攒谷子时，就可以有 10 个人手帮他做一天工了。换工还有一种好处，就是可以把稳在自己需要别人劳力时一定有人来工作。这一点，在 1939 年劳力缺乏时更是显然，在第五章里再论。

各家农作日历的参差性是有时间上的限度的，好像插秧，最早在立夏，至迟不得过芒种。这段时间我们叫它作农作参差期。每节农作参差期的长短视农作物的性质和当地当年的气候而定。比如 1939 年气候转暖得迟，播种期从春分开始到清明为止，只剩了 15 天。以普通年份作根据，我在表 1 中把每节重要农作活动的参差期，都由括弧注明，现在我们可以根据这表来看，若是男女两人尽量利用他们的劳力，每节农作活动中能耕多大面积的农田。

清明前十几天，才能开始收豆。把豆收起之后，才能开始挖田。挖田之后，才能上肥等预备插秧。秧期既有一定，所以已熟的豆不能搁在田里慢慢地收，至迟在立夏前十几天必须收齐。从可以收割到不能再不收割之间，约有

30天。收豆是女子的工作，连打豆在内，每工田需3个人工。一个女子若充分利用这30天，天天有豆可收，可以收完10工田的豆。

女子收豆，男子跟着就来挖田。凡是收过豆的田就可以挖，所以这两种工作差不多可以说同时开始的。可是挖田和其他整理农田的工作需工较多，需时较长，从清明前开始到立夏前后，必须就绪，因为秧田里的秧不能等得太久。这一段工作可以有45天的参差期。整理农田可说全是男子的工作，只有上肥偶尔可由女子帮忙，一共需要六个半人工。一个男子在这期内充分工作可以整理7工农田。

男子在秧田里拔了秧，挑到田里给女子去插，每工田需男女工各一，插秧这一节工作的参差期有30天，从立夏到芒种，所以男女各人可以做30工田的工作。耘田是由插秧后15天起一直到立秋为止，农作参差期为75天。这项工作是全部由女子来担任的，一工田一共要耘两三次，剪一次稗子，一共约需4个半人工，所以一个女子在这期内可以耘17工半左右的农田。

割稻收获是从白露到寒露止，有30天的参差期。每工田需一个半男工和一个女工。一个男子在这期内可以攒和运20工田谷子，一个女子可以割30工田的谷子。割完稻就可以开沟点豆，到立冬止又是30天，每工田需半个男工和一个女工。在这期间，一个男子可以开60工田的豆沟，一个女子可以点30工田的豆种。

为使读者易于查阅起见，在这里可以把上列诸重要农作活动中所需劳力，所有参差期和每个人能耕面积，列表如下：

表3　各节农作活动中个人能耕农田面积估计

农作活动	每工田所需劳力（单位一人一日）	参差期限（单位日）	每人能耕面积（单位工）
收　豆	3 女	30	10
整理农田	6.5 男	45	7
插　秧	1 男 1 女	30	30 30
耘　稻	4.3 女	75	17.4
收　谷	1.5 男 1 女	30	20 30
种　豆	0.5 男 1 女	30	60 30

这样看来，各节农作活动需要劳力不同，参差期又不同，各人可耕的农田面积并不相等，若是在有一定的农田面积上，劳动者的数目不变，一年中农村里可以发生一个时期劳力不足，一个时期劳力过剩的情形。现在我们要看禄村的情形如何了，但在进入这问题之前，先得知道禄村究竟有多少农田，有多少人口。

三、禄村劳力自给的可能性

禄村农田的面积可以有三种算法：一是禄村界内的农田面积，二是禄村人民所有的农田面积，三是禄村人民所经营的农田面积。

禄村界内的农田面积，根据县政府财政局所存清丈结果的耕地册，一共是594亩零分2厘3毫。村界只是行政上的界限。若是我们以禄村人民作主体来说，他们所有的和所经营的农田并没有受这村界的限制。在村界之内，也有属于别村人民所有的田；在村界之外，也有属于禄村人所有的田。至于禄村人一共有多少田，我们不能不另行调查。关于调查的方法特留到第四章说明。这里可以举一个总数，禄村各户所有田约有1 800工或690亩（四章三节），禄村团体所有田约有237.31亩，合计约2 400工或900亩（四章三节）。禄村人民所经营的并不一定是自己所有的田，有些别地方的人有田在禄村附近而租给禄村人民经营的，所以从住在禄村的人所经营的农田面积说，一共约有2 800工或1 080亩（七章一节）。

可是在计算禄村农业中的劳力的自给程度时，我们还须记得禄村农田并不全部都是两熟的，种稻而不种豆的有30%左右，所以两熟田约合2 000工，其余800工是一熟田。

关于人口数量，我取材于1938年春天所清查的户口册。这次清查是由该地原有乡长负责编制的。当地人办当地事，若是认真的话，不易有错误隐蔽之弊。现在的保长和我们说："除了那些小娃娃名字不晓得，哪一个我们不熟呢？"可是登记在户口册上的并不是"实在人数"。他们的标准是：凡是家眷在村的，本人虽则在外很久的也记上；若是老家在村，而本人在外带着家眷的，那就不记上了；在村里住的人，不论有没有家眷，全都记上。我初到的时候，曾想重新举行一次挨户清查，但是因为恐怕他们怀疑我是来征兵的，非但清查不易正确，而且深怕会影响我的工作，所以决定以户口册为我初步分析的人口材料。第二次我再去调查时，又有几次想去清查，总是因事未毕，只能以保长的口头报告，重又把全村在一年中生死和迁移的情形记录了一下。

户口册上有些明显的错误，好像抄录时的遗漏和计算时的疏忽，凡是见得到的，都加以改正。册上所谓户与实际的经济家庭单位并不相符。那次清查的目的在编保甲。编后乡公所经费有一部分将按户摊派，称作门户捐，因之，凡是想少捐一些的，把已分家的兄弟报在一户里，所以册上户数只有95，而实际却有122户。册子上人口总数也有计算上的错误。我们按名点计结果得男359，女335。依各人的年龄性别，全村人口在1938年春季，清查时的数目可以列表如下。并依此增加从那时起到1939年10月止，出生和徙入人数，减去死亡及迁出人数，得出1939年度人口数目（见表4）。

表4 禄村人口性别及年龄分配表

年龄	1938年春		1938年春至1939年秋								1939年秋	
			出生		死亡		迁出		徙入			
	男	女	男	女	男	女	男	女	男	女	男	女
5以下~5	46	43	3	7	4	6	2	2			43	42
6~10	46	36					1	1			45	35
11~15	30	23				1	2	1			27	22
16~20	35	27					12	4	1	4	24	27
21~25	35	29					9		1		27	29
26~30	37	23			2	1	8	3		1	27	20
31~35	20	20					5	1			15	19
36~40	34	37			1	2	9	3			24	32
41~45	17	13			4	1	5	1			8	11
46~50	16	24					1	2			15	22
51~55	16	20			1		1	1			14	19
56~60	12	22			1						11	22
61~65	9	9			2						7	9
66~79	4	5									4	5
71+	2	4									2	4
	359	335	3	7	16	10	55	19	2	5	293	318
	694		10		26		74		7		611	

可是在这里应当声明的，就是在这表中 1939 年秋人口的年龄比实际都差 1 岁，而且我们若都用 5 岁作一年龄组，在以后的讨论中也有不大适用的地方。所以我将另行根据劳力利用上不同的年龄组及实际年龄重列一表。在上章已说过在禄村 12 岁的儿童们已时常正式加入农作队伍，可是从 12 岁到 15 岁所做的，时常是比较轻的工作，他们可以视作女工，虽则男孩子们在耘田插秧等工作中并不加入。16～50 岁是劳动骨干，50 岁以上至 60 岁仍有很多参加工作的，60 岁之后参加农作活动的不很多见了。这样我们可以把人口分成五组，各组男女人数如表 5。

表 5　禄村人口依劳动组分配表

年　龄	1938 年春		1939 年秋	
	男	女	男	女
12 岁以下	98	87	88	77
12～15	24	15	22	17
16～50	194	173	142	161
51～60	28	42	24	34
60 以上	15	18	17	29
共　计	359	335	293	318

若我们把 12 岁至 15 岁的童工算作与女工相等，再把 51 岁到 60 岁的老年人算作是壮年人工的一半，12 岁以下和 60 岁以上的人除外，则禄村在 1938 年春有可做女工的 233 人，可做男工的 208 人；在 1939 年秋有可做女工的 217 人，可做男工的 154 人。

我们对于禄村农田上劳力的供求，双方都有了一个估计之后，就可以据此来看每节农作活动劳力有余和不足的情形了。

据下表 6 的数字，可见禄村自有劳力不足的现象只发生在整理农田预备稻作的时候。可是事实上并不像我们在表中所见的那样严重。第一是因为在那些不种豆的农田上，不必等豆熟，早就能开始挖田。这样使这节农作参差期在这一部分田上可以拖得很长。至于实际上有多少一熟田在豆熟之前（清明前后）已经挖过，却很难估计。若是我们假定有一半的一熟田（约 400 工）是已经在豆熟前整理清楚，则在豆熟至插秧间的 45 天中只需要 343 个男子经常工作已足。在这节工作中，禄村自有劳力的不足程度也降低到 1938 年 135 人，1939 年 189 人。第二，若是上肥这一项工作全部由女子担任，则在这段时间中所需男子的数目又减少 24 个。这样 1938 年只缺 111 个男子，1939 年缺 165 个男子。

表 6　各项农作中劳力的有余和不足

农作活动	所需劳力	有余（＋）或不足（－）			
		1938 年		1939 年	
		男	女	男	女
收　豆	200	—	＋33	—	＋17
整理农田	400 男	－192	—	－246	—
插　秧	93 男	＋115		＋61	
	93 女		＋140		＋124
耘　稻	161 女	—	＋72	—	－56
收　谷	140 男	＋68		＋14	
	93 女		＋140		＋124
种　豆	35 男	＋173		＋119	
	68 女		＋165		＋149

我们以上的分析，并不是事实的叙述，而是根据几个假定来说出禄村可能发生的情形。我们的假定是禄村每个在工作年龄的人，都能依普遍效率，充分利用农作参差期，尽量工作。事实上，禄村有不少人可以劳动而不劳动的，也有不少人因疾病等原因不能劳动的。即使他们参加工作，也不一定都能尽量在农期中天天做工。所以在劳动的供给方面，并不能像我们以上分析结果那样多。以上的分析，虽非事实的叙述，但是可以帮助我们了解实际情形。好像在某些工作中，禄村应当是可以靠自有劳力来经营的，而事实上他们却雇用了不少外来劳工，这就可以使我们追问这现象怎么会发生的了。这样，我们对于禄村劳力利用上可以作深一层的认识了。现在让我们先看看实际情形是怎样的。

四、有田者脱离劳作

我们第一天到禄村是 1938 年 11 月 16 日，正值农闲时节。我们从县城走去，田里长着一片蚕豆，不见有人在那里工作。到了禄村，沿街蹲着好些农民，在暖洋洋的太阳下，衔着烟管，谈长说短。我们就在街心里和他们攀谈起来。远客到来，更添上了一番热闹。相识不到几分钟的小学校长，坚邀我们去便饭，我们虽委婉谢绝了，可是心里却留着"丰年留客足鸡豚"的余味。

同时，在这小村的街上，不断地过着一群群的苦力：衣衫百结，面有饥色，垂着头，背负着100多斤像石块般的盐巴。一步步踏上那高低不平的石板大道。"这些背老盐的，从猴井到禄丰去，一天挣不了两块老滇票。"——我们面前呈示着农村中的两种人物：一种是农闲时不用劳作，一种是农闲时依旧要劳作的。

后来，我们住久了，知道那些在农闲时可以蹲在街旁抽烟谈笑的，农忙也忙不着他们，至多在掼稻时，换个地方蹲蹲，不在街旁而在田岸上罢了。那靠农闲时背老盐的，农忙时忙得更凶。农民有闲忙之别，在禄村这条界线也许特别清楚。

我们若根据这社会上的闲忙之别去推求这界线的基础，即可见到当地利用农田上的社会形态。决定农村里劳力利用的不仅是农业的性质，而更直接的是农村的社会结构。实际上享有闲暇的人，不是因为没有工作的机会，而是因为握有土地所有权，即使不劳作，也能靠着不劳而获的部分来维持生活。他们既有这种权利，于是有力无心地闲了起来。那些没有田的除了卖工之外，别无求生之道，才不得不尽量地出卖劳力，以求一饱，这是没奈何。闲忙之别，刚划在有田和没有田的界线上。

以我们第一次在禄村调查时所寄宿的那家房东来说罢。他家里不过有36工田，折合起来不到14亩。他年纪刚满40，正是农作年龄中的人物。可是他穿得整整齐齐，而且时常披着长袍。晚上9时上床，明晨9时起床。逢街子，上街子；逢礼拜，做礼拜。一个多月，我没有见过他到田里去照料过多少次。这并不是因为他田里没有事，所以不必下田。他下沟的闲田（在秋季不种豆的田），正该犁了，可是他自己不去，雇了个邻村庄科的川人替他代劳。可巧那位雇工发生了事故，不能继续工作，他连找人也懒得去，没有犁的田，泡了水，过年再说，到明年挖田时就得多费一倍以上的劳力。说他是例外罢，也许不错，因为他和其他稍有农田的人一比，已经可算是有数的勤俭人物了。烟已戒绝,不常赌博,而且还是基督教勉励会的会员,常去做礼拜。不如他的人多着。我们熟悉的两位退任的乡长,都是老烟枪,一天有半天躺在烟榻上。当然我们不应苛责他们,像他们这样会做"官",家里又有60工以上的田产,年纪已过了40的人,要他们亲自辛苦耕耘,似乎太不近人情。以禄村的青年来说,有一位年纪只有25,家里有田50工,人很勤俭,据说很能管理家务。当我们在乡的一个多月,他没有五六天空闲,可是他并不是忙着耕田,而是忙着在庙里替人家尽义务,"吹洞经"和"讲圣谕"。这种工作已经继续了好几个月,因为那次祈免炸劫的大醮,在9月里已经开始。他在农闲时如此,在农忙时也如此。还有一位常喜到我们房里来谈时事的青年,年纪30岁,家里有40工田,本来在邻县里替他叔叔管理屠宰税,这两年赋闲在家。有一次他带我去看水坝,一路向我发表意见,说是农民太没有知识,不知道改良,我们青年一定得下田工作,农村才有希望。可是我从没有在田里见过他,每次进城茶馆里却常有他的份。1939年攒谷子时,他父亲因为雇工不易,要他下田,他拒绝了,依旧每天在城里混。

保长的哥哥很坦白地和我们说:"我们这里有面子的人,不下田的。吓,看我这个样子,在田里打什么杂。怪吸,从小就没有挑重,这时候,硬去做,弄得筋骨酸疼,莫丢人了。什么人,做什么事。我们,下田?不成,不成。人家看了,吓,不害羞死了?"又有一位同善社的信徒,写得一手好字的老先生,有一次招待我们去吃饭,和我们讲他的身世:"我们兄弟五个,小时节家境还好,有200工田,又没分家,兄弟们在一起,谁也不做什么事,雇人下田。那时烟土又便宜,天天打打牌,日子真容易过。反正有饭吃,谁也不想努力。什么行业也没有学,现在就吃苦了。"

显然的,在禄村里有一部分人是不在农田上劳作的。耕田是件苦事情,谁都这样和我们说:太阳这样凶,雨淋时更难受。劳动本身可以使劳动者得到乐趣和安慰的说法,在禄村是例外。我们知道的只有两个:一个是我们的邻舍,曾做过小学教员,心地也好,到晚上拿着月琴,自弹自赏;白天可说一刻不停地劳作。天雨时还是不肯闲,在家里编竹筐。我们常说他是标准农民。还有一个是周家老五爷,爱喝酒。大家叫他"憨包",一朝拿了锄头向田里跑。家境很好还是不享福,在村里一般人的眼里,真是个呆子。除了这两个例外,凡是能脱离劳动的,很少愿意受这罪。可是谁有脱离劳动的资格呢?有田!

有田者可以脱离劳动的现象,是发生在我们遵守着一条法律原则上:依现行法律,劳动并不是享受土地利益的必要条件,享受土地利益的是土地所有者。不论他自己劳作不劳作,他所有的权利是不受影响的。土地使用根据于土地所有,不是土地所有根据于土地使用——这是个现行的原则。这是很重要的,因为只有承认了所有权是使用权的基础,生产工具的所有者才可以自己不劳动而仍有权利来分享别人劳动的结果。

我想从使用事实和所有权的对立上来指明土地所有权可以脱离土地使用的由来。若是经营和劳动是所有权所必具的条件,好像我们所谓耕者有其田的理想,即是在私有财产制度之下,土地所有权的分配必直接受耕种技术的限制。一个人靠了他的体力及简单工具来耕种农田,他必然不能占用广大的面积。同时他若没有权利自由支配他耕种能力所不能及的地方,则这社区中劳力分配亦无从发生像禄村一般不平均的现象了。只有一个承认个人可以私有生产资料的农村,同时又允许他可以不事劳动而继续占有这些资料的法律制度下,土地分配和劳力分配才会向不平均的方向发展。

现有的法律虽则允许有田者可以不劳动而获取农田上的出产,但是要实现这有田者脱离劳动的情形,还要有社会的、经济的和心理的条件。第一,我们得先知道禄村职业分化和农家创业的情形,一个人脱离了农田劳动,是否可以利用他的时间和劳力在别的生产事业中?一家的收入,是否全靠农田的产物?然后我们可以从农田孳息上来判断禄村有多少人有脱离劳动的资格。脱离劳动的人,如何利用别人的劳力来经营他的农田?这是下面几章中要讨论的问题。

第三章 农田的负担

一、职业分化

中国农村问题尽管错综复杂,像托尼教授所说的,"底子里却十分简直,一言以蔽之,是现有资源不足以维持这样多的人口"。①本书里将要一步步分析的其实不过是这句话的一个例证。我将根据禄村的事实来说明一个内地农村在严重的人口压力之下,如何发生一种特有的土地制度。像禄村这种连简单的手工业都不发达的农村,差不多全部人口压力都由土地来担负。土地上的孳息是维持这样许多人,不论有地没有地的主要资源。我已将人地比率的大概情形,在上一章叙明了,接着我将讨论土地上有限的孳息如何分配?各人用什么权利来分享这一宗财富?可是在这些问题之前,我先得叙明禄村人民除了经营农田之外,还有什么生产事业可以使他们得到相当的收入?有哪些职业来和农田分负这人口的重担?农田在禄村经济中究竟占什么地位?让我在本章的开始先把禄村人民在农田经营之外所有职业开一清单,然后再逐一说明这些职业的性质。

调查这些职业的时候,有一个困难,因为除了马店、杂货店、豆腐店、药店之外,在外表上是不易看出来的。有些是隔几天才做的生意,平时在家一样做着杂务,农忙时一样下田。有些是没有定期的,好像我们有一次在路上走过,看见一家生了炉子在打铁。我们进去一看,是惯熟的王家哥儿两个。上午我们还见他们在田里做工,下午都在做铁匠了。他们和摆凉粉摊的姑娘不同,因为他们的工作是没有定期的。有人请教他们,要他们把锄头出出新,或是钉耙修修尖,他们把风炉一生,费上半天做个铁匠。没有人请教他们,炉子可以搁上好久不生一天火。

表7 禄村职业分化表

职 业	户 数	职 业	户 数
马店	9	泥匠	1
杂货店	3	女巫	1
豆腐店	3	道士	1
木匠	3	算命	1
凉粉摊	2	屠户	1
铁匠	2	酒户	1
药店兼医生	1	教员	1
医生	1	弹花	1
共计			32
占全村户数百分比			27%

以我们第二次在村时那位姓赵的房东来说罢:他是个兼做医生的药店主人。他的住宅沿街,布置了个店面。可是这店面的窗子却不常开,即使开时也不容易看得出是个药铺,因为药柜前常是挡着一个挂着赞美诗的立轴。与其说是个店铺,不如说是个礼拜堂。反正我从没有见过一个人在窗外递钱进来买药的。药是由他瞧了病配好了送去的。他是这个村子有名的教徒,行医能否说是他的职业还成问题。他出去做客,串门,和做医生根本就不容易分。瞧了病,送了药去,是否是一种服务,还是一种有报酬的工作,连他自己也不确定。还有一位医生,据说一年也开不上两三张方子,没有人请他看病,并不影响他医生的身份。不论哪一位医生,瞧病不瞧病,给钱不给钱,并不会引起严重问题,因为他们家里多少有一些田,饭米是可以自给的。

至于那些木匠、泥匠则更不易说了。村子里的人高低都有一些手艺,简单的工具也是家家都有一些。亲戚邻舍要修理那些木器,或是砌些矮墙,谁也愿意帮一手忙。他们也不要工资。住在我们隔壁的那位刘大哥,就常常在那里干这些事。他有一次很得意地同我们说:他的灶房和马槽是他自己砌的。竹凳竹筐也大都是他自己编的。他的手不很愿意闲，他是最肯帮人的。我的床坏了，他拿了斧头来修理，给他钱，反而使他很不乐意。像他这样的人，我没有列入表中。在表中的只限于以技能作职业的人，换一句话说，是要工钱的匠人。

上面这张表，有一部分是只根据当地的人给我们的报告，好像屠户、酒户和弹花匠，我始终没有见过他们做过这些工作。

在这 32 家中只有 4 家是专靠这些职业谋生的，其他不是有田的，就是在农田上卖工，而且从他们收入上讲，还是以农业为主。不靠农业的 4 家是：1. 兼卖鸦片的杂货店，2. 豆腐店，3. 和人占卦归魂的女巫，4. 到各处去算命的瞎子。

杂货店都是很小的，主要的货物是烟草、香烟、油、纸等。最大的那家，据说全店货物的价值不到 300 元国币。那摆地摊的老冯，资本不过 10 元国币，他在街子上买了一筐梨，在平时等人来买，一天做不到 1 元的生意。所以若要专靠开杂货店养家不大容易，这点在下节叙述街子时还要提到。那一家不兼营农田的杂货店是靠贩卖鸦片来挣钱的。我们晚上去看看花烟间里总是有人躺着。据我们确切知道的，有 38 个人天天得吹一些烟。在这些人里面，自己有灯的约占一半，其余的就零散买烟吃。1939 年烟土已经卖到 14 元 1 两，一个人至少要吹 8 角钱的烟。这一间烟灯，一天总可以做 20 元的买卖。能有多少利益，我们不知道，因为他们买的尽是私贩的烟土，价钱不易打听。

豆腐店有三家，只有一家是不兼营农田的，可是这并不是说这家是全靠豆腐店的利益来维持生活，他们兼营着其他运输及赶街子等事。

收入最大的是那位女巫。每开一个蛋卦，要 1 升米、一个蛋和两角钱；归一个魂，1939 年价钱涨到六七角。我们不能说出个定数来是因为她并没有一定的价格，而且常借了死了的魂说报酬不够，请教她的人，又得暗暗地把一两张角票放在她后面的凳上。一天她能开几个蛋卦，归三四个魂，她的收入自然是很可观了。请教她的人真是推不开。我们去参加了好几次。要开卦的，都争着把米、蛋、香、钱给她，唯恐落后。归魂的还得预约。我们所住的房子离她归魂的地方，只隔了一座屋，时常连着几个下半夜咿咿喔喔听得怕人。非但有事的人要去请教她，她还可以自己同村里人说，路上见了谁的阴人，要她传言，有话要和活人说，于是活人不能不请她归魂了。还有新死的人，每年都要归一两次，不去归了，死人会发脾气。因之，她不像木匠泥匠那样对于自己的工作不能有预计和把握，她是不会失业的。她的营业范围并不限于禄村。请教女巫的人，有些是远在别县；据说省城里有一位大官，曾经派了汽车来接过她，她没有去。她是住定的职业者，要人家去请教她的。

那位瞎子，虽则做着和那禄村收入最多的女巫相近的职业，可是他的生意却差得很。女巫不种田，连她的丈夫都靠她可以不做事而有烟抽。那位瞎子却是个没有家室的苦人。他一早出门，替人算命和对八字，请教他的大半是救济这残废的意思，所以收入很有限。在禄村不常见他。有一次我在路上碰了个瞎子，攀谈起来，才知道他是住在禄村的。

在上表中，我们可以看出在禄村最重要的职业是开马店。这项职业自从抗战军兴之后，更是发达。原因是禄村在区位上所处的地位很合于这种职业。禄村正是处于从产盐中心的猴井到禄丰运盐的大道上。从猴井赶一批马，驮了盐块，走到天快黑时，刚到禄村；若是要赶一阵可以当晚到禄丰城里，可是天太晚了，也交不得货，所以在禄村歇一晚，明天一早进城是一样的。

驮马到了店里，店主供给草和寄宿的地方。赶马的人也就宿在店里，每匹马依1939年市价，每晚两角，赶马的不用另付宿费。豆料由马主自备。店主在收取寄宿费以外，还得倒马粪，可以下田做肥料，或是把肥料去换草。40背粪（一槽）换一大堆草，一大堆草有8小堆，每小堆有40把，每把有10多棵稻。依当时市价4角一背，1938年只值4分，一年中涨了10倍。每天1匹马要吃三把草，所以一大堆草可以供给100匹马的食料，相当于100匹马的粪，马店主人不必贴钱买草。

每家马店，据几个马店主人和我们说，在普通情形下，一个月里总有10天有马歇，每天平均20匹，一个月有200匹马住店，店主可以收得40元国币。赶马的时常向店主买豆料。1938年豆料便宜时只值1角8分1升，到1939年涨到了1元1升。所以店主们凡是囤积着豆料的，这一年真是发财的机会。一个月卖出两担豆料（每匹马每天吃1升蚕豆、玉米或黄豆），可以赚160多元。这当然是特殊的机会，只有几家有资本的店主享受这种利益。今年盐价也涨，赶马的人多，所以每店每月可以超过200匹马。我们在村时，除了那一个多星期下雨之外，差不多天天每家马店都住满。有好几次，赶马的在禄村找不到空店，天黑了还要向城里去赶路。

除了马店之外，禄村并没有其他重要的商店或作坊。职业分化可说是很简单，这些简单的工商业怎样能应付这122户的日常需要呢？这一层考虑，使我们注意到他们在商店以外的贸易机构，这就是我们在下节将叙述的街子。

二、街子

在解释当地的土地制度时，有几方面都需要我们先明了当地的贸易机构。本章想说明的主题是农田在禄村人民的收入及工作机会中占什么地位，因之，我列举农田经营之外的各种职业。在禄村的职业分化中，我们已见到，除了极少数职业能维持一家专门从事该项职业者的生计外，大体说来，禄村人民的生活差不多全得靠农田来维持。不在农田上找工作，就不易在别的生产事业中得到工作机会。上节中所列的那些职业，只是农田经营之外的副业而已。最后我曾提出为什么禄村的职业分化这样简单，于是我们得一看他们的贸易机构了。

在当地的贸易机构中，禄村人民常可以做一些小买卖。在经商上得到的收入也能减轻农田在禄村经济中的担负。哪一种人可以得到经商的机会，就得看当地贸易机构是怎样的了。

禄村贸易机构的主要部分，和其他云南农村相同的，是街子。街子是买者和卖者定期集合发生贸易行为的场所。每个街子每隔一定的日子开市一次。有东西要出卖的可以在街子上等候买客，有东西要买的也可以在街子上去挑选货物。卖者不必是专门以做买卖为职业的商人，任何人都可以在街子上去卖东西。因之街子的特色是在给生产者和消费者直接交易的机会。农村里的生产者，不能天天从事于贸易活动，他们不能天天有货物出卖，所以不能和商店一般有固定的地址，不论任何时候，老是等候着消费者的光顾。他们只有在街子上可以直接和消费者发生接触。

街子虽则以生产者和消费者直接贸易为主，但是并不排斥贩卖式的贸易，因为街子上贩卖者亦可以在这种时期这地方把在远处运来的或囤积的货物抛售给消费者。街子上的贩者和商店不同，商店是永久性的，而街子上的摊子是间断性的。它和沿门叫卖的贩卖者又不同，因为它没有后者那样具有流动性。这种贩卖的方式，特别适宜交通不便、人口较少的乡村社区。

在一个乡村社区中，不容易维持固定的零售商店。要一个专门做贸易的中间人一定得有很多的消费者来供养他。他是以较低的批发价额贩得货物，然后以较高的零售价额出售，以获得利益。维持他的消费者愈多，零售价额可以和批发价额相差得愈少。一个固定的商店所能控制的贸易区域是以交通的方便来决定的，他不能希望一个要走上半天才能到商店里来的买客。在人口少的乡村社区中，以买客来迁就卖主；为一些小东西走上半天路，不如以卖主来迁就买客为便利。一个流动在各街子间的贩卖者，所能控制的消费者的数目，比一个固定的商店所能控制者为多。于是他在营业上也较固定的商店占优势。在这种情形下，市镇不易发展，贸易机构以街子为中心了。

研究云南农村社会经济的学者，街子式的贸易方式是一个重要的题材，我在本书中不能完全发挥，希望将来能有专门研究这题目的机会。

禄村本是一个小街子，每隔6天一次，可是因为它太靠近了县城的大街子（只有20分钟的路程），所以发展的机会很少。县街比禄村街早两天，赶过县街的人，在那天已把要卖要买的买卖定当；两天之后，没有贸易的需要了。连住在禄村的人，也不太重视本村的街子。我们曾清查过一次在禄村街上的卖主。在清查时，正午正是街子最热闹当口，街上一共有51个卖主：12个是本村的，11个是城里来的，13个是鸡拉的夷人，其余是从附近如四十亩山、大凹、菜园子等距离禄村只有30分钟距离以内的村落中来的。所卖的货物以夷人背的柴为最多，其次是城里来专门贩卖布匹及洋货的摊子。本村有的卖盐、烟草和摆凉粉摊、酒摊等供给赶街子者当场消费之用。禄村的小街若比起了县城的大街，那真是小巫见大巫了。县街子上至少有1 000多卖主，我曾请县立中学里的学生帮我清查了两次，材料还没有加以分析。货物的种类也较禄村多得多。在县街上分着很多区，好像米市、杂粮市、蔬菜市、香市、盐市、陶器市、布市及牲口市，各有各的位置，有极明白的分布。在禄村就不能比拟了。

禄村人民的贸易活动，主要是在县街。县街那一天，可说是每家都有人进城。他们不但把自己出产的农产在街上出售，而且很多人做贩卖事业。在禄村北方，约有半天路程，有一个中村。中村的街子据说可以和县街相比。在中村的街上有些货物比县街更为便宜。猪价低1/4，炭和柴低一半，所以稍有一些资本的人，就可以从中村街子上买了货物回来，隔一天在县街上卖出去。也有到比中村更远的地方去贩货的,好像我们有一位朋友就到易门的川街贩了一批草纸,趁七月半家家要烧纸的时候,在县街上销出去。

关于在街子上做贩卖的例子,我们记得很多:好像我们第一次调查时的房东老太太常常买谷子碾了米,等米价高时卖出去。房东太太会在同一街子上买进4只鸡,又卖出去,赚了钱回来。张之毅君记得卖工的康文家"今年阳历9月间向50里外的姐夫家,赊得60斤栗子,每斤1角5分,分期在县街上依市价每斤2角3分至2角5分卖出去,剩下10斤自己吃"。1939年我们离禄村的前一晚,曾在康家买了她刚从中村贩来的一筐梨。9月16日赵保长的太太在街上卖出她孩子们在河边玉米田里拾回来的4斤玉米,得到了1元6角钱。

他们从县街上买肉,买蔬菜,买酒,买布,买油……他们一切的消费品可说大部分是从县街买的。县街上的物价也比禄村的杂货店为低。比如在县街上价1角钱一匣的宝剑牌香烟(1938年11月),到禄村杂货店里要花1角2分才肯卖。老冯摊上的梨,比了县城里有时贵一倍。这是表明了农村中的小商店是没有法子和街子上流动的摊子相竞争的。结果,在禄村商店没有发展的机会。

贩运货物,利用街子间或时间上价额的差异,做小本生意是禄村农民的普通副业。街子的贸易机构一方面使生产者可以直接和消费者做交易,另一方面使贩运商业普遍化副业化。开一个商店至少要一些较大的资本,而街子间贩货的只要很少的资本就够了。一筐梨,贩卖完了,再去买一筐栗子,或牵一头小猪。这种小本经营的贸易方式,是街子的特有色彩。其实我们与其说康嫂贩栗子,贩梨子是经商,不如说她是在做运输事业。她从中村背了货物到县街上来出售,所得到的利益大部分是她劳力的报酬。

三、运输事业

纯粹替人运输货物获得工资的事业,在禄村也是很发达。我在上章中曾讲到在禄村街道上时常能见到背盐的苦力。他们就是专门在运输上出卖劳力的人。大多是从盐兴县的猴井产盐的地方背运到禄丰,也有从更远的黑井背来的,背得更远些可以到腰站,或一直到昆明。近来公路上汽车运盐的数量增加,背运到昆明的人较少了。1938年11月的时候,从猴井背100斤盐到禄丰,可以得到 8 角国币工钱。普通一来一往要费 3 天,每天平均可得 2 角 7 分,除了自己的饮食,一天可以有 2 角净收入,比了当时农作工资高了一倍。但是背盐是很辛苦的,我曾想试试这件工作的味道,可是尽我的力量也背不起来。100 多斤重的盐压在身上走一天半路程,不是件轻而易举的事,比田里劳动苦得多。一个人不能连着天天背盐,一个月能背 4 次已经算是最多的了。康大哥去年一年只背了 6 次,今年因为有其他工作,一次也没有去。1939 年背盐的价钱涨到了 3 元 5 角 100 斤,合 1 元 1 角 7 分一天。扣去伙食 2 角 5 分,一天可以得到工钱 9 角。这数目比当年劳动工资高了 3 倍。可是因为太苦,禄村去背盐的人并没有增加。据说 1938 年一共有三四十人经常在农闲期间去背盐的,1939 年却减少了一半。减少的原因是在禄村劳力供给的减少,和劳动者可以选择的劳动种类增多,太费力的背盐吸引劳动力的力量,不免相形见绌了。

除了体力背运之外,还有畜养牲口来驮运。一头牲口可以驮运 150 斤盐。1939 年运费是 5 元 2 角,两天可以打转,每天一头牲口可以有 2 元 6 角的工资。每头牲口一天吃 1 升料,蚕豆、玉米或黄豆,当时的市价是约 1 元国币,住店和吃草 2 角,工资里减去费用,马主一天可在一头牲口身上得到 1 元 4 角的利益。一个人可以赶 5 头牲口,一天就可得到 7 元的利益。可是牲口也不能天天赶路。20 头牲口中平均一天有 4 头休息,一年中因天雨或其他原因,不过做 9 个月工。依这种估计折算,一个赶 5 头牲口的主人,平均每天不过有 4 元国币的收入,能背 150 斤盐的牲口,每头价值在 100 元之上,所以这马主人须有 500 元的资本。牲口死亡率很高,这个损失却不易计算。

禄村在 1939 年 10 月,有 32 家养牲口,一共有马 34 匹,骡 7 匹,驴 3 匹。过去一年中一共死去马 26 匹,骡 15 匹。最多的一家一共死去了 15 匹。这是运输事业中的严重问题。禄丰盆地里只有一个旧式的兽医,兼治牛马一切症候,结果连农民都不信任他。我在禄村就亲眼看见两匹马死去,病马就放在路上等死。死了向山坳里一丢,也不埋,让野狗争食,臭气四散。劳苦一生,得此结局,时常使我们忘记了调查者的身份,对它们同情起来。后来我们看到死人也有暴尸郊外的,才觉得死马给狗吃,并不算件太悲惨的故事。

禄村44匹牲口并不是都用来作运输的。只有6家养着3匹以上的牲口，时常赶马背运的不过三四家。

四、家畜的豢养

贩卖和运输虽说是禄村普通的农家副业，但是并不是每家都参加的。最普通的副业是养猪。除了很少例外，可说每家都养两三头猪。养猪的性质是在利用农田上的副产，好像米糠、豆糠等屑物。米糠是糙米上碾下来的一层糠，人不能吃的废东西。豆糠是蚕豆的梗和叶，晒干之后打成的细屑。豆糠和米糠混了煮饭时多下来的米汤，就可以喂猪。我们曾因为吃不惯蒸饭，要求房东不要把米汤倒去，可是房东和我们说，猪吃什么呢？米上营养最丰富的部分是留给猪吃的。换一句话说，是储蓄起来的，因为养猪好比"上赍"，零存整取的储蓄办法。我们曾和他们详细计算，一头猪从小养起，养一年出卖，所得的钱刚等于这一年猪所吃的食料的价钱，米汤还不算在里面。以上的计算，全依1938年11月的市价。

一头小猪买2元5角，一年中要吃4担米糠，每担10元，共40元；4担豆糠，每担6元，共24元；5斗碎米，每担30元，共15元；加起来一共花了81元5角。一头有一岁的猪可以有80斤到100斤肉，卖得好可以得80元。实际上是连花去的本钱都不一定收得回。可是每家养猪的原因是在猪的食料用不着买，都是农产中的屑物。若是大家不养猪，这些屑物的价额绝不会这样高。屑物现有价额，其实是以家家养猪为前提，所以我们因屑物的现价而说不值得养猪是不合适的。可是，若是一家没有农产，要向市上去买屑物来养猪，那就不值得了。没有田的人家，要养猪一定得兼做贩谷卖米的生意。买了一担谷子，去年是8元，碾出4斗米，每斗1元7角，相差1元2角可以得到2斗5升的糠和1升碎米。糠的实价不过2角8分1斗，这样就有便宜占了。这里我们可以注意，糠的市价和贩谷卖米中的糠价相差很大，这种相差是在于进入市场的糠的数量太少，我们在街上就看不着有卖糠的。而贩谷卖米也不是普通自由市场中的交易。街子上只有米市没有谷市。谷子只在特殊情形中成为商品，在街子之外成交的。因之，不经营农田的人家不易养猪，在禄村，不经营农田的只有18家，占门户总数的14%。

禄村有两家养羊，一共有70只，因为禄村离大山很远，出路不好，所以十几年来，羊群的数目并没有多少增加。养鸭的1938年有三家，一共有900多只。养鸭是短期的工作。谷子取起之后，有些不种豆的闲田上可以利用来放鸭。100只刚孵化出来的小鸭值8元6角（1938年冬的市价），100只小鸭可以有90只长大，40天之后，每只可卖5角到6角，一共约50元。放鸭要一个人专门看守，除了鸭子自由在田里觅食之外，还要喂4斗谷子，值4元2角。每天一个人赶100只鸭子，可以有9角钱的利益。

五、农田在禄村经济中的地位

以上叙明了禄村人民在农田经营之外的种种生产事业。在这里我们找不到一项重要的家庭手工业，所有的专门职业和普通农家的副业，虽则多少增加了他们农田经营以外的收入，但是为数却都很有限，而且除了运输和贸易之外，很少能吸收农田上多余的劳力，所以农田在禄村不但是维持农民生计的主要力量，也是给农民利用劳力的主要对象。在我们进入分析农田经营方式之前，我们得先把农田在禄村中的经济地位，更明白地加以说明。

我们可以先从农田的生产来加以估计，看全村农田上所出的农产能否供给禄村人的粮食，更有多少剩余来维持粮食以外的其他生活需要。关于农田的出产和禄村人的生活程度，以后还要详细分析，本节可以略一述及。

以谷产论，上等田每工每年可以出1石，中等田每年每工可以出8斗，最坏的田每工每年可以出5斗。在禄村，上中下三等田的数目，并不是相等的。依耕地册所定田则，上上则约有1 140丘，上中则约有530丘，下下则约有80丘。禄村各户所有田总数约1 800工，团体所有田约237亩，合600工，一共是2 400工。禄村人一共经营2 800工，所以内有400工是租来的。2 400工农田，依上述农产比例，一年可产约2 200石谷子。400工的租田，缴纳60%的谷租后，禄村人民可以得到约370石谷子。禄村人每年一共可收约2 570石谷子。每石谷子可以碾4斗米，一共可碾米约1 000石，每市石等于3.5公石，禄村每年可收米约3 500公石。

表8　每人需米数目

每顿饭每个成人	最多 2.8 公两	最少 2.5 公两
每日普通吃两顿	5.6 公两	5.0 公两
每年 365 日计算	204.4 公斤	182.5 公斤
	或 340 市斤	304 市斤
	或 6.8 禄丰斗	6.1 禄丰斗
	或 2.38 公石	2.14 公石
每年每成人需米	平均 2.6 公石	

为了要估计禄村人所需的米粮，我们更根据当地农民认为每天每人所需要的数量，加以平衡，得到上列的结果。

在农忙期间，劳动者常吃三顿；普通的家境较好的人家也有吃一顿宵夜，好像糯米粑之类的东西。我们若假定成年人在农忙期中有一半日子做工的，则在上述数目上，还要加100顿，约26.5公斤，则每年每个成人需米约2.5公石。这个数目和浙江吴兴调查中袁家汇人民平均一个壮丁每年需米2.57公石的数目相近[②]。

在估计禄村人需米总量中，还得顾到年龄和性别上的差异。关于这问题，有很多专门的著作，来规定未成年儿童各年龄组所需食粮与壮年人的比率。我们在这里不妨参考阿特沃特（Atwater）的标准[③]加以修正，并加上老人较低的消费量，用以计算禄村需米总数。

表9　禄村各年龄组需米数

年龄组	与壮丁比例	禄村人数（1938年）	合壮丁数
0~5	男女 0.35	男女 89	31
6~10	男女 0.50	男女 82	41
11~15	男 0.70　女 0.60	男 30　女 23	35
16~20	男 0.95　女 0.80	男 35　女 27	55
21~60	男 1.00　女 0.80	男 187　女 188	337
60 以上	男 0.80　女 0.70	男 15　女 18	25
总计合			524 个壮丁
禄村每年	米 2 153 公石		需米 1 347 公石

依我们的估计，以全村为单位来说，每年禄村只需要 1/3 的米产已够全村人民的消费。其余的 2/3 可以用来换取其他的消费品。若是全村的米产平均分配，更以中国平均情形而言，60% 左右的农家生活费都用在食物上，而且十分之八九的食物费用是粮食费，则禄村农家的米产一项，应该足以维持他们的生活程度于全国一般水准之上了。但是因为土地所有权分配不平均，每家所得农产物分配也不平均，问题却并不这样简单。

禄村经济是以农田为主，劳力的利用，生活程度的差别，都是以农田的有无，和所有的多少来决定，所以我们接下去可以分析农田所有的分配了。

注释

① R. H. Tawney，*Land and Labour in China*，第 103 页。

②③ D. K. Lieu，*A Study of Rural Economy of Wuhing*，Chekiang，1939，第 55、103 页。

第四章　农田分配

一、耕地册的材料

1933年禄村清丈之后，把每丘农田和农地的所有者都登记在耕地册上，每年由他们向县政府财政局缴纳耕地税。我最初以为禄村农田所有权的分配，只要查一查耕地册就够了。可是，把耕地册详细一看之后，发生了不少困难。

耕地册是以村界作单位的，每村一本簿子。若是一家在甲村有田，在乙村也有田，他的名字就分见在甲乙两村的两本簿子上。同时，在一本簿子上，并不完全是一村人的名字，因为有住在别处的人也有田在这村里。我们所要知道的是禄村各户有多少田，因之，我们不能不遍查禄村附近各村的册子，凡是禄村住民花名下的田都抄录下来。这种工作又不免有遗漏，因为我们并不能记得禄村全村人民的名字，而且耕地册上的花名并不都是和户口册的名字相同的。在抄录禄村耕地册时，我就发现很多户口册上没有的名字。一问之后，才知道有很多是已经死了的人的名字，在土地所有权转移时，尤其是父子间的承继，虽则依法应当登记，可是没有登记的很多。于是死了好久的人名，依旧在册子上保留着。在财政局方面，只要每年有人在这些人名下来缴纳耕地税，就没有追究的必要。可是在我们却不能不追究，我找了当地的人，一名一名地推考，非但有字有号要一一配合起来，祖宗的姓名也要推溯，而且还有分了家的兄弟在同一姓名之下缴纳耕地税的，又要加以分名别田，在耕地册上的花名中，还有团体的名字，好像土主庙、王姓公等。在这些名下的田是属于团体公有的。

可是也有用私人姓名登记的田产，实际上是团体所公有的。好像张家的兄弟们分家之后，留出一部分田没有分，耕地册上记在他们已经死的祖宗的花名下，兄弟们每年轮流收这田上的租米。也有人家兄弟们每年平分租米，而不把农田正式分开的。在这种情形中，我们还得依其个别情形，分别公私。

我和李有义先生费了一星期的时间，绘耕地图，抄耕地册，一个一个名字推敲，虽则对于禄村各家所有田的数目有了一笔账，可是依我们看来，遗漏和错误的地方一定很多，好像我们在谈话中知道禄村人民有田在中村，于是又得到财政局去查中村的耕地册。非但来回跋涉，而且认为这样，倒不如直接向各家询问的方法为佳。所以，我们最后就想按家清查。

二、各家所有田

按家清查也有它特殊的困难，因为问一家的财产是最受嫌疑的。在当地人民眼中1933年的清丈至今还是和匪患并提的大劫，因为清丈的结果，加重了他们的负担。没有清丈之前，纳税是根据报告的面积，报告的面积总是比实际面积小一些。清丈一下，耕地面积为之大增。据《云南省农村调查》所载，以当时已清丈完竣10县计算，"增溢耕地290.9%，将近三倍于前"。实际耕地面积，并不会因清丈而增加，增加的是人民纳税的担负。因之农民们衔恨至今，视作大劫。我们再来按户清查，不但会引起他们的积怨，而且事实上更不易正确。我们挑了几家较熟的人家，试试他们的反应，除了极少数之外，差不多都是吞吞吐吐的不肯直说。有一次，我们和王老爷谈话，问他种几工田，他14岁的孙子在旁，要表示他的灵敏，一口气和我们都讲了，把王老爷吓得一跳，一连给他孙子几个白眼。要直接从他们嘴上听到他们所耕地的面积，也不是不可能的。后来我住熟了，几家较接近的人家有多少田，我们全知道，可是要全村人民都和我们十分接近，却不是短时期中所能做到的。

在我们试验直接清查时，却发现了一个比较容易，也比较正确的方法，就是间接打听。甲不好意思说他自己有多少田，可是说起了乙，他却不常吞吞吐吐了。而且，我们发现村里各家有多少田，租多少田，典多少田，在他们里面并不是一件秘密的事，而且村里的人都关得上一些亲戚，亲戚家的事情有时比自己家里的事更熟，因为他们时常讨论和批评别家的事。于是我们就根据耕地册上已给我们各家所有田的约数,用间接打听的方法进行校核。

在这里我们又要提到农田单位的问题,耕地册上是根据测量所得实际的面积,而农民给我们的是他们应用的功能面积,在我们分析劳力和产量时,功能面积比较更有用,所以我们以后的分析将根据我们间接反复打听来的各家所有田的工数。至于团体所有地,则将根据耕地册的材料。这里所谓家是私家所有的主权者,凡是分了家的兄弟,将算作两家。

禄村各家所有田的总数约有 1 800 工,或约 690 亩,每家平均约 5.7 亩。在分配上说:全村家数中没有田的占 31%。有田在 16 工之下的占 35%,共有田 446 工,约占农田总数 25%。有田在 15 工之上,31 工之下的,占 19%,共有田 614 工,约占农田总数 40%。简单地说,禄村大部分的田在少数人手中,而大部分的人不是没有田,就是有很少的田,不能单靠自有农田上的收入来维持日常生活。同时我们也应当注意一点,就是最大的地主也只有 65 工田,合市亩是 25 亩,所以禄村的私家所有的田都是很小的。

表 10　私家所有田的分配表

农田面积(单位工)	家　数	百分比
0	38	31%
1～6	14	35%
6～10	21	
11～15	8	
16～20	5	19%
21～25	3	
26～30	15	
31～35	1	15%
36～40	7	
41～45	—	
46～50	6	
51～55	—	
56～60	3	
60～65	1	

三、团体所有田

表 11　团体所有田的分配表

1. 禄村团体所有田		
土主庙	52.671 亩	
宦姓祭祖	23.407 亩	
王文毅公祠	27.268 亩	
松园公	26.748 亩	
王姓公	23.683 亩	
天生坝	15.608 亩	
洞经会	14.109 亩	
信义会	12.756 亩	
圣谕会	9.853 亩	
小门口公（老人会）	7.004 亩	
至圣会	6.749 亩	
宏教宫	5.034 亩	
张姓公	3.085 亩	
周姓公	2.201 亩	
新沟坝	2.685 亩	共 237.310 亩
2. 别处团体在禄村所有田		
文昌宫	7.067 亩	
白衣庵	6.950 亩	
城内头甲公	4.285 亩	
关圣宫斗会	3.118 亩	
教育局	2.784 亩	共 23.204 亩
共　计		260.514 亩

根据耕地册的记载：我们可以计算禄村团体所有田和别处的团体在禄村所有田的数目。我在这里用耕地册的材料，因为比较方便，禄村有田的团体的名目比了人名数目少，容易记得，而且不很有变动。直接访问的方法，在此却较

困难，因为普通人不知道公田的数目，每个团体的管事，不容易找，也不容易说实话。据我们查得的数目，可以列表如上。

我们记得在禄村界内一共约 600 亩农田，而禄村各家所有田已超过此数，有 690 亩，再加上禄村团体所有田 240 亩，可见禄村人所有农田有 1/3 是在村界之外。同时值得我们注意的就是团体所有田的面积，占总数 27%，算是一个很大的数目，在禄村农田分配中占重要地位。而且最大的团体地主拥有 50 多亩或 135 工农田，超过任何私家所有田的面积。在这里我可以预先指出，团体所有田都是分散租给私家经营，只是所有权的集合，不是经营上的集合，这是禄村租营方式发达的基础。以后我们还要讨论（七章一节）。

四、团体地主的性质

在进入农田经营方式之前，我们可以在这里插入一节解释表 11 中所录那些团体的性质。

上述各团体中，拥有农田最多的是土主庙。在禄村一带，每一个村子都有一个土主庙。土主庙的名目和外观是一个宗教团体，但是在它的功能上却并不限于宗教活动。土主庙是全村人的地方组织。它的庙产即称作"阖村大公"，是属于全村人所公有的田产。可是这并不是说这些农田全村人都能自由使用和处理，只是说这些田上所得到的孳息是用在和全村有关的公共事业，或是用来支付全村人共有的义务。

阖村大公由一个称阖村管事的人管理。这位阖村管事，并不在现行行政组织系统之中，他不是保长，也不以管事的身份来干预日常的行政事务。他只是全村人的司库，经营土主庙的公田，代表居民和行政人员如区长保长等讲价，决定一年大公出多少钱在什么公事上。管事是由"群众公举"，实际上是由禄村有地位的人互推。在互推时，声望越大，声音越响的人的主意最为有力。至于那些穷苦的，没有田的，外来的新户等，根本不参加，也不过问。他们和我说，没有钱的人不能经营管账目的，有些差池，也赔不起。另一方面因为这笔账是始终不公开的，也没人来清查，只要一年对付得过，管事的有多少好处，没有准儿。既有利益，没有势力的人就没有份。

大公的开支，依我知道的项目是：土主庙里的香火钱，本村的教育经费，临时发生的修理水坝费，军队过境的供养费，本村人民婚丧送礼费，以及津贴本村及本乡行政费，每一项的详数无法查考。一年大公收入的总数以每工租谷4斗计算，130 工田共有 52 石谷子，1938 年 10 月市价每石 8 元，有 400 元；1939 年 9 月市价每石 20 元，有 1 040 元。

大公之外有所谓小公，如至圣会、洞经会、老人会、信义会、圣谕会等团体的田产。至圣会是供奉至圣先师孔子的会，现在已没有什么实际的活动，田上收来的租，充本村的教育经费。洞经会是"吹洞经"的，每逢初一月半，以及其他佛爷诞辰，在会的人到庙里吹打音乐，念经，同时有人办斋请这辈人做功课。凡是人家有丧事，洞经会的人也出席吹打念经，荐拔亡魂。这会虽则为全村服务，可是只有一部分男子是会员。圣谕会和洞经会相似，初一月半在庙里或街头讲"圣谕"，是一套劝人为善的故事。小公收来的租除吃斋外，也送礼给丧事人家，也可以说是有慈善机关的性质。

信义会是一种结拜兄弟的组织，兄弟们一同凑出一注小公田，有急难时互相扶助，平时每年聚一次餐。会员并不限于本村。这是友谊的团体。老人会（亦称小门口公），是上一代结拜的兄弟们留下的小公，现在只有聚餐活动。

上表中还有很多称什么姓公，什么祠，什么祭祖的，都是氏族的公田。族公和其他公田的性质相同，并不是指集合经营，只是指集合所有。公有的田产上得到的孳息，理论上说是用在团体的公用事业上。族公上收来的租是用在祭祖、聚餐、收族、养老、恤幼和补助族中子弟的教育费。族公的管理由族中推举管事，并不一定是辈分及年龄最高的族长，而是以才能、势力来推举。他并没有一定的任期，只要人家不攻击他，他可以连着做下去。因为这也是一个肥缺，所以有资格的人眼睛都张得很大。每年祭祖及聚餐时依王姓自己人说，没有一次是安静的。做不着管事的，想法使当管事的没法中饱，想出种种要费用的事。去年松园公的族人，祭完了祖，无端要管事的请一次宴会，说是要查账。后来，大家吃了一顿，闹了一场，账还是没有查，因为管事的说，要是上一任管事把账交出来，他也交出来；不交他也不交。换一句话，不查账是已成了习惯法。

此外团体地主中还有各种机关及寺庙。天生坝、新沟坝是当地的水利组织，教育局是县行政机关。它们的田产租出去得来的租金充这机关的经费。寺庙如白衣庵、文昌宫、关圣宫等和土主庙不同，后者没有庙主，是全村人所公有的地方组织。庵中、宫中有主持田产的尼僧，他们是这些田的主人。

这些团体所有田是怎么发生的呢？以族田来说，我们上文已提到兄弟间有时留着一部分父亲的遗产不加分析，由他们轮流或替换经营。若是有兄弟间共同的事务，免得各人凑钱，就在这份公产中动用，这是族田的简单形态。氏族愈大，公共的事业愈多，族中有地位的人提出了一注田来归全族公有。好像禄村最大的氏族文昌公是王文毅公的后裔。他做了大官，建造祠堂，划定族田，一直传到现在。

村里的公田已经好久没有增减，不能在现在的情形中看到它形成的方式。据说是杜文秀叛乱（1855～1873）时，在大理建国屡次蹂躏禄丰一带，杀戮甚惨，因之人口大减，有全家全族遇难及逃亡的。这些人的田产，没有收管经营，后来就归公有。

庙产的起源，据说以前曾有一个时期，庙产可以免缴粮税，而同时私家所纳的粮税太重，所以很多人觉得不如把田送给庙里，每年不纳粮而纳租较为合算。于是庙产就慢慢增加起来了——这些都不过是传说，究竟是否可靠，我们在此不能加以考究了。

第五章 劳力的出卖

一、没有田的新户

我在第二章里说明禄村的农田并不能全部利用禄村可能供给的劳力。不但季节上有农忙和农闲,而且社会上有忙人和闲人。农业里漏出来的闲暇,并不是平均分配给全村的人,而是给一部分所独占,这些人是村里的小土地所有者。我在第三章里说明了禄村职业分化很简单,那些必须以劳力来换取生活的人,虽则没有田,也只有设法在农业里卖工。他们没有田,或所有田太少,不能享受农业里漏出来的闲暇。我在第四章中把禄村土地分配的情形说明了,在土地分配中,我们可以看到有多少人是非在农业里卖工不能生活,有多少人可以利用别人的劳力来经营他们的农田,自己成为村里的有闲阶级。在本章中,我将先分析那些在农田上卖工的劳工。

在上章我们见到禄村有 38 家是没有田的。这些没有田的人家中只有 4 家可以靠专门职业维持生计,其他还是多多少少要在农田上设法得到生活上的需要。他们既没有田可以分享农田出产的手段,只有在农作中出卖劳力了。在我们讨论出卖劳力的方式之前,可以先注意这些没有田的人家的性质。

我在访问打听各处所有田的数量时,常常听见他们说:"这是新户,没有田的。"因之,引起了我对于新户的注意。所谓新户,是指那些新近从别地搬来的人家。依那些有年纪的老人说:"我们年纪轻的时候,这村里不过几十家,这十几年来人口才多起来。"我们又在禄村附近四川人的村子里听说:"我们小时节，沿河一带都是荒地，这村里不过两三家人，我看着它多起来，现在有十几家了。"禄村一带人口增加的历史，现在虽已无法知道，可是有一点我们可以相信的就是在人口增加过程中，别地人口的移入是一个很重要的部分。除了最近两年，禄村开始发生徙出多于移入的现象，可是过去的几十年中，禄村一带肥沃的盆地确是具有吸收移民的力量。在这辈移民中，有许多现在还是被称为新户的。所谓新户，究竟新到什么程度，并没有一定。譬如上文提到的康大哥，他的父亲是四川来的，可是他还是归入新户的一类里。这些新户在户口册上不写"本籍"而写"寄籍"或注明原籍地名。在禄村一共有新户19家，占全村户数19%。注明原籍的11家如下：

表12　新户原籍的分配表

原　籍	户　数	原　籍	户　数
禄丰（本县别村）	4	江川	1
马街（罗次）	1	玉溪	1
罗次	1	曲靖	1
盐兴	1	黑月	1

在没有注明原籍的几家中，我们知道有些是从四川辗转迁来的。

外来新户得不到土地所有权，在所住社区中只能当佣工和佃户。禄村19家新户中还没有一家获得土地所有权，只有一家典得了10工农田。其中有11家连租田都租不着，只有8家是佃户。我在江村也见到外乡人是村里没有田的人。[①]这也许是一种普遍的现象；就是在一种以家庭或个人为单位的移民，进入一个人口已稠密的地方，土地已被该地人民占有了的时候，他们没有力量来夺取土地，只能接受佃户或佣工的地位。

我在广西象县的瑶山中，曾见到这种现象最清楚的表示。在大藤瑶山中的诸族团，入山的时间有先后的不同，先入山的占据了这区域，成了这瑶山的山庄；后入山的，因为该地已经被人占据，又没有力量来分割，于是成了租地生活的佃户。我们不知道瑶山的详细历史，尤其关于诸族团移植时的情形，但是依据现在汉人个别入山租田的情形中，使我们猜想这辈现在瑶山中做佃户的诸族团，当他们移入时，是出于很小的单位，所以他们不能和已有组织的山主族团争瑶山的地权。[②]

在大藤瑶山中，后入的族团不能获得土地权，是牢不可破的习惯法。就是在没有法律规定的地方，外来移民要得到住在地的土地权也时常有种种事实上的困难。比如以后讲到农田买卖时，我们可以见到，同族有收买的优先权，而且买卖契约上一定要同族近亲的签押，这样使土地不能自由流出族外（十二章一节）。而且我们以后也要讲到一个没有带着资本入村的人，想从自己的劳动中积蓄到能买地，须经很长久的时间（十二章三节）。在普通情形下，外来的移民很少带着资本来的。因之，"新户是没有地"的一句话成了禄村公认的原则。反过来说，一个外来的移民，住久了，买得了农田，他也逐渐地摆脱新户的头衔。现在禄村的人民谁都说祖先是从别地方搬来的，甚至有和我认作同乡的。他们还和我讲过他们祖宗如何把本地的夷人赶跑的传说："汉人跟了明初的沐国公到这地方的时候，这一带都是些夷人；一天汉人把沸水灌入田里，把稻泡死了，夷人以为土质变坏，搬到山顶上去，才归汉人占据。"新户和旧户全是外来的，不过是迟早、先后的分别，重要的是在前者没有田，后者大都有田罢了。在这种以农业为基础的乡村中，得到农田是进入社区的重要资格。

二、流浪的劳工

以上所称的，是那些已在禄村成家而没有立业的人，他们虽则没有恒产，可不能说他们没有恒心。他们租着一两间房子，生了一大群孩子，颇有终老是乡的意思。好像康家在这村里已住上了两代。除了这些定居的新户外，禄村还有一种没有成家的单身男女。他们都是从别地方来的，既没有田，又没有专门的职业，寄居在人家，卖工度日。他们可说是流浪的劳工，时常有来有去。1938年在禄村有30多个，1939年减少了一半。

常给我们背行李的老佟就是其中的一个。他是个很能引人发噱的老人，牙齿已脱了一半。我们和他谈话，有一阵，无一阵，前后不合，自言自语，很有意思。后来我在张大舅那里听到了他一生的历史——真能代表一个十足的流浪者。他是生在禄村的，他父亲就是一个外来的佣工。到10多岁的时候，跟着他父亲去了大理。禄村少了这些平常的人，也不再记得他们了。隔了20多年，他又在禄村出现了。他自己说是拉夫拉了出来，本来家里也没有什么，回去也没有意思，所以就停在禄村。禄村人中还有记得他父亲的，所以把他留住了。他没有田地，东帮帮，西做做，一直到现在发脱齿落，还是一个光棍。他曾经想抛脱这种一世没有希望的路途。有一次，他不知哪里弄得了枝龙头拐杖，一身和尚衣，飘飘然不受戒而出家了。他冒充名僧，到处化缘。可是他命运不佳，碰着了一个内行，问他术语，他一窍不通，当场露了马脚，给那人打了一顿，赶回来，龙头拐杖也丢了，和尚衣也撕了，无精打采地回到禄村，再过他的卖工生涯。幸亏有个基督教堂，每星期还可以去做做礼拜，吃一杯茶，不要花钱。唱唱赞美诗，略略点缀他寂寞的日子。村里人说起了老佟都发笑。说他愈老愈没出息，赶着为新娘抬轿子。老佟不但年老了不愿做重工作，年轻时也如此，背盐太重，背柴太麻烦，专挑不费力的事做，见我就问什么时候上车站，别忘了叫他背行李。

张大舅家里住的那个老黄，不声不响，喝了老酒，微微地笑着，不很方正的脸上，常给我很深的印象。他刚30多岁，在村里住了已有10多年。本是邻村人，父母相继去世，他叔父把田产占了，轰他走。他是个沉默的人，性子拗一些，负了气就不再回去了。他寄居在张家，在禄村卖工。田忙时帮人下田，农闲时上山背柴，一天也能挣好几文钱。到了晚上在店里打了一斤老酒，城里去买半斤肉，自煮自酌。那天八月半中秋节，张大舅邀我们去过节，老黄买了几个月饼，一定要我们吃。我举杯向他说笑，明年团圆节，老黄也团圆了。他向我一看，好像有一段说不出的衷曲，过了一会儿，惨淡地一笑，干了一杯。我是逗着他开玩笑的，可是他年年拜着月亮，年年依旧是单身。张大妈和我说，"老黄是个老实人，现在积了六七百块钱（六七十元国币），我劝他不要胡弄个女人。钱完了，人也去了"。我是这样觉得一个流浪的劳工，成家也不是件易事。

有一次，我在房里，突然来了个十七八岁的少年，跛着一双脚，向我要药。我为他敷了药，问他是哪家的。他说住在对门，来了不久，是贵州人。征兵出来，走失了！和几个人辗转流浪到这里，既有工作，也就住下了。

单身的女子也有在人家帮工的。我们的房东去年就有一个特别矮小的女帮工。她是盆地南部一个小村里来的。家里太穷，没有饭吃，所以到禄村来找工。住在我们房东家里，有饭吃没有工钱。今年我们去禄村时，她已不在，不知又流浪到了什么地方去了。

这种单身寄居在人家的劳工,在1938年编的户口册上,一共有32个:有9个是注明原籍的,东川2,会理2,本县别村2,元兴1,武定1,四川(县名不详)1。

以上是禄村人民中没有农田,一定要出卖劳力来维持生计的人,他们是禄村劳力供给中重要的一部分。此外还有35%的人家只有不到16工农田的(表10)。这辈人并不能靠自有的农田过活。他们在农田之外一定要谋其他收入以资补贴。我们在1939年在村里所寄居的房东,就得做医生,挣些零钱,不然饭米之外的零用就要发生问题。可是有专门职业的人并不多,所以其中有一部分,也得出卖他们剩余的劳力,于是在禄村劳力市场上又多了这一辈部分出售劳力的人。

三、外来劳工季候性的接济

在禄村卖工的,并不限于住在禄村的人民。我在第二章中分析禄村劳力的自足程度时,已见到以禄村全体人口来说,即使全体动员,充分利用他们可能在农田上工作的时间,有些农作活动中也会发生劳力不足,有些农作活动中,也会发生劳力有余的情形(表6)。后来我们又说到,禄村有不少有田的人,不下田工作(二章四节),于是禄村在劳力上不能不倚靠外来的劳力了。而且因为劳力不足的情形,是有季候性的,他们只在短时期中需要劳力接济,可是并不能长期地利用这辈外来的劳工,因之我们在禄村的劳力供给上见到了季候性的接济。

据当地人和我们说:"3月里收豆时,外边来卖工的人数量最多。耘田、掼谷子都有请外边工人的。民国十七八年(1928、1929)时,卖工的多系鸡拉和中村一带夷人(离禄村有半天路程)。近年来,马街(属罗次县)的汉人最多。早年在田里做工的三个里有两个是外边请来的,现在少了,还有一半的样子。"

我们见到外来劳力在禄村农作上的重要,所以在1939年收谷时,特为这问题在田里实地调查,看有多少工人是从外村来的。当时因为我们已和当地人混熟了,所以单用自己的观察,也可以分出一部分外来的生面孔。这样调查了

三天,结果如下:

表 13 掼谷时外来劳工数目

	掼谷子家数	男工	女工	其中外来工人		占全数百分比
				男	女	
第一日	5	35	30	9	—	13.8
第二日	10	65	42	16	4	18.7
第三日	7	72	52	24	9	26.6

依我们上文中的分析,收谷及种豆一节农作中,禄村劳力是可以自足的。但是事实上,即在1939年因为公路铁路及其他村外的工作需要劳工,禄村已大大地感觉到"雇不到工"的情形下,在收谷时尚有20%左右的外来劳力加入禄村的农田劳作。可见外来劳力的接济是禄村的经营农田中极重要的因素。

我们可以说,禄村之所以能经营现有面积的农田是因为每年有大批外来的劳工参加的原因。外来劳工的来源很广,1939年我们就看见从盐兴、武定、罗次、广通来的工人,其中甚至有一人远自大理到来。我们和他们谈话后,知道他们中间大部分是自己种有农田的。可是他们自己的地方比禄村冷,稻熟得迟,当禄村收谷时,自己田上没有工做,所以每年来这一带觅工。这样说来,禄村能得到外来的劳力的接济,还是靠了区域间的农期参差性。

有一点值得我们注意的,就是禄村人民没有在农事结束后,利用区域间的农期参差性,到别处去卖工的,所以禄村的季候性的劳力供给是一种来而不往的流动。这种劳力流动的方式发生于区域间生活程度的差异。我们固然没有到鸡拉或马街去调查这些劳工来源地方的生活情形,可是即从这辈人的衣着上就可以见到他们生活程度不及禄村人民的事实。他们也曾和我说,他们地方不好,田也狭,地又瘦,比不上禄村。他们自己的农田农地不够维持他们的生活,在农闲里不能不在各处设法出卖劳力贴补家用。他们和本村没有田的人,或有田太少的人,所处的地位相同。可是他们生活程度低落的原因,并不和本村中的卖工者一般是出于社会的分化,而是在地域间土地肥沃性的差异。

劳力从生活程度较低的地方流到生活程度较高的地方。这种流动使生活程度较高的地方的劳力供给增大。农村中利用劳力的机会既有限，结果降低了劳力的价格，直接影响到吸收劳力地方的卖工者的生活程度。他们要和这辈外来的劳工竞争得到劳动的机会，不能不接受较低的工资。于是地域上生活程度的差异一变而成同一地域中不同社会阶层间生活程度的差异了。再进一步说，在农村社区中，因为工资低落，使一辈有地的人可以用较低的工资来雇工经营他们的农田，自己脱离劳作。这辈在农田劳动中解脱出来的人们，在农村中并不能寻到利用他们剩余劳力的有效机会，他们成了农村中的有闲分子。换一句话说，他们有便宜的劳力可以利用，放弃了他们利用自有劳力的机会。他们在劳力的竞争上，被外来的劳力所撵出于农田劳动的范围，同样地降低了他们可能的生活程度。从第三者看来，地域间生活程度的差异，因劳力的流动发生了平衡的趋向。这是内地农村经济中的一个重要原则。

禄村吸收外来劳工的趋势，到最近已开始逆转。一年来劳力供给非但不增加，而且日渐减低。劳力供给上发生的变迁，又开始表现着内地农村经济发展的新动向，可以先把这方面的情形讨论一下。

四、劳力供给的减少

我们若比较 1938 年春和 1939 年秋的人口数目（表 4），就可以见到很大的差异。在 20 个月内，禄村死亡了 26 个人，而出生的只有 10 个，在生和死的代谢作用中，一共损失了 16 个人。再一看死者的年龄，更有可以令我们注意的地方：出生的 10 个幼儿正和死去的 10 个幼儿相抵，其余 16 个死者，只有两个在 60 岁以上的，有 14 个都是正在农作年龄中的人。这种代谢作用，非但在当年的劳作供给上有所损失，而且不是短期内可以恢复的，因为要靠生育来填补这缺额，非有 10 多年不成。当地人民也觉得近来孩子生得少。可是说不出原因来，在我们看来，至少有一部分是因为这两年来壮年男子的大批出村，生育机会不免减少。果真是这样的话，生育率在最近几年内也许只有下降，不易上升，以生育来增加人口的希望很少。

因生死差额而发生禄村劳力供给的下降，比了因迁徙差额而发生的下降，还是少得多。在过去 20 个月中，禄村一共迁出了 74 个人，合原有人口总数的 9.3%。在同一时间徙入的人数只有 7 个，禄村一共损失了 67 个人。在这 74

个迁出的人中，67个是在农作年龄中的。徙入的都系农作年龄中人，所以一共损失了60个农作骨干。

迁出的那一批人中，最多的是在16岁到30岁的壮丁男子。直接的原因是征兵，自抗战以来，禄村一共被征9次，征出去了19人（其中退役1人，逃役2人），其他因避役而出外的没有正确的数目。依我们熟悉的人家中，家境比较好的，家里竟见不到有在20岁到30岁的男子。因为在外有正常职业的壮丁可以免役，所以能在外找得到事做的全向外跑。

比征兵更能吸收禄村人民外出的是滇缅铁路的招工。据我们所知道的，在1939年秋天，长期在外做整工的，禄村有27人之上。至于朝出晚归的人更多，从9月10日起到10月初止，每天禄村有三四十人出去做工。此外还有临时征集民工在滇缅公路上修路的，好像大水后，禄村至平浪的公路冲断，每甲派2人去抢修，禄村就出了20多人，做一星期的工。

征兵和招工所吸收出去的人口，不但大都是农作年龄中的壮丁，而且大多数本来是在禄村卖工的。比如我已说起，去年30多个单身卖工的流浪劳工，现在只剩了一半。他们既没有家眷，又没有田产，哪处工钱高，就向哪处去，所以最容易吸收出去。还有一种容易吸收出去的，是季候性的外来劳工。他们到禄村来做短工，目的只在赚一些工钱。别地方有工作机会，比禄村好的话，他们就不来禄村了。上节中我已几次提到1939年度外来劳力接济的减少。我们曾问过很多的人，异口同声地说，往年外来劳工数目比近年多。好像我的房东说1938年他请了5个川人来掼谷，掼了5天。1939年他一个也没有请到。他张罗了好几天，还是没有头绪。有一次我和他一同去请工，他找到村尽头那家没有田的穷教友家里，硬着给他定钱，可是那位教友定不肯收，因为他早已答应了别人。又好像张大舅一连好几年把田包给人耕，1939年到别村去请工，全讲不成价。第一天掼谷子时，一个别村的人也没有，到第二天才给他邀住了两个猴井来背盐的。

外来劳力的接济，虽则是减少了，可是就是在征兵招工紧张的1939年度，禄村收谷所用劳力中，还有20%左右依靠外来的接济。在禄村农田经营中，利用便宜劳力的雇工办法已成了多年积下的传统。我记得第一次见着禄村县长时他和我说："禄村人工本来不够，征兵之后，更成了问题。"同时，我们又在禄村见到很多闲散的人,这里显然有一个矛盾。这矛盾中心就在禄村并没有动员它可供给的劳力。到这里我便可以讨论那使禄村自有劳力不在农作中动员的雇工经营的方式了。

注释

① *Peasant Life in China*(《江村经济》)。
② 见《费孝通文集》第1卷,《花篮瑶社会组织》。

第六章 自营和雇工

一、换工

上章我说明了哪些人需要在农田上出卖劳力,现在我们要看一看是谁去雇用他们的。这样,我们要分析土地的所有者如何经营他们的农田了。大体说来,农田经营在禄村有两种主要方式:一是土地所有者自己经营他的农田,一是把农田租给佃户去经营,前者简称自营,后者简称租营。本章将专论自营,留着租营在下章讨论。

自营的土地所有者最重要的问题,是在如何得到所需要的劳力。最简捷的办法是自工自营,经营农田的土地所有者一家人自己下田劳作。每家自有劳力可能动员的有多少呢?禄村每家平均人口(计算时将佣工数目除外):1938年春是5.7,1939年秋是5.0(二章三节)。若单以农作年龄人口来计算,1938年春每家平均男1.8,女1.8;1939年秋,男1.3,女1.6。假定他们各家只耕自有的农田,不用家外劳力的接济,则每家可耕面积必限于他们在农作最忙期间所能耕的面积,1938年春是18工田,1939年秋是13工田(二章二节),凡是要经营较大面积的农田时,就得利用家外的劳力了。利用家外劳力的最普遍的方法是换工。换工可以不必费钱,在农忙时得到家外劳力的帮助,同时也就是等于扩大利用家内自有劳力的机会(二章二节)。

换工不但可以扩大利用家内自有劳力的机会,而且农作活动中有许多工作是集合性的,比如掼谷子最经济的办法是4个人在谷床的四壁同时掼。若要维持 4 个人同时在一个谷床上掼,则须有两个人抱谷子,和 4 个人割稻——这是一个掼谷子最经济的单位,一共 10 个人。4 个人同时掼,不但可以利用一只木床,而且精神足,工作效率大。插秧时也要六七个人一同插。一丘农田上的稻不宜零零散散地插。零散插的稻,长起来不整齐。以后的农作活动就不便安排。在这种农作技术的需要上,即使自己家里劳力足以耕种自己的农田,也需要和别家换工。

一家决定了工作的日期,隔夜可以去约定熟人互相换工。可是以往据说到早上去约还赶得及。预备卖工的男女在闸子口等着,要工的可以临时去说。若是还不够,到熟人家里去邀,大都不成问题的。赵保长 1939 年还是依老法办理,隔夜我们问他明天掼谷子请定了工没有,他说明天看谁有空就得了。可是到了明天,一个工人也找不着,他停了一天。第二天还是这样,他和妻女不能不亲自下田了。以往是工多于事,所以不须事先约定,这年劳力供给减少了,像以前那样临时配置的换工就不成。我们邻居那位"标准农民"刘大哥,好几天前就决定了哪天帮哪家的日程。卖工的整月都预先讲定了。若是劳力减少的趋势继续下去,他们要利用农期的参差性,不能不进一步作有计划的换工了。

换工并不限于本村的人,在外村住的亲戚也有来换工的。换工的性质是信用,所以一定要利用亲戚朋友邻里等感情关系。好像赵保长掼谷子的第二天,他已经嫁出去的女儿就来帮他。王大哥整个工作队伍是一个亲戚团体:两个从科甲村来的外甥,他自己的儿子、媳妇和侄女。这种例子很多,亲戚互相帮忙换工是他们认为最合理的事。可是除非是自己家里人,亲戚朋友来帮了工,一定要去换回来的。赵保长的已嫁了的女儿来帮工,隔天她家里掼谷子了,赵大嫂就去换工。若是自己不能去也得出工钱请人代去,不然一方占了便宜,他方不愿意,结果连亲戚朋友原有的感情,都会受到影响。在保公所档案中有这样一段纠纷:

> 民家贫苦,人人共知,系是佣工度命,因张××同民系是郎舅亲谊,伊家屡次请工,不给工资,家中妻孩即受俄俘(饿殍),民又不好追索讨取,隐忍受俄(饿),由此屡叫不去,该伊记恨心间……

二、女工

换工在经济上讲，是家有劳力的利用，因为要得到一个外工就得出一个家工到别人农田上去工作。于是我们还得一看家内自有劳力利用的程度。我在上文中已屡次说过，有田的人时常有脱离劳动的倾向。那么这辈想脱离劳动的人有什么劳力来和别人换工呢？这里我们可以一提禄村农田劳动中坚的女工了。有田者脱离劳动这句话，并不包括女子在内。有田人家的女子，一样要下田劳动的。以我们亲见的例子说罢，那位在烟榻上和我高谈阔论的乡长，自己虽则从不下田，可是他的女儿不但在自己田里掼谷子时参加工作，而且天天出去换工。我们在田间查看了 5 天，天天遇见她在人家田上工作。当掼谷子的那节农忙时，除了一定要留在家里预备伙食者外，禄村的妇女可说全部动员了。这时候较长的女孩子们背着弟妹，代理母亲的职务，俨然像做主妇。

女子是农田劳动的中坚，这并不是偶然的，而且和我们上述有田可以不耕，无田不得不耕的原则相符，因为女子不是农田的所有者。普通很多人以为农田是属于整个家庭团体的，这只是从享受农产物的一点上说而已。若是进一步观察，这种说法并不和事实相切合。在不准用田产来陪嫁的习惯下，女子没有直接握有土地所有权的机会。在家田产是父兄的，出嫁田产是夫家的。她在任何一家都是个没有田的人。甚至在她丈夫死后，儿子没有长大的过渡时期，她也不过是一个暂时的保管者，不能自由支配所保管的田产。有出卖的必要时，必须得到夫家族里人的同意。儿子长大成人，她保管的资格就取消了。田产得交回丈夫的承继者。农田是依着父系世袭，是男人所有的东西，女人没有份的（十章一节）。

下文中我还要详述家庭间财产分配的情形，这里我只想指出妇女之成为农田劳动中坚的基本原因，是她们在家里是个无田者，她又没有其他可以得到收入的重要副业，所以她只有以劳力来换取享受农产物的权利。娶个媳妇等于雇一个不要工钱的佣工。这不但是我们第三者的看法，也是当地人民对于婚姻功能的一种见解。因之只有十二三岁的男子，为他娶个十七八岁的媳妇是件很合理的事。

三、雇工的方式

在换工方式中，男的换男的，女的换女的，男女对换是例外。因之，要脱离劳动的人，并不能在他的妻女身上完全解决劳力问题。而且女子在农忙时还得留一个在家里管工人的伙食，不易全部动员。于是在换工方式之外，还要求助于雇工方式了。

雇工的方式有三种：长工、散工和包工。把劳力长期包给人家的是长工。他除了在农闲期偶然有些假期外，终年在主人家里。他代他主人经营农田，下田劳作，而且还要做农作以外的事，好像背运等。他是主人的代劳者，做着一切主人本来自己要做的工作。男工比较偏在农作上。女的则工作更多，农田上要她时，她得去；平时，挑水、生火、赶牛、拔菜、洗锅、喂猪，一直到晚上端洗脚水都得动手。我们第一次调查时，房东家里就有这样一个女佣。

长工的待遇是由主人供给膳宿，和每年一定的工钱。1938年男的是40元国币，女的较少，少到可以不需工钱。工钱是一年一讲。1939年别的工资都涨时，长工就吃亏了。可是事实上，主人也得在正式工资之外加钱给他。不然，在现在很容易找工作的时候，他可以辞职他去。我们第二次去调查时，不但旧房东的女佣已走了，而且据说长工们走跑了一半。

若是依1938年的工资来说，散工每天是1角国币，供给饭食，长工一年拿40元国币，比散工的待遇较高。且不说农期只有200天，即是在农闲期中也是天天做工，散工们所得的工资不过是36元。长工不但可以拿较好工资，而且不用发愁没有工作机会。但是从主人方面看，则不免不经济了。只有那些农田较多的，主人自己招呼不过来的，才请个长工，由他代替劳动。或是家里没有成年男子，长期雇一个人管管农田上的杂务。1939年禄村长工一共只有六七个。假定1938年度多一倍，也不过15个左右。女的佣工，依户口册上记出的1938年有6个。

不请长工的土地所有者愿意自己经营农作的，可以在农忙时请散工。散工的工资可以做一天算一天，或是包一两个月，农事过后，就把佣工辞退。这种方式的雇工最多。1938年的工资男工是1角一天，女工是5分一天。1939年春天男工涨到2角和2角5分，女工1角。到1939年掼谷子时，工价又涨到男工3角，女工一角半，童工等于女工。这是名义上的工资，实际工资并没有固定。因为有很多散工并不是做一天工，算一天工资，他们时常预先向雇主借钱借米，或得到了其他的好处，然后以工来回债。好像施校长家1939年有14个男工和6个女工是外村来帮他掼谷子的。他和我说这辈马街的人都是六七月间来借米，到掼谷子的时候，以工折回。又好像康大哥，七月半向张家借了两斗米，按当时的米价合1元4角，夫妇二人到张家掼谷子，依这时的工资回债。这种债贷方式有个好处，就是不必付利。葛大哥向人家牵了一头猪，回一个月工。此外还有以交情加在工资上的，好像张大舅1939年雇不着工，到掼谷的第二天，来了两个背盐的。这两个背盐的平时过禄村就住在张家，不用给房钱，到了农忙时就来帮工。张大舅很得意地和我们说，这辈人很有良心。

1939年单拿工钱出来雇工是太困难了。我们的房东寻了两个街子（12天），还是寻不着工人。拿了钱给人，还是没人要。赵保长请了两天工，一个工人也不来，结果只有他的妻和一个女儿三人下田收谷了。所以在掼谷子时实际工资已超过了名义上的工资了。

散工是以时间论工资。卖工的人对于工作没有急于完成的意向，休息一下，就去了半个钟点。我们在田里常利用这悠长的休息时间和他们谈话说笑。可是在工作效率上却很有影响。若是地主人自己不参加工作，为提高工作效率起见，可以把工作包给卖工的，由计时性质的散工变成计件性质的包工。

我们曾跟了张大妈到邻村去包工。张家本来年年把田包出去的。张大妈说这样比较清爽得多，不要受麻烦，她到了邻村一家四川人的家里，出来了几个常卖工的男子，靠着墙讲价。里面有一个是代表，可是在场的那几个卖工的全发言。张大妈心狠，说往年多少价钱，本年也是这样。卖工的就说要是米价不涨，一定可以包得下来。结果没有讲成回家了。李大哥自己病了，他妻新近死了，所以他决定把20工田的谷子，包给马街来的5个卖工的掼。一共14元国币，合每工7角，外加酒4斤，烟叶1斤，不供饭。依当时散工工钱，男工3角和女工1角5分算，1工田连割，连掼，连背要一个半男工，一个女工，合6角，但是要加上工人的伙食。所以包掼的价额，实较散工为低。可是从卖工的来说，包工时是一清早做起，到天黑才停，一男一女卖些力可以掼一工半谷子，一天可以有1元以上的工钱。从劳力利用上说，包工可以增加工作效率，增加每个人可耕面积，和减少需要劳工人数。经济上主人和佣工都有便宜。可是因为包工的要做得快，掼谷时潦草从事，留着不少谷子在稻穗上没有掼下来，收获量因之减少。所以人们宁愿多费些工钱，非是不得已，不愿包工。因之，包工方式并不能完全代替其他的方式。

四、雇工自营的利益

利用雇工的劳力来经营农田，是禄村农田经营方式的主要部分。这种经营农田的方式，也是禄村所代表的那类内地农村的特色。在江村住的农民，大多数是佃户，少数是在地地主，大多是自工自营的。所以在江村雇工的数目很低，雇工自营的方式不易见到。为什么雇工自营在江村不发达而在禄村成为农田经营的基本方式呢？一提这问题，我们就得注意到发生雇工经营的经济条件了。雇工自营和出租经营，都是土地所有者本人脱离农田劳动的结果。为什么地主们要脱离劳动，那是另外一个问题，在下文中再详述。在这里我们不妨先假定一个土地所有者已决定自己不下田，他出租呢，还是雇工自营？在选择时他要顾虑到两个条件：第一他能不能自己经营，第二是雇工经营比了出租经营利益是否较大。对于这两个条件的答案，各地不一定相同，因之选择的结果也不同。我们正可以以江村和禄村的对照来说明雇工自营的基础。

经营农田包括决定农作日历，筹划农作资本，添置农作经营工具及监督农作活动等事务。这些事务要有效地处理，经营不能离田过远。换一句话说，只有在地地主才能直接经营农田，离地地主事实上无法顾问农事。在江村，一半以上的土地权是握在离地的大地主手上，他们连自己的田在哪里都不一定知道，要他们去经营农田是不可能的。禄村大多是在地的小土地所有者，他们不能像江村的大地主一般专靠租息生活，并在大城市中居住。既然住在村子里，他们想要经营农田却很方便。而且在工商业不发达的内地，由农田上解放出来的劳力和时间，并没有很多机会可以利用在其他得利较大的事业上，不管农事，就无事可管。

可是内地农村中的小土地所有者经营农田虽有方便，却并不一定使他们自己经营。因为若是出租的获利大，他们为什么要自讨麻烦呢？所以内地农村中雇工自营方式的发达，还要有一个重要的条件，就是它一定得比把田出租为值得。雇工经营和租营对于土地所有者的利益孰高孰低是由工资和租额的高低来决定的。如果雇工经营的人支付了工资之后，所得农田的收益为数不及租额，他们就不值得雇工自营了。现在让我们来看一看雇工自营的利益怎样。下表中是假定农田上一切的工作全部雇工劳动，事实上当然很少是如此，因为如上节所说，至少女工是有一部分可以由自家供给的。

表14　雇工经营一工农田收入支出对照表　　　（收入）

类别	上等田		中等田		下等田	
谷子	1 石	8.00 元	8 斗	6.40 元	5 斗	4.00 元
稻草	80 把	0.30 元	50 把	0.17 元	40 把	0.15 元
豆子	2.5 斗	1.00 元	1.5 斗	0.60 元	0.5 斗	0.20 元
豆糠	5 斗	0.30 元	3 斗	0.18 元	1.5 斤	0.09 元
毛豆	1 升	0.50 元	0.8 斤	0.40 元	0.5 斤	0.25 元
总计		10.10 元		7.75 元		4.69 元

（支出）

工资（全部劳作雇工经营）男工　8.5　每工 0.10　共 0.85 男或女工　1.5　每工 0.075　共 0.11 女工　10.3　每工 0.05　共 0.52		…1.48
工人伙食（男女平均每工每日约8分）		1.62
雇牛犁田		0.15
牛及工人伙食		0.05
种子　谷子一升　0.08 　　　豆子一升半 0.27		0.35
肥料		0.24
工具折旧		0.10
耕地税及附加（每亩约 0.45）		0.18
总计		4.17

若是要严格地为农业生产作成本会计，有很多技术上的困难。表内所载的，不过是我根据当地人民给我的估计，使我们能够得到一个笼统而大概的认

识罢了。其中有很多地方还须详加注释。

从收入方面说，农产品并不常是从田上收下来就出卖的，有大部分是用来自己消费和用来再生产的，好像谷子碾成米和糠，米煮成饭自己吃，或给雇来的工人吃，糠用来喂猪，稻草用来喂牲口，牲口用来运输。这是农村经济的自给部分，不成或不直接成为商品。严格来说，这自给部分是没有价格的。我们把它们以钱额来计算，完全是为方便起见罢了。可是根据什么时候的市价呢？过去两年里物价变动很大，依理我们不能依一个时候的物价来估计，因为各种农产物的收获并不同时的，谷子和豆子的收获期就相差半年。可是我们并不能这样详细地计算，所以依旧都是根据1938年11月的市价。关于物价变动对于农村经济的影响，下文专门讨论（九章四节）。

很多农产物是用来再生产的，或是改变了式样再用的。谷子碾成米、碎米和糠。以市价来说，谷子的价格不等于所分成三者市价的总和。我们在上表中的项目是指农产物离开农田可以成为商品的第一阶段的形态。

各丘田的收成，并不是一律的，我们虽分成三等，但是实际上差等没有这样的简单。同一丘田每年的收成可以不同。若是前一年肥料没有下足，下一年生产就降低。当年插秧时没有挖足，稻就长得可以又矮又瘦。我们曾比较收成不同的田里，每穗谷粒的数目，最肥的超过300粒，普通在200粒和160粒左右。老五爷的田土质是算好的，可是挖得不足，又没有下肥，竟降到110粒，上表的估计是就大概的情形而说的。

为便于比较起见，我们不妨把禄村农田的产量合成英亩（acre）及蒲式耳（bushel）计算（1英亩合6.59亩或17.13禄村当地工，1蒲式耳合36.36公升，每当地石合3.5公石），禄村上等田1工收谷子1石，合1英亩可收谷子165蒲式耳。1石谷子碾成米4斗，1英亩可收米66蒲式耳。次等田1工收谷子8斗，合1英亩收谷子132蒲式耳，或收米53蒲式耳。依这数目说则禄村农田的产量比太湖流域普通农田的产量为高。我在江村调查所得，每英亩约出米40蒲式耳。[①]据巴克调查中国各地农田产米量相差很大，最低的有1英亩只出22蒲式耳，最高的出169蒲式耳。西南产米区域，就是云南、贵州一带，平均每英亩产米97蒲式耳。[②]这个数目曾引起我们的疑虑，据著者自注，亦觉这些数字或有错误，错误之起，认为或系折合地亩不正确所致。我的猜想也许是在调查者把 rice 一字译作谷子所致，换言之，调查者没有注意到谷子和米的分别。禄村是云南有名出米的地方，1 英亩依我们的计算，共出谷子 165 蒲式耳，和巴克所用产米额 169 蒲式耳很相近。而且我们在调查时知道云南的农民不常用米来计算农田产额的，我们每次询问时，总是以谷子回报。巴克的调查即是间接派人去实地询问，也容易发生这种错误，在该书农作谚语的翻译中，谷字全译作 millet，③可见作者没有注意谷子在云南既不是 rice，又不是 millet，而是 grain。

谷子收得多的田，豆子不一定多；谷子收得少的田，豆子不一定少。谷子最好的下沟田，根本不宜于种豆。豆的收成变化更多，而且并不是全系于土质，大部分靠天时及其他农民都不很明了的原因。当我们和禄村朋友们讨论农田收成时，对于谷子一项，大家都很快很坚决地说："好的 1 石，也有出头的，差一些 8 斗。"可是问到豆子时，总是说："那可说不准。"我们上表中把谷收豆收都是最多的列为上等田，是依收入最大而言，并不一定指土质肥的田而言。

禄村量米的单位是石、斗、升。因为各地的单位名称相同而容量很有差异，所以我们曾合成立公分（cc，即厘米）。一当地斗等于 3 500 立公分，一当地斗等于 3.5 公斗，一当地石等于 3.5 公石。我们更把 1 公升米用秤校过，得 8.8 公两。一当地石米得 308 公斤，或是 513 市斤。当地称他们的升是 5 斤升，和我们实际称衡的结果是相合的。杂量的容积，虽是用同样的升和斗，但是要堆满成一个金字塔的形式，和量米时不同，因为量米时是沿升口削平的。这两种量法相差约 1/10。杂量每升应合 3 850 立公分。有了这标准，将来和别地方的收成比较时较为方便。

从支出方面说，也有几点应当加以说明：

支出方面不同等的则田也略有差异，好像肥料，上等田可以不用，而下等田需要得多；豆种，上等田可以不到一升半，而下等田有时需 2 升，但这些差异很小。为简单明白起见，我在支出方面统一计算。工资部分是根据我在第二章里的估计（表 1），其中有 1 工是男女都可以担任的，我们假定男女各做一半，所以，每工工资以男女工资平均数计算。

在支出部分所根据的价格，也是 1938 年 11 月的情形。这时的工人伙食，据他们的估计，每人不论男女，是 8 分。这种估计也是就普遍情形说的。因为各种工作中所预备的伙食又不同。耘稻、收谷不招待荤菜。在插秧、挖田等工作时，要预备酒和肉。这可是也有例外。好像 1939 年李大哥把他的田包给马街的人掼，就添上 4 斤酒 1 斤烟叶。外边请来工人，尤其是夷人，酒时常是必需的，他们做工的时间也较长。

禄村的农田每年要犁两回，1 头牛一天可以犁 8 工田，1 工田要 1/4 天。1 头牛一年可以犁 40 天。做工的时候喂蚕豆、糠和草。禄村养牛的有 19 家，一共有 26 头可以工作的牛，没有牛的人家借牛来犁，每工 1 角 5 分，并供给这天工人和牛较好的伙食和烟酒，一天约要 2 角，每工合 5 分。上表中即根据借牛犁田的价格来估计。

1 工田所需的种子虽有一定，但是像 1939 年一般就因为气候转温得迟，糟蹋了一份种子。这是特殊情形，所以没有算入。豆种则田愈好，所要的种愈少，好的田 1 工只要 1 升豆子。上表中以普通情形做标准。

肥料一项，最难估计。主要的肥料是各家自有的粪秽（包括人、猪、牛和其他牲口、家畜的粪），肥料大多是自足的，用不着去买。要是自产不足，可以叫小孩们一早去路上拾马粪。再不够，可以用稻草向马店里换马粪。稻草在往年可以便宜到不值钱，田里的稻草太多了，背回家也够麻烦，很多就在田里烧了当肥料。只是马店里缺草时向人家田里去背，才要费些工钱。1939 年马店生意太好，村子里稻草没有好好保存，因之，在秋天，新稻没有上市时，稻草价钱涨到 5 分钱一把。稻草价钱高，肥料的价钱也高，因为肥料是用稻草去换来的。一大堆草（320 小把，合 4 工上等田的出产），换一槽马粪（有 40 背）。在 1938 年 1 背粪不到 4 分钱。1 工田下 2 次粪，每次 3 背，所以每工田若是完全以马粪来做肥料，约 2 角 4 分。下肥的数量因田而异，好像近村东南一带的田，不下肥的，下了肥谷子太多太重，没有熟就倒了，要不得。只有那些中下等田才需要肥料。每年下 2 背粪可以维持平常的产额，若下 10 背粪可以使年出 8 斗谷子的田提高到 1 石谷子。10 背粪在 1938 年也不过 4 角钱，2 斗谷子值 1 元 6 角钱。从经济上说，大家应当多下肥了。可是肥料的供给以自给为主，用草去换，为数有限。马店主人和我们说他们的马粪是自己要用的，除非草不够时才去换草。肥料市场的狭小，使需要肥料的人家得不到肥料。养猪主要原因之一，就是在求肥料的自给。禄村农田产量受着自给肥料量的限制。所以，依我看来，肥料的供给若是能提高，可以使一部分中等的田增加20%的出产。这显明了禄村农田有一部分还有力量吸收资本。在这上边若是农村金融机构能加以改良，在农村经济上可以很有助益。

在表1中我曾把各种农作活动所用工具加以注明，藉此可以见到禄村农作工具的简单。普通不养牛的人家，犁和耙都不必买，只要有两三把铁锄，两三把镰刀，每把5角计算，大约3元左右。这些东西用上10年也不容易坏。若是用旧了可以到铁匠那里去打一打，出出新。其他工具好像木耙、链杆、点豆桩、背架、木床等都是些木器。全部在内不到20元国币，也是可以用七八年。据当地人民估计，一家一年不过添上1元5角的工具，以每户15工田计算，1工田不过1角的工具折旧。养牛的人家工具资本较大，一头牛1938年要值80元，一个犁，一个耙，要值16元，喂牛一年要900把稻草，犁田时加每天1升豆，1斗糠，还要一个小孩白天去放牛。晚上要一间牛房。可是这头牛，可以租出去工作，它可以在40天内犁160工田（每工犁两遍），收入租钱，1938年是24元，1939年涨到5角1工，共约80元，而且犁田日子的食料是由租用人家供给的。此外，一头牛，一月可以有50背粪，每背30斤，一头牛可以供给近80多工田的肥料。

1938年耕地税，依耕地册所载，上上田每亩3角新币，即一角半国币，上中田2角4分新币，即1角2分国币，上下田1角8分新币，即9分国币，附加税是耕地税的一倍。

支出部分普通1工田共付4.17元。若以此和收入部分相比较，一个完全雇工经营的主人1工田，上等的可得5.93元，中等的可得3.58元，下等的可得0.52元的利益。

一个土地所有者全部靠雇工来经营农田，要有多少工田才够维持他一家的生活费用呢？普通一家，一年需要有200元左右的开支（农田经营费用除外，因已算在雇工经营的部分中）。若是上等田则需有34工，中等田则需55工，上中等各半则需44工。这样说来，禄村有资格雇工自营的不过10家，合全村户数的9%。可是我已说过在禄村即是最富有的人家，也不浪费家有的女工。若是女工自给，则每工田可以多得1元4角左右的利益。上等田可以得7.3

元，中等田得 5 元。有 27 工上等田的，或 42 工中等田，或 30 多工中上等各半的田，就有资格雇工经营了。以全村户数说，约有 20% 是可以雇工经营的。若从有田者说，约有 30% 左右是除女工外，可以全部雇工经营。而且我们接着还要讲到，租额较雇工自营利益为低，所以有不少租人家的田的，也雇工经营。实际全部脱离农田劳动的男子，可以在 30% 之上，部分脱离劳动的为数更多。

注释

① *Peasant Life in China*（《江村经济》）。

②③ *Land Utilization in China*，第 223～242 页。

第七章 租 营

一、租额和经营面积

没有农田的人可以佣工的性质出卖劳力，除了长工他们只负劳动的责任，而不顾问经营农田的事。他们按工作的时间或成就得到工资，农作收成多少和他们是没有直接关系的。他们不受农业风险的影响。没有田或有田不足的人，租人家的田来经营则不同，他们每年向地主缴纳一定的租额。地主把农田使用权交给佃户之后，可以完全不管。佃户预备种子、肥料、工具，亲自或雇工劳动，得到的收获，除去应付租额外，都是属于他的。他不但要管理农场上一切事物，而且担负农业中的风险。

租额以谷子计算：年出1石谷子的田纳租6斗，年出8斗谷子的田纳租5斗。可是事实上很有出入。比如陈大哥有10工田是"分栽"的，就是地主和佃户各得所收谷子的一半。又租文昌公5工田每年可以收3石谷子，租额是1石，合1/3的谷收。又租庄科的大公25工，每年可以收18石谷子，租额是10石，合谷收55%。康大家向本村周家租田4工，去年收2石5斗谷子，出1石5斗谷租，合谷收60%。前9年只收租谷1石2斗，后因为收成较好，所以加收3斗。这份田已经租了有10年。王大哥租他堂兄弟的田，每工可以收1石谷子，只还4斗租，约40%。这样看来谷收60%的租额，只是普通情形下最高的限度罢了。即以谷收60%来算，上等田租谷6斗，在1938年是4元8角，和雇工自营比较，地主少得近1元的利益。若是"分栽"的，地主只能得到5

斗谷子，比雇工自营少收1元5角以上的利益。把田租给人耕，不如自己雇工经营是禄村人民公认的。这样讲来，谁愿意把田租出去呢？若是没有人出租田，也就没有人租得着田了。

以私家所有田来说，出租的确很少，据我们知道的禄村各家所有田1 800多工中只有140工是租出给人耕的。在这140工中，还有大部分是因为田地离村太远，住在禄村的地主无法自己去经营；小部分是因为家里没有人去经营，暂时出租的；还有些是亲戚间帮忙性质出租的。好像赵保长的二婶家里只有妇人，所以把田租给侄儿们种；王大哥的堂兄分着的田太少，不能过活，所以王大哥让他租4工田。

若是从禄村人所经营的农田面积来说，总数有2 800工以上，约合1 080亩，他们各家所有田只有1 800多工，相差有1 000工，这些大都是租来的，出租的是团体地主。禄村团体所有田约240亩或约624工，别村团体在禄村所有田约23亩，合60工。这些差不多全是由禄村人所承租，除此之外，还有住在别村的人在禄村所有田，而把田租给禄村人种的。我们在耕地册上查得有四家大地主，在禄村一共有近100工的田。此外尚有200多工是禄村人租别村地主在别村界内的田，好像上述陈大哥在庄科租他们的大公。我们若单从各家所经营（不论自营或租营）的农田面积而论，分配的情形如下：

表15　各家经营农田面积分配表

农田面积	户　数	百分比
0	18	15%
1～5	6	16%
6～10	8	
11～15	6	
16～20	14	48%
21～25	19	
26～30	25	

续表

农田面积	户 数	百分比
31～35	7	
36～40	9	
41～45	2	
46～50	5	21%
51～55	0	
56～60	1	
61～65	2	

把这各家所经营农田面积分配表和各家所有农田面积分配表（表10）比较一下，我们就能见到前者比后者较为平均。不经营农田的只有18家，而没有田的却有38家。全村户数中35%所有田不到16工，但只有16%所经营田不到16工。近一半的人家都经营从16工到30工面积的农场。这表明很多没有田和有很少田的人，靠租田的方式得到经营较大面积的机会。

表16　佃户所有自田分配表

所有田	户 数
0	19
1～5	13
6～10	17
11～15	7
16～20	1
21～25	1
26～30	2
31～35	1
共　计	61

租营的方式下也可以雇工劳作的，而且因为雇工来经营租田还有相当的利益，所以有些人家自己有相当的田而依旧设法去租入一些田。上表中就可以见到这种情形。

二、租佃关系

禄村佃户的地主大部分是团体，这是值得我们注意的，因为藉此可以解释禄村租佃关系的特色。团体所有田只是所有权的集合，不是经营的集合，所以所有的田都是租出去的。管理农田经租的人是团体里的管事。这辈管事，上文中已经说过，很多是为着私人利益打算，把这位置视作肥缺，从中取利是一件公开的秘密。承租的人有大部分是团体中的分子。以族田说，本族中生活较苦的可以要求族里租田给他。他们虽名义上有交租的义务，但是他们若拖欠，管事也没他们奈何。我和文昌公的旧管事谈起他们族田的情形。他就说："以前不是大家分了么？族里没有一文钱到手。我收住田契不放，尽他们闹，卖总不能卖。他们告到县里，说我霸占族产。我说，田契都在，一张不少。可是我不能放手，一放手就散了。后来我和县长说妥，租族里田的，也得交租，族里的公事才办得成。这样，总算好些。可是收租总是不容易的。"我们问他现在还有不交租的么？"自己族里人，没钱还得给他，不纳租有什么办法呢？"

管事的若是清白些，还能说话。不清白的，佃户和管事大家相让些，让不开口的公家吃些亏。我们旧房东是松园公的管事。一天早上，有几个族公的佃户来交租，一个是房东的长辈。他们背了一袋谷子，一直向楼上谷仓里走。房东就拦住他们："抦一抦（量一量）再进去。"这可难为了那位长辈了。一个年纪轻的接口说，"还有抦么？"房东的脸不很好看："这又不是我自己的。公家的东西，我赔不了账。"佃户们都有些生气，坐了下来。结果抦了，才放进仓里去。

后来我们的房东就和我们说："就是这些不容易办。租给族外人，爽快得多。"不抦入仓是普通的办法，族里管事不硬一些，没有法子阻挡的。结果自然是名义上的租额和实收的租额，相差多少都没法知道。

禄村的地主虽说是有撤换佃户的自由，可是以团体地主来说，这种自由有很多事实上的限制。租田在佃户方面既然有好处，若是管事的把他撤退，打击他生活的基础，自不肯轻易甘休。他若是团体中的一分子，可以从别方面来破坏管事的地位，因为管事是团体各分子所公推的。管事们清白的话，还可以站得住，不清不白的绝不敢结怨人。于是佃户撤换不易发生。事实上，佃户常有相当永佃权的性质。

在亲戚私人间的租佃关系，并没有上述互相占公家便宜的情形。租额常比普通为低，可是，在佃户能力所及之时，不容易有故意不交租之类的事发生。租佃关系摩擦大都是在没有亲戚关系的地主和佃户之间。在保公所的档案有两件关于租佃纠纷的案子：

一、民有田一分坐落×××，有同村住人×××声称，帮伊兄租此田耕种，未有结果，不知几时，伊兄就混迁往住。伊兄来时民以令伊写租据，赖伊总不写来，累屡催伊，反言租约×的也。多直拖处至今。以是四年都未写来。每年之租或1石或2石，伊自主。民已隐忍数次。去年民往收租，要伊3石，伊只给2石。谷子虽多，奈伊估抗不给。民无法，只得向伊好言，明白告伊：今年的，吾岂能忍，明年汝要栽种，非4石不可，并要写租据来，方可。若你不种时，你还我田，我另招佃。此时伊亦不应，亦不言种与不种之话。民就回家，故伊租据也不写来，作往栽种。至今年亦估抗，只给二石。民向伊要，伊反恶言估抗。伊言随报何机关，他是不惧的，将复有行凶之势，民见伊凶恶，只得速避，不然险被伊殴打，民无奈，只得具实呈报。

二、民松园有田一分，坐落×××，栽工12个。于1923年租给村内住民孙××耕种。当中证陈××言定每工纳租谷6石，有保人一力负责，不欠升合，候到1937年秋季，应纳租时，伊只背租谷3石2斗挦给民，尚欠2石8斗。不言不发，至今越期半年之久。屡次收取，不维不挦，反出抗意，以恶言对民，现今无法，据实呈报。

在以上两个案子中，我们可以见到地主们并没有收到足额的租米。第一案中所谓"每年之租或1石或2石，伊自主"。第二案中，也不是佃户在1937年突然少纳租米，亦是积欠很久，成了习惯，所以要他足额纳租时，反而恶言相对。地主们对于这种情形，显然是"无奈""无法"而不能引用他撤佃的权利，把田收回来。更使我感到兴趣的就是这类案子调解的结果，并不完全站在地主一面，和我们在江村一带惯见的情形不同。

第一案的调解判词如下："1938年度所收2石外，再加1石，合洋50元，限半月交清。又1939年度之租，系由××（佃户）之亲张××主张公道，定为每年4石,就本乡内,定立租约,以3年为限,如不愿栽,及早退佃。"第二案的调解判词如下:"令伊抔出1石5斗偿负债,抔交管事,余欠8斗作让。"

第一案中1936、1937两年的欠租没有追究,1938年度只断3石租,地主方面认了一些亏;第二案中,地主让了8斗租。这样看来,禄村的租佃关系中的佃户有相当的保障。这是因为私家的地主数目少,团体地主并不太热心于自己利益的争取。因之,在禄村租佃关系比较上不太紧张。也是因为地主不易对付佃户,所以有田的人多采取雇工经营的方式。在禄村土地关系中,有一特色,就是它的重心不在租佃之间,而在雇佣之间。

以上两章中,我已把禄村的雇佣和租佃的两种关系叙过。在进入解释这些农田经营方式的心理基础之前,我愿意把别人在禄村调查过的一些旧账,翻出来比较一下。

三、评云南省农村调查

关于云南农村状况的参考书,最普通的是1935年商务印书馆出版的行政院农村复兴委员会丛书《云南省农村调查》。这是1933年12月至1934年2月止3个月内,复兴委员会派员在云南5县26村调查的报告。这是一篇5年前的旧账。当我开始在云南内地进行农村社会经济调查时,就想根据这篇旧账和5年后的情形对照一下,看这一段时间中,内地农村中有什么重要的变化,所以我们挑定禄村,因为这是在旧账中有记录的。

复兴委员会那次调查的中心,可说是在土地权的分配问题,他们根据租佃关系来把村户分类,从而说明农村的结构,分类的范畴就载明在该书开卷的第一页的凡例上:

> 自己之田完全出租而不耕种者为地主;一部分土地出租一部分自种者,为地主兼自耕农;自种自田而不租种人家土地亦不出租者为自耕农;自种自田又租种人家土地者为半自耕农;完全租种人家土地者为佃农;自己不种田赖做工为生活者为雇农;既不耕种又不做雇工者为其他村户。

这详细的分类,用在禄村一类的农村中,却发生了很大的漏洞,因为禄村的土地制度的基础是在雇佣关系,而不在租佃关系上。他们所列为自耕农一类中的村户，就包括了两种不同性质的对象，一种是雇工自营的，一种是自工自营的土地所有者。自耕农定义中的"种"字，究竟是指经营，还是指劳作？若是不分的话，则禄村的自耕农就不能和江村的"自耕农"相比，在解释禄村的经济结构时，不易避免混淆之弊。

让我们且看看他们调查的结果如何：禄丰县6个村子的结构是这样：地主兼自耕农7.83%；自耕农12.93%，半自耕农44.58%；佃农12.05%；雇农3.61%。①

这些数字告诉了我们几个重要的事实：一、这6个村子里没有一家是把田完全租出的，即使部分租出的也只有少数。二、最大多数是半自耕农，即那些有一部分田是租来耕种的农家。三、没有田的佃户和专门卖工的人占小部分。四、村子里没有既不耕种又不做雇工的其他村户。这几个事实合起来看：租人家田的为数很多，出租田的人家为数很少。我们可以推想到两种可能的情形：或是地主兼自耕农所有农田面积极广，可以分租给大批的半自耕农和佃户；或是半自耕农和佃户们各家所租的农田面积极小，他们有自家的田或其他职业来维持生活。该书所载各类村户所有田亩百分比如下：地主兼自耕农37.02%，自耕农31.15%，半自耕农31.83%。②这样看来，前一个推想似乎较为可能。可是该书却又说："既然没有大地主存在，分配的程度尚称平衡。"③这使我们在调查以前发生了很大的怀疑，究竟谁把田出租的呢？

上文中我已回答了这问题，出租田的地主是团体。云南省农村调查的调查者，大概是因为他们的表格上只限于村户，所以禄村的重要地主无法在这张表中列入。他们并不是不知道禄村是有团体地主的。在另一个地方曾说禄村全县，除族产外，公产占全县熟地面积3.98%。④也许他们觉得这数目太小，所以在讨论租佃关系没有把这些地主提起。不幸的是他们得到的数目和事实相差太远，而且更不知道为什么要把族田除外。

我在上文中曾说私家不愿意把所有农田出租，因为租额太低，不如雇工自营。这是我解释禄村土地制度的主要理论之一。可是复兴委员会的调查结果，却和我的理论刚刚相反。

据该书所载：租额对于正产量的百分比有高至100的。即以禄村来说，据他们的调查，租额占正产量83.3%。⑤这个数目若是正确的话，我们似乎很难找到有田人不愿出租的理由了。除非这地方的出产量特别高，副产多，工资低，使一辈农田不够的人，愿意承担这样高的租额做佃户或半自耕农。关于农田上的出产，除了谷子之外，旧账上并无记载。禄村谷产上等田每亩540斤。⑥依我们的折合是每工田出产6个当地斗，或2.1公石，这数目比我们调查所得的还低。若以谷租83.3%计算，租1工田的人家，只能得到4公斗的谷子，或1.6公斗的米。一个成年人，依我们的估计，每年单是米粮至少要消费2.5公石，所以一个租不满16个工田的人，连个人的饭米都吃不饱。农田上除了谷子之外的收入，以种豆的两熟田论，依我的估计，只合谷收的1/4，为数也很微。不租田而卖工如何呢？旧账上说："忙时男工每日3角，闲时1角5分；女工忙时1角5，闲时1角。"⑦伙食如何不知道。货币单位据说是当时的国币。我们不知道当时的物价，固然无法确说这种工资是高是低，可是男工每日3角和女工一角半的工资，正和1939年10月里的工资相等；而1934年的物价绝不会超过抗战时期的物价。所以这数目在当时一定是很高的了。在这一种数目中，我们绝不易求得一个充足的理由来说明出租田的私家地主为什么很少。

数字不太正确罢？我们不能不这样怀疑了。我们自然无法确然知道5年前的情形，但是以现在所能见的情形来做推论的基础，也许可以凭常识来断定，上述的数字是不可能正确的。我在上文中已列举禄村实际付租的个案和保公所调解录上的记录，租额没有超过60%的。而且从没有听见人说过，在他们记忆里有把全部谷收交给地主的事。我们真不明白为什么复兴委员会的调查委员会得到这样的数目，岂是为了政府有减租计划而特地编出来作宣传的？我很希望著者能把他调查的方法公布，免得后来的人得到错误的知识。

我在上文中又说禄村雇工自营比出租田的利益高，是工资低的原因，工资提高了，这种方式就会逐渐减少。可是这种说法和旧账上的记录又发生了一个矛盾。旧账上不是明明说雇农只占全村户数的3.6%么？哪里来许多佣工？佣工少，工资如何会低呢？再查旧账这个矛盾在他本书中已经存在。书上说："地主兼自耕农完全是雇有雇工的，自耕农和半自耕农约有一半有雇工的，佃农亦有少数雇用雇工的。"⑧依他们的数字，真是会推想出这一批农民是不会作经济打算的了。以谷收80%以上的租额租了田来，还要用3角钱一天的工资请工来劳动，他们除了赔本贴钱之外，有什么可以得到呢？

即使说他们的调查只以村户为限，佣工的数目也不应如此低，何况要说明云南农村经济时，决不应把重要的单身卖工者和季候性劳工的移动，闭目不视。若是只为填表格而去调查的，也该看看各个数字间有没有矛盾存在，何况这种调查的目的是在"复兴农村"呢？

四、关于调查方法

这里我们不妨根据云南省农村调查的缺点来说明实地考察方法上应当特别注意的地方。以前有很多国内举行的社会调查，依我们所知道的，是在调查之前，预先制定了调查表格，表格中每项每字的意义，事先预为规定，然后把表格发给调查员，由调查员依表格上的项目，去找人来回答。这些填好了的表格汇集起来，再找人统计一下，有了结果，由"专家"根据这些数字来推论所调查的社区的形态。这种方法我们认为极不宜采取的。一个和所要调查的现实没有直接接触的人，他不能发现这社区中所该用数量来表现的是什么项目。他不能凭空或根据其他社区的情形来制定调查的表格。他这样做，实已假定他对于没有调查的社区已经明白了。不然他怎么知道这社区的自耕农和雇农等是成为类型的呢？这种自以为已明白的假定，在科学工作中是最危险的。一个预定的概念，不常能应用在一个新的现象中。若是调查者在事先预备了一套概念，亲自到要调查的地方去观察，他可以现实来修改观念，使它更能适合新的现象，那是一切科学工作普遍应用的方法。过去社会调查的缺点，就发生在"分工"上。规定概念和解释现象的是一些"专家"，而实地观察的却多是一些没有很深科学训练，甚至对于调查工作本身没有多大兴趣的"雇员"和"学生"。和现实接触的人，没有修改概念的能力和权力，他们的工作是依照表格填写。结果是用了死的表格来说明活的事实。无论统计得如何精细、正确，想藉此材料来说明一个地方社会制度真实的活动情形，至少是很不容易的了。

我们决不是反对数字，凡是能有相同单位的现象，用数字来表明是最精确的办法。我们也不怀疑调查时应当利用表格，因为表格可以帮助一个调查员有系统地记录他所见所闻的事实。我们不能苟同的就是上述那种制定表格及规定表格中各项意义的手续，和应用表格时的态度。至少在学生中，有很多把"社会调查和研究"看做"填表格—统计—写报告"的机械工作。这是我们认为极应纠正的错误。

我说这种见解是错误,因为一个社会学者去实地观察一社区的活动,他的任务在寻求人类社会生活中的基本原则。他不但是一种社会活动的记录者,而且是一个解释者。他想藉一些事实的共相来说明个别事实的意义,换句话来说,就是在说明各种活动对于人类生活上所有的功能。因之他不能以记录事实为已足,而要在事实中构成他的理论。

很多社会调查者,认为他们的责任是在供给素白的社会事实,让其他的人去利用这些事实来制定政策或构成理论。这种分工也许可能的。可是即使假定社会事实是可以素白地加以记录,我们也不能相信一个和实际事实没有亲密接触的人是最配解释这些事实的人。假如这分工是彻底的话,记录事实的人很难决定记录哪些事实可以满足政策或理论的设计者的需要。社会事实复杂众多,决不能一一加以记录,而且也不是一一与某项政策或某种理论都有相同程度的关系。任何观察都决不能对于全部事实周全顾到,更谈不到全部加以记录。另一方面,政策或理论的设计者若全要靠别人的报告,自不易得到所需要的事实。所以事实上,所谓以记录员自处的调查者时常是直接或间接受政策及理论设计者的雇用,在预定的范围内,加以观察和记录。结果使调查者以为可以只以技术人员自视,置调查的目的于不问。

在行政上,也许这种分工的办法是行得通的,可是在学术理论上我们认为这种分工有相当的危险。这一层意思在本节里所举的几个例子中已经可以窥见。既有这种危险,我们认为学者自己是应当直接在可能的亲密的观察中去采访一切和他的理论有关的事实。他在实地里检讨他原有的概念,他在实地里发现新的问题,以求他自己认为最充分的了解。这样,社会科学也许更容易得到较健全的基础。

注释

① *Land Utilization in China*,第 131 页。
②③④ *Land Utilization in China*,第 129~131 页。
⑤⑥ *Land Utilization in China*,第 154~161 页。
⑦⑧ *Land Utilization in China*,第 154 页。

第八章 生 计

一、传统经济态度

不论雇工自营，或是把田租给别人经营，土地所有者脱离劳动的倾向是相同的。我们已见到这辈不劳动的地主，可以得到农田产量的一半以上。可是不劳动可以获得农产，并不能单独成为地主们脱离劳作的理由。雇工的工资无论如何低，租额无论如何高，人们不亲自劳作，总要分一部分农产给佣工和佃户，若是他能利用自己的劳力在农田上，除非在农田上释放出来的劳力可以利用在其他更有出息的事业上，他全部的收入，一定比雇工或出租经营为大。单以禄村自身说，因为职业分化的简单，农家副业的不发达，在村里除了农田之外，能吸收劳力的事业不多，即便有的话，好像背运等，也大多是那辈没有田的人在农闲时所干的营生。那辈脱离了农田劳动的人，在我们看来，在农作中省下来的劳力，并没有在别的生产事业中加以利用，很可说大部分是浪费在烟榻上，赌桌边，街头巷尾的闲谈中，城里的茶馆里。这样说来，他们既不做别的事，农忙时一样闲，何以一定要去雇工劳作，一面付工资，一面自己闲着呢？要是他们自己去劳动，这笔工资不是可以省下了么？

若是说他们不会打算，或是不作经济打算，在我们看来，也不尽然。可是他们打算时所采取的方法，也许和一辈受过西洋现代经济影响的人不同罢了。我们在这里不妨分析一下这种宁愿少得不愿劳动的基本精神。

本来经济一词是极难加以定义的，因为这是相同于当时当地的人生态度。

19世纪以来，西洋论经济者大多以"最少痛苦来换取最大快感"，作为个人经济打算的基本原则。依这种快乐主义者的假定来说，人生来有种种欲望，欲望的满足是快感，可是要得到快感，人们得获取用来满足欲望的东西。这套东西不是全能毫不费力地直接取之自然。它是有限稀少，需要人们费一番手脚，加以搜集和改造才能发生效用。在这创造效用的过程中，我们得忍受一些痛苦。这样说来，人生的快感是要以痛苦来换取的。在这矛盾上发生了经济。经济就是如何以最少痛苦来换取最大快感的打算。每个人都这样打算，这样考虑，相互间合作来达到这目的而发生经济行为。行为所循之方式固定化而成经济制度，造成一个社会秩序。

依这种说法，人类行为可以很明白地分为两类：一类行为的目的是在忍受现在的痛苦创造将来可以享受的效用，一类行为是享受的本身。前者是生产行为，后者是消费行为。不但在普通经济学课本中可以分章分编来讲，而且在现代都市中生活的人，也可以此来把周日和周末，工厂办公房和海边娱乐场，分成两部分：一是痛苦的生活，一是享乐的生活。甚至于我可以相信，他们周日工厂里劳作的目的是在得到享受周末海边上迷人的一刹——他们为了要追求人生的快乐，所以愿意在尘嚣中受罪。

一个人若把欲望看做快感的导线，若把人生的意义放在追求最大的快感中，他势必让欲望加速地推进。他依赖于外来满足欲望的地方，也因之愈来愈扩大。他需要支配外界的能力，也愈来愈增加。他愈想享乐，增加消费，愈须生产，耐苦劳动。

快感的憧憬，痛苦的忍受，在这种经济逻辑上一搭配，很容易在时间上把两者愈拉愈远，远过于一个人的寿命，远过于普通常识所能保证的限度，甚至远过于寻常人世可以出现的机会。结果，很可能一个人耐了一世的苦，没有享着半点尘世之福。因之，独具慧眼的桑巴特（W. Sombart 德国社会学家、经济学家），韦伯（Max Weber 德国著名社会学家、经济学家）以及托尼（R. H. Tawney 英国著名经济学家）等同声地说，西洋现代资本主义的基础是深深地筑在中世纪传下的宗教精神上。那种把利润作为经济机构的枢纽，作为企业的目的，作为人生的意义，本身是充满着宗教色彩的，是忘却了人本的结果。靠了这种宗教的信仰，他们在尘世之外另设天堂，把痛苦和快乐两端用肉身的死亡来作分界。

今生是苦，来世是乐。于是今生只要从事于生产，再生产，消费不成了目的，只是成了刺激生产的作用。有上帝来保证，天国里有永久的最上的无穷乐土，一个只有消费，没有生产的经济。快乐主义和苦修主义在这里携了手。为消费而生产的自足经济，蜕变成了为生产而消费的现代资本主义的经济。可是基本上，经济的逻辑还是筑在"以最少痛苦来换取最大快感"的一种假定上。

从人本主义的立场来看，这种从快乐主义蜕变出来的苦修主义似乎是太迂了。他们把追求的目的，远远地推到了渺茫之境，把原来的手段看成了目的。生产是增加物品满足人们欲望的能力，这种能力一定要和消费者发生关系之后才能出现，所以生产本身是以消费为不可缺的完成条件，效用并不是物的内在性而是和消费者所具的关系。若是农夫们辛苦一年，田里的谷子给一阵大水冲了去，几十天的劳动是白受罪，没有生产什么。即使谷子收起了，藏在仓房里腐烂了，吃不得，正和给大水冲了去一般，这批谷子并没有发生经济效用。因之，劳动本身不一定是生产活动。谷子本身也并不一定包含着效用。劳动的生产性和谷子的效用，都要等有人来吃谷子时，才能表现和完成。从这种理论上说来，以生产为中心的经济，或是为生产而生产的活动是没有意义的。所以资本主义的基本精神是出发于非人本主义的假定上。它叫人为利润而活动，不是叫人为享受而生产。

资本主义的生产经济在宗教热忱减退的潮流中，已经被人看出了它那种非理性的假定。因之，我们看见了为提高生活程度，以消费为中心的计划经济的兴起。这种趋向可以笼统地说是以消费为中心的经济，依旧是以快乐主义的人生态度为基础。他们还是奉行多生产、多消费、多享受的三多主义。他们依旧认为要得到人生的意味，只有拼命生产，只是生产之后求得到消费的兑现。我在这里要指出第三种经济，我叫它作消遣经济。

欲望的满足不一定要看做快感的源泉，若说这种行为不是快感的创造，而是痛苦的避免，也一样可以言之成理的。好像吃饭可以说是避免饥饿的痛苦，我们辛苦耕耘，不过是以较少的痛苦来避免较大的痛苦。这种想法引着人向欲望本身着眼，发生了一种新的打算。若是欲望本身是可以伸缩的，则人们可以从减少欲望入手，使人们可以减轻很多为免除欲望不满足而发生的种种辛苦劳动了。

这种从欲望入手来作经济打算的态度，也可以把人领到迂阔的极端。既把人生看成了痛苦的源泉，则愈退愈后，清心寡欲，节衣缩食，还嫌不足；索性涅槃出世，把这臭皮囊一并不要。当然这种彻底的办法，可说是经济中的取消派，从一般常人看来，其难行处更甚于为上帝积财宝在天上。可是这种在节流方面作经济考虑以避免开源时所得忍受的痛苦，却是我们传统经济中常见的态度。

禄村的宦六爷要掼谷子，和他30多岁的儿子说："明天你不要上街，帮着掼一天谷子吧。"他儿子却这样回答："掼一天谷子不过3毛钱，我一天不抽香烟，不是就省出来了么？"第二天，他一早又去城里闲混了。他父亲请了个帮工在田里工作。至于他那天是否没有抽香烟，我固然不知道，可是他既雇了人代劳，总得在别地方省3毛钱的花费，那是一定的。在他觉得以减少消费来作为避免劳动的理由很能成立。别人听来也不觉得有问题。普通都说："多赚钱也不过多花。"意思是多花钱不见得比少花钱好，可是多费力却不如少费力。

这种打算不合理么？那也难说。我们若处在他们的生活情境中，也许也会和他们一般的。不抽烟是一种痛苦，劳动也是一种痛苦。我们若是一考虑哪种痛苦比较容易忍受，我们就走上了这一类的经济打算了。他们若考虑结果，觉得宁可生活程度低一些，免得在烈日暴雨中受罪，他牺牲一些享受来避免劳作为什么不能说是合理的经济打算呢？我们要知道，在一个生产工具简单的农村中，农田上的劳动，身体上要忍受的痛苦是太明显了。禄村的农作活动中除了犁田和耙田两节之外，全凭人力，好像插秧、拔秧、耘田，任何工具都不用，完全靠自体的手脚。割稻掼稻虽用镰刀和木床，但是这些并不能减少多少体力的劳动。在农作中血和汗并不是比喻，而是事实。我们在乡下带了些红药水，请教我们的人真多。我们在田边看他们掼谷子，当时就见到腿上流着鲜血而继续在劳动的人。说他们身体是铁打的，不怕痛，那是文人的笔墨。凡是父母生的，谁不能辨别痛苦和安逸？在这种生产技术之下，要他们尽量生产，尽量消费是常人所不能想像的。在一个机器生产的社会中，生产过程中的痛苦减少到使人做完工，即可以把痛苦遗忘，来娱乐场中寻快活的程度时，上帝才有信徒为他积财富。

当然我们还得注意的就是为生产而生产，不是为享乐而生产，虽是资本主义经济的基本态度,可是这也不是在资本主义下劳动者的信条,而只是控制这制度的企业家的精神。这些脱离了劳动的人才会走上非人本主义的极端上去。在农村中,不劳动的地主们离开劳动的经验没有太远,他们刚爬出这必须以血汗来换米粮的水准。他们不容易了解离开了享乐,生产是有价值的。

即使假定在农村中,有人想利用人家劳力来增进自己物质上的享乐,且不说招惹人眼,有碍安全,他能得到的享乐品也很有限。在一个交通不方便,离开自足自给的经济没有太远的农村中,就是基本的日用品还有时会发生问题。我有一次到离公路线不过80里的一个小村里去,刚逢大水过后,地上蔬菜给沙盖没了,这几个月里,出了大价钱也不容易买到除花生之外的菜蔬,必要时得隔6天走上40里到一个最近的街子上去买。这自然是特殊情形。可是内地的农村中有钱要买享乐也成问题,却是很普遍的。在这种情形中,至少是很容易使人少劳作,少消费,空着时间,悠悠自得,无所事事地消遣过去。像禄村一类的农村,不但以全村讲自给自足的程度很高,以个人讲,自足自得的味儿也很浓。他们不想在消费上充实人生,而似乎在消遣中了此一生。农民们企望的是"过日子",不是"enjoy life"。

从减少消费上打算来减少劳动,却有一个限度。人的欲望固然可以伸缩,但是除非毁灭生命,一个人机体的生存总是有一定的满足的需要。需要和欲望不同,有它客观的存在。所以人尽管厌恶劳动,在机体需要的压迫下,他还是不得不接受这人生中不可避免的痛苦。这里有一个基本的经济打算,就是一个人愿意受多少痛苦,得到哪一种生活程度,才自以为满足。这个知足的界线,把那一些小地主们划出在劳动圈外,他们愿意生活苦一些,不愿意下田劳作。只有那些逃不了生活压迫的人,没奈何来从事劳动。从整个农村来说,一般的生活都迁就在近于最低的程度上。

减少劳动,减少消费的结果,发生了闲暇。在西洋的都市中,一个整天的忙,忙于工作,忙于享受,所谓休息日也不得闲,把娱乐当作正经事做,一样累人。在他们好像不花钱得不到快感似的。可是在我们的农村中却适得其反。他们知道如何不以痛苦为代价来获取快感,这就是所谓的消遣。消遣和消费的不同在这里:消费是以消耗物资来获取快感的过程,消遣则不必消耗物资,所消耗的不过是一些空闲的时间——但经济学的对象限于对付物资的范围,消遣就被一般经济学家所忽视了。忽视固然可以，但是要了解中国农村中的传统经济时，则常会发生隔靴搔痒的毛病了。

二、五家支付估计清单

厌恶劳动是禄村普遍的态度。我在第二章时已经说过，可是只有30%左右的土地所有者有资格脱离劳动。他们脱离劳动是付出相当代价的，雇工经营的结果，使他们生活降低了一部分。生活程度固然因不劳动而降低，可是这些人至少要维持他们认为过得去的生活程度，不然他们得以忍受劳动的痛苦来代替其他生活不足的痛苦了。在这里，我们得进一步追究在禄村人民眼中哪一种生活程度是认为足够，值得把这程度之上的物质享受来换取不劳动的闲暇。另一方面我们也得看一看那辈租人田的，和没有田的劳动者离着这足够的生活程度有多远。接下去，我们可以了解这辈农民所患土地饥饿的病症，和他们如何设法从没有田爬到有田，从劳动爬到有闲。让我先把生活费用的材料提出来分析一下。

在一个消费品都倚赖市场供给的社区中，人民的生计可以从他们的日用账中看出来，所以普通研究生活程度的人，多以日用账做分析的材料。可是严格地说来，任何社区中，人们消费的物品和服役，不会完全靠市场供给的。日用账中总会遗漏一些人们生计上自给的及不用货币支付的部分。以都市中居住的人来说，这遗漏的部分也许是少到不必加以注意，可是在农村中却不然。农民们不但服役，甚至重要的消费物品好像食料，大部分是自给的。所以把日用账做材料来分析农民生计，不免容易忽略农民生计上重要的部分。即使日用账是研究农民生计的重要材料，这种材料也很不容易得到，因为至少在中国农民中有记日用账习惯的，可说是很少的。除了调查者可以设法使他们自己或请人代替他们把日常的收支记成账目外，在农村中很少有现成的材料。我们这次去禄村时曾带了不少印好项目的账簿。使我们极为失望的，就是我们回来时依旧带着一包沉重的白簿。在禄村找不到可以为我们天天记账的农民，而我们又不能天天一家一家地去记账，更不能长住一年来做这工作。结果我们不能不选了几家比较和我们最熟悉的，经济情形又不同的人家，请他们依过去一年所消费各项的数目加以估计。凡是能以实物重量、容量或件数表示的，我们就根据它在

1938 年 10 月的市价来折算。凡是能用别种材料校核的，好像捐税等，我们对于估计再加以修正。这里的数目，因为是估计性质，自然不能十分正确，可是我们可以藉此见到禄村人民生计一般的情形了。

支付清单中，本不应包括自给部分，但是为了比较时的需要，自给部分亦加列入，并用 * 符号加以表明，严格地说来，我们是不能用市价来折合自给部分的，因为这些物品和劳力并没有进入市场。若假定它们都经一番买卖，当时的市价，就不可得而知了。可是为了易于比较和综合起见，我在括弧中把这些物品和劳力相当于市场上的价格列入。自给部分，并不能完全列入表中，好像家庭间的服役等，极难估计。我只能把那些自给部分有时是可以雇用或买得的才加入表中。

下表中所列五家，并不是同一时间调查的：甲乙丙三家是李有义先生帮我在 1938 年 10 月调查的。丁戊两家是张之毅先生在 1939 年 8 月单独调查的。为便于比较起见，丁戊两家的账目都合作 1938 年 7 月的物价计算。五家的家境可以简单一说：

甲家：有自营田 36 工（租出 4 工，典出 3 工除外）；家里人口：老母（60 岁），家主自己（40 岁），妻（38 岁），大儿（17 岁，学期间不在家），女儿（13 岁），小儿（2 岁）。

乙家：有自营田 14 工，典入 13 工，共 27 工；家里人口：家主自己（51 岁），妻（49 岁），次子（25 岁，长期在外），媳（25 岁），三子（17 岁，长期在外），女（15 岁），孙女（9 岁，系已故长子之女）。

丙家：有自营田 7 工，租入 30 工，共 37 工；家里人口：家主自己（59 岁），妻（49 岁），子（21 岁），女（17 岁），次女（10 岁）。

丁家：无田地及房屋；家里人口：家主（41 岁），妻（40 岁），女（12 岁）。

戊家：无田地及房屋；家里人口：家主（47 岁），妻（39 岁）。

表 17　五家支付估计清单

支付项目	甲		乙		丙		丁		戊	
(一) 消费部分:										
米	2 石 8 斗*	(56.00)	4 石 3 斗*	(80.00)	1 石 6 斗*	(32.00)	1 石 8 斗	45.00	9 斗	22.50
杂豆	1 斗*	(3.00)	3 升*	(9.00)	2 石 8 斗*	56.00	—	—	—	—
包谷		(0.50)		0.50	3 升*	(9.00)	—	—	—	—
麦	1 斗	2.50	5 升	1.25		(0.50)	—	—	—	—
肉	180 斤	27.00	40 升	6.00	5 升*	(1.25)	17 升	5.00	17 升	2.50
蔬菜		(6.00)	80 斤	(12.00)	24 升	3.60		3.00	5 斤	6.00
(1) 食 盐	60 斤	7.20	60 斤	7.20		(6.0)	33 升	1.80		0.60
酒	24 斤	1.70	20 斤	1.40	50 斤	6.00	15 斤	0.42		
杂用		1.00		1.00	40 斤	2.80	6 斤			
现支		39.40		18.15		1.00		55.82		31.60
自给折合		(65.50)		(107.00)		69.40				
合计		104.90		120.15		(48.75)		55.82		31.60
						118.15				
衫裤	4 件(买料自制)	20.00	5 件(买料自制)	20.00	4 件(买料自制)	14.00	2 件(旧衣)1 件(棉衣)	1.50		0.70
鞋	1 双(买料自制)	2.50	8 双(买料自制)	3.00	(买料自制)	1.00	70 双(草鞋)	0.70	70 双(草鞋)	0.70
(2) 衣 袜	6 双,反女用足布	3.00	6 双女用足布	4.00						
帽	男帽买,女帽买料自制	2.00	同甲	5.00	同甲	1.80				
首饰		6.00		2.00						
现支		33.50		34.00		16.80		2.20		1.40

续表

支付项目	甲	乙	丙	丁	戊
（一）消费部分：					
(3)住 房租	—	—	—	—	—
修理费	3.00	1.80	—	2.50	3.00
炭	15.00	3.00	—	—	—
柴	15.00	12.00	0.80	—	—
灯油	4.48	4.48	4.48	1.20	0.25
家具	5.00	5.00	2.00	0.45	1.80
现支	42.48	26.28	7.28	4.15	5.05
自给折合	—	—	—	—	—
合计	42.48	26.28	17.28	14.15	15.05
(4)娱乐 玩具	1.00	—	—	—	—
零食	5.00	8.00	1.00	—	—
茶	1.50	1.00	—	—	—
烟	2.00	4.00	1.00	—	—
现支	9.50	13.00	—	—	—
(5)馈赠 丧礼	5.00	—	—	—	—
婚礼	5.00	15.00	3.00	—	—
平时酬酢	3.00				
现支	13.00	15.00	3.00	—	—
(6)宗教 烧香	—	—	—	—	—
基督教捐	3.00	6.00	0.20	0.20	0.20
现支	3.00	6.00	0.20	0.20	0.20
(7)医药	5.00	6.00	0.80	—	—
(8)学费	120.00	—	—	—	—

续表

支付项目	甲		乙		丙		丁		戊	
(一) 消费部分：										
门户		2.52		2.52		2.16		1.80		1.80
特捐		1.00		1.00		1.0		—		—
税谷	2斗*	(1.60)	2斗*	(1.60)	1斗*	(1.20)	1斗	0.80	1斗	0.80
(9) 捐税〔公路摊役 现支		5.00		5.00		(5.00)		(5.00)		(5.00)
自给折合		8.52		8.52		3.16		2.60		2.60
合计		(1.60)		(1.60)		(6.20)		(5.00)		(5.00)
		10.12		10.12		9.36		7.60		7.60
消费部分〔现支 自给折合		274.40		126.95		101.64		64.77		90.00
		(67.10)		(108.60)		(64.95)		(15.00)		(15.00)
总　计		341.50		335.55		166.59		79.77		55.85
占全部支出%		60.7		58.9		42.3		98.3		97.5
(二) 农田经营部分：										
(1) 投资 工资		50.00		30.00		13.0		—		—
		(1.84)		(3.88)		(40.28)		—		—
谷种	3斗6升*	(2.88)	2斗7升*	(2.16)		(2.96)		—		—
豆种	3斗5升*	(9.45)	3斗*	(7.10)		(9.45)		—		—
肥料	80挑*	(3.20)	60挑*	(2.40)	80挑*	(3.20)		—		—
工具		4.00		3.00		4.00		1.40		1.30
耕地税及附加		5.00		1.50		1.00		—		—
挖水沟		1.50		1.00		(1.50)		—		—
现支		60.50		35.50		18.0		1.40		1.30
自给折合		(17.37)		(20.54)		(57.39)		—		—
合计		77.87		56.04		75.39		1.40		1.30

支付项目		甲	乙	丙	丁	戊
(二)农田经营部分:						
(2)地租		合18石*	合13.5石*	合18.5石*	—	—
	自给折合	(144.00)	(108.00)	(148.00)	—	—
农业经营	现支	60.50	35.50	18.0	1.40	1.30
	自给折合	(161.37)	(164.54)	(205.36)	—	—
部分总计	合计	221.87	164.04	223.39	1.40	1.30
	占全部支出%	39.3	41.1	42.3	1.7	2.30
全部支出		563.37	399.59	389.93	81.17	57.15

三、日常生活费用的分析

从生活费用来分析各家的生活程度，最好是根据各项费用所占的百分比，因为恩格尔（Engel 19世纪德国统计学家和经济学家）曾立下若干原则，说明一家的收入和支出分配的关系。若是我们知道了各家支出分配的比例，就可推想他们收入的情形，因而决定各家生活程度的高低。

恩格尔的定律是这样：一、收入增加则食一项支出所占全部支出比例，将见降低；二、衣的一项支出所占全部支出的比例，不因收入的增加而变动；三、住及燃料的一项支出所占全部支出的比例，不因收入的增加而变动；四、其他的支出所占全部支出的比例，将因收入的增加而提高。

恩格尔的结论是根据他多年分析生活费统计的结果，但在这些结论中，我们可以看出隐藏着的经济原则，就是人生各种需要有缓急的不同，因之，各项费用所具伸缩性也有程度上的差别。一个人在食上边的消费伸缩较小，不论你的收入有多少，每日在食的一项上的支出，并不能有很大的差别；因之，一个人的收入若增加了，他多得的收入，并不会都花在食上边，结果使食的一项支出在全部支出中的比例，因收入增加而降低。收入多的人比较收入少的人，在食项的支出，比例上较低。衣和住比食的伸缩性大，但是比其他支出的伸缩性为小。依恩格尔的结论，则是和收入作正比例的增加，所以它们在全部支出中的比例是不因收入变动而变动。"其他"一项中包括得很广，好像教育、医药、卫生、娱乐、社交等都在其内。这些项目不像衣食住那样和生活有密切的关系。有之固然生活可以丰富得多，但是失之也并不见会使人立刻活不下去，而且在这些项目中所可以费的钱也是没有个底，有多少可以花多少。没有钱少花些，有钱多花些。因之，它占全部支出的比例将因收入的增加而提高。

现在让我们看一看上述五家各项生活费用的百分比，我们的材料是否和恩格尔的定律相合？

甲乙两家是有田的人家，甲家有田36工，每年平均收入35石谷子，加上租出4工，每年可收1石6斗谷子（每工租4斗，因租其堂兄故租额较低），一共有36.6石谷子，可碾成米14石6斗，在储藏中亏耗1/10，一年中至少可以有米13石。他们一家一年自己吃去2石8斗，可以余米10石，约占全部米产77%。若把这些米在1938年秋米价较低时出卖，每石25元，可以得250元。他们在1938年约需340元，其中学费一项系受族中津贴，除外计算，只需220元，我们即使不把他们在副业里得到的收入算进去，也可以见到他们的收支抵消后，还有存余。

乙家有田14工，典入13工，一共可以收24石谷子，碾成米9石6斗。自己消费4石，余米5石6斗，亏耗除外，有5石米可以出卖，可得125元，他们1938年约支出现金160元，相差35元。这差额需要副业来维持。乙家的主人常常在街子间贩运货物。他和我们说：做买卖，出息大，只是没有田地靠得住。1939年，他赶过两次黄牛到昆明，一共得到100多元的利息，又到川街去贩了一次草纸，得50多元利息。

甲乙两家并不是禄村最富有的人家。可是在生活程度上说，是代表上等阶层的一般情形。他们有自己的房屋住，三间正房，楼上积谷，建筑也是整齐高大，在村中属于最好的一类。我们1938年调查时，就住在甲家。以我个人的经验说，比了江村的住家要强些。乙家的房屋，宽敞清洁还在甲家之上，房内的设备也很完备。衣着上，甲乙两家的主人，都时常穿没有补丁的长袍和棉袄。女人们戴着银饰，一点也不褴褛。从食的一方面说，他们平均每天有半斤肉吃，自己有菜园可以供给蔬菜。乙家自己做白酒，常请我们去吃点心，糯米粑、蜂蜜等是常备的小吃。甲乙两家的女主人都很会煮菜。当我们在村时，伙食常成问题。第一次是包给甲家。当时还没有觉得他们是村中有数在食的方面考究的人家。第二次我们包给赵保长家里，才知道中等人家没有油水的菜是什么味儿，真不能和甲乙两家相比了。

表18　各项生活费用百分比

消费项目	甲	乙	丙	丁	戊
食	30.5	53.0	70.9	70.0	56.6
衣	9.8	14.4	10.1	2.8	2.5
住	12.5	11.1	10.4	17.7	27.0
娱乐	2.8	5.5	0.6	—	—
馈赠	3.8	6.7	1.8	—	—
宗教	0.9	2.5	0.1	—	0.3
医药	1.5	2.5	0.5	—	—
学费	35.2	—	—	—	—
捐税	3.0	4.2	5.6	9.5	13.6

在衣食住各方面，甲乙两家即代表村内最高的生活程度。

我们不妨据此看一看他们支出各项的比例：甲乙两家在食料上购买部分所需现金只占全部现金支出的14%。若是我们把自给部分依市价折合，以求他们各家在食料上所费的总数，则占全部消费量的30%（甲家）到53%（乙家）。甲乙两家在百分比上虽有很大的差别，但在实数上则大略相等。百分比相差的原因重要的是在甲家有一大宗支出的学费，乙家无之。甲家这笔钱是由氏族津贴的，所以严格说来，甲乙两家相比较时，可以把学费一项除外。依这样修正，则甲家的食项应占全部支出的47%。甲家在食项上百分比较少，并不能说是比乙家在基本生活上享受得大。因为我们若检视，衣和娱乐两项，乙家较甲家花费为大。甲家比乙家花费较大的，在住（重要的是在修理房屋和炭两项）和捐税几项上。乙家的房屋较新，花费得少，并不指生活简陋。若是我们从生活实际享受上说，甲乙两家可以说是相等的。

丙家代表那种普通自己有一些田，更租得一部分田的自营兼租营的农家。他家的农场面积和甲家相若，人口亦相若，但是因为他所经营的田有大部分是租来的，一年要给地主15石谷子。他的农场上每年至多不过出33石谷子，交去租，尚余 18 石谷子。碾成米 7 石 2 斗，折去亏耗，约剩 6 石 5 斗。他一年中需要 4 石 2 斗米做食粮，于是只剩 2 石 3 斗左右可以出卖，在 1938 年米价低的时候，只能卖得 55 元左右。他经常需要现金，所以不能不把应当作自给的粮食，先行卖出。到夏至之后，自己的米吃完了，卖完了，只能买谷子来碾米吃。我们在上表中的估计，没有把市价变动算进去，依 1939 年以前一般情形论，新谷上市时米价较贱，然后逐渐上升，一直到下一期新谷快上市的时候再跌下去。这种物价变动中，像丙家那种人家，在米贱时卖米，米贵时买米，是最易吃亏的。

在丙家食项支出的百分比上可以见到他的生活程度较低的情形。这项费用已超过全部费用的 70%。单以肉食论，丙家较少于甲乙两家，甲家肉食占全部食项的 25%，乙家占 10%，丙家只占 3%。

丙家在衣和住两项和甲乙两家比更是相形见绌。他们不穿袜子，赤脚，除了家主外，儿女们的衣服可说没有一件不补缀的。他们的房子，早年拆了，当材料卖。自己把土砖在原宅基上盖了两间两层的房屋。楼上窗都没有，可以住人的只有一间，全家都睡在里面。家具也破陋得很。住处拥挤的结果，全家患病，都传染着了回归热。当我们第二次去禄村时，家主自己黄瘦得不堪，撑了杖在门前晒太阳。他的妻刚死了半个月。女儿、儿子和新娶的媳妇轮流着患病。他们虽则患病较甲乙两家为多，可是医药费却较少，因为他们是没有能力在这上边花费。又加上他们是基督徒，相信祷告可以代替医药。据说他媳妇已经死了，可巧来了个教友，恳求上帝把她救活了。信基督教较信佛便宜，因为他们的上帝不要他花钱还愿谢恩的。

可是若是从百分比上来看，丙家在衣上和甲家相若，在住上则和乙家相若，并看不出重大的差别。只是在其他项目中和甲乙两家相比，除了捐税之外，才较为低落。

丁戊两家可以代表禄村一辈没有田的穷户。他们没有自己的房屋，得租人家的地方住。一天近晚，我们在丁家闲谈，因为连下了几天大雨，土墙松了。我们刚说到一半，豁然一声，后墙坍了一个大窟窿，屋里突然亮了起来，把我们一吓，仿佛自己是在电影里。他们却很坦然。这是老经验。家主和他的女人说，这天晚上又不能安安逸逸地睡了。屋面逢着天雨，滴滴答答地漏着水。矮矮的楼上潮腻腻的，叫我们看到的人也难受。戊家的屋后是人家的菜园，地面较高，天雨时水隔着墙浸进来，满地都是湿的。一位邻居向他们建议沿墙开一条沟，好让水经他们的屋内流到门外街上去。他们两家都只有一楼一底两间，一切全在里面了。天气冷，衣服少，又买不起炭，背些树枝来烧，满屋全是烟。我们去找他们时，一定要在晚上，因为白天他们都出去做工的，我就怕这刺人眼睛的烟。时常和张之毅君说笑话：实地研究的人，不熏惯烟是做不成的。他们的住所，既潮又有烟，对于卫生上自然很难讲究了。他们两家都生过六七个孩子，丁家死剩了一个，戊家全死了。最近死的一个还是去年的事，活着的人眼睛都有毛病。

丁戊两家都是做工度日的。有工做的时候不用自己开伙食，请工的人家给他们饭吃，每天平均只须自备一顿，所以他们自家所需米粮较少，因之，他们在食的一项费用只合以上三家的一半。虽则如此，可是食项在总支出中的百分比，却比以上三家为高，占60%～70%。若以现金支出来看，竟高至80%以上。

我已说过这一类卖工度日的人家，是靠工资生活的。张之毅君和他们混得很熟，曾替戊家的收入作过一个估计：男的以每年做350工计算，去年工价男工每天可以得工资1角，共得35元，女的工作机会少，每年正月、十二月，每月做10工，八月、九月做30工，其余各月约可做15工，共计一年可做200工。工资每天5分，共得10元，男的1938年背过6次盐，从猴井到禄丰，每次可以得1元，一共6元。他们总收入51元。此外，他们也做一些贩卖，够他们这一年的开支。换一句话说，他们的收入只允许他们现有那种很低的生活程度。

从我们直接的观察，丙家的生活程度较高于丁戊；丁戊两家之间，丁家又比戊家为优。可是在生活费用的百分比中，在食项中丙为最高，丁次之，戊和甲乙可以相若。这是什么原因呢？这不是和恩格尔的定律有不相合之处了么？

恩格尔定律所要说明的，其实并不是收入变动对于生活各项费用所引起的影响，而是根据收入不同人家的日用账来说明收入不同的各家支配其收入于各项生活需要的差别方式罢了。换一句话来说，他是从静态来分析，并不是从动态来分析的。因之,他的定律在一个经济变动得较小的社区中是正确的,可是在一个财富方在重行分配的社区中,他的定律也就不能呆板地应用了。

假定有一家极穷苦的人家,每天只能在半饥饿的状态中过日子(这种人家在中国农村中并不少),他要是得到了新的工作,收入增加了一些,他第一要改善的是他的食的一项。恩格尔所研究的对象是饥饿线上的德意志都市居民,自然会觉得食项伸缩性是很少的。可是在饥饿线之下的农民,这种见解是不正确的。上述丁戊两家都是卖工的穷户,以收入讲丁家略多,而在食上的百分比却较高;丙家的收入比丁戊两家都高,可是在食上所费的也较多,这正告诉我们这些人家还是在饥饿线上挣扎着。

假定这种穷苦人家,家运日臻好境,收入又增加了一些。他们在饱食之后,可以想到暖衣之道。下雨漏水的房屋,可以想法修理修理。百结多孔的衣服可以换一件比较出客的了。在这个时间衣和住的两项会跟着和收入增加成比例地提高。比如1923年印度孟买（Bombay）劳工局所调查工人家庭支出的结果,发现衣的一项支出,在全部支出中的比例是跟着收入的增加而提高的。这现象又见于杨西孟在1928年上海纱厂工人调查及刘大钧在1938年浙江吴兴的农村调查。[①]在禄村我们看见丙家在这些项目上的百分比,并不比甲乙两家低多少。这是表明这辈人家刚爬出饥饿线,但是基本的生活还没有补充就绪,没有余力在"其他"项目上花钱。

在这里,还可以提到的就是我们要了解一家的支出如何分配。不但要顾到他们经济的一般地位,而且还要看他们所处社会所维持的风尚。恩格尔包括在"其他"项下的社交、娱乐等,在我们中国很可能寓之于衣食。也许恩格尔所生长的德国没有在食衣上特别考究的风尚,所以使他不发生这个问题。烹饪技术发达的中国,一餐可费千金,大观园里吃一只茄子,要配上十几只鸡,非但吓坏了刘老老,也许恩格尔听见了不敢无条件地认为食在生活费中是最没有伸缩的一项了。另一方面说,在农村中教育、娱乐等能花钱的机会太少,收入多的人家也不便在这些项目中尽量挥霍,因之"其他"项目百分比的增加也不易和收入亦步亦趋了。

四、各家自给程度

在支付清单中，曾按项把各家自给部分用括弧注明。这里我们可以总结一下各家的自给程度的高度了。

总观五家的情形，他们自给程度并不相同。甲家和丁家自给部分只占全部支出的20%左右；最高的丙家，占67%。这是值得我们详细分析的。甲家和丁戊两家自给程度虽则相近，但是所自给的项目却不同。甲家自足的是粮食，在劳力上虽有自给的可能，但是没有全部利用。他们不自己去背柴，而买柴来烧。他们自己不到公路上服役，而请工代役。他们自己不去挖公共的水沟，而请工代劳。他们自己不尽力在田上劳动，而雇工经营，在这些可以自给的劳力项目中，因为要避免劳动，却花去50多元，占全部现支的17%，或全部消费量的10%。而且我们在雇工一项中，只包括工资，没有把伙食加进去（归入食项中），伙食每人依当时市价约需费8分，所以还得加上这笔费用，竟占全部消费量的20%。在上节中我们所讨论的那种传统经济态度，宁可牺牲生活程度来避免劳动，在这里更可见这种态度的事实影响了。

表19　各家自给部分和现支部分百分比

	甲	乙	丙	丁	戊
自给部分	20.1	44.3	67.0	18.7	25.8
现支部分	79.9	55.7	33.0	81.3	74.2

表20　各家各项生活费用自给及现支部分百分比

	甲		乙		丙		丁		戊	
	自	现	自	现	自	现	自	现	自	现
食	97.6	14.3	98.5	14.3	75.2	68.3	—	86.2	—	77.4
衣	—	12.2	—	26.8	—	16.5	—	3.4	—	3.4
住	15.5	—	20.7	15.4	7.2	66.7	6.4	66.7	12.4	—
娱乐	—	3.5	—	10.3	—	1.0	—	—	—	—
馈赠	—	4.7	—	11.8	—	3.0	—	—	—	—
宗教	—	1.1	—	4.7	—	0.2	—	—	—	0.5

续表

	甲		乙		丙		丁		戊	
	自	现	自	现	自	现	自	现	自	现
医药	—	1.8	—	4.7	—	0.8	—	—	—	—
学费	—	43.8	—	—	—	—	—	—	—	—
捐税	2.4	3.1	1.5	6.7	9.4	3.0	33.3	4.0	33.3	6.3

丁戊两家在粮食上是全部须买的，他们所自给的是劳力。自己背柴，自己去公路服役。可是在他们生活中，像背柴一样可以直接以劳力来得到消费品的机会很少，因为他们是个无产者，没有生产工具的所有权。他们没有土地，也没有房屋，不能在土地上直接用自己劳作来获取农产，也不能用自己的房屋来开马店赚钱，他们的劳动一定得在劳力市场上出售，有人雇用时才能得到利用的机会，所以自给的机会少。

甲家自给部分比例的少是因为他把农产物出售后，在各项生活费上增加支出的结果。丁家自给部分比例的少，是利用他自给劳力的机会稀少的结果。两家在农村经济中所处的地位是不同的。

丙家则处于甲家和丁家两种形态之间。他们一方面有自给的农产，一方面又利用自给的劳力。只是他们自给的农产，因为要纳租，所以粮食上不能全靠自给部分的维持；农田经营中，他们自给的劳力尚不够全部的需要，所以在粮食和劳力双方，依旧要有一部分依靠市场的供给。

五、农田经营的费用

单位农田投资数目，我已在讨论雇工经营的利益时讲过，这里将根据上列五家支付清单来分析农田经营费用，和农家生计的关系。

表21　生活费用和农田经营费用的百分比

	甲	乙	丙	丁	戊
生活费用	60.6	68.9	42.9	98.3	97.5
农业投资	13.8	14.0	19.3	1.7	2.5
地　租	35.6	17.1	37.8	—	—

我们所分析的五家和农田的关系有三种不同的方式。甲乙两家是地主,而且大部分的劳作是雇工经营的。丙家是佃户,他也雇一小部分的劳工,但是大体上是自工租营。丁戊两家是卖工的劳动者。农田经营所需资本是经营农田者所担负的,自营的地主和租营的佃户得在他们收入中划出一部分的资金作为农田资本。卖工的本来不负经营的责任,可是劳动时有一部分工具却常是由卖工的自备,好像锄头和镰刀是卖工者唯一的生产工具。至于犁和耙、掼谷的木床等较大工具,则由经营者供给。所以在丁戊两家一年的开支中,只有1%～2%不是花在生活费用上的。

若是我们比较甲乙丙三家投资在农业里的数目,则可以见到这项在全部支出中的百分比是和收入成反比例的。这表示着这项费用的伸缩性较生活费用为小。在现有的农业技术之下,经营农田的费用中大部分是劳力的支出,而单位农田上所需劳力的数量可说是有一定的。当然,一个偷懒的农夫,可以让农田荒芜,少投一些资本。好像周家的老五爷的田,因为犁得不够,耘得少,肥下得不足,出产也因之比不上人家。可是这是例外的情形。

从农家整个支出来看,生产费用比生活费用固执得多。恩格尔认为食的项目在一家费用中是最固执了,这是只就生活费用来说的。若是和生产费用来比较则不然了。在中国农村中住过的人,一定会见到农民在食的方面也充分地发挥了它可能的伸缩性。以禄村来说,普通人家一天吃两餐,只在有工做的日子,在雇主家吃三餐。卖工的穷户到了冬天没有工做的日子,连米都吃不起,只吃玉蜀黍做的粑粑,而我们的房东晚上天天有消夜吃。在玉溪的一个村子里,就分着吃三餐和吃两餐的人家。生产部分却不能这样缩紧了。因为投资时一缩紧,收获时就吃亏,谁也不愿做这种不合算的事。生产费用既然是缺乏伸缩性,在一个同时是消费单位又是生产单位的农家,生活费用整个部分受着生产费用的限制。因之,我们在讨论农民的生计时,不能不顾到他们的生产费用。

从农业经营费用中的现金支出部分来说,甲乙丙三家的差别更为显著。现支部分所占农业经营费用(地租除外)的百分比是:甲77.7,乙68.2,丙23.8。这些数字表示了禄村经济的特色,就是雇工经营的方式。收入愈多,在农业经营中劳力部分愈不自给,所以在雇工中支出的现金的数目也愈大。

在上表中,我把地租另立一项,因为地租能否算作农业成本,颇成问题。我在这里不能深入讨论。甲乙两家是地主,他们所经营的田是自家所有的,所以他们的地租可说是自得的。丙家有 7 工田是自家所有的,有 30 工田是租来的,实际上他只付了 15 石谷子给地主,其余 18 石是自得的,地租的数目是和经营农场的大小成正比例的。丙家既把地租付给了别家,他的收入减少了一部分,这使他在生活费用方面不能不缩紧了。

注释

① D. K. Lieu, *A Study of Rural Economy of Wuhing*, Chekiang,第 47 页所引。

第九章　生计（续）

一、公款的担负

在消费清单中，还有一项应当特别提出来讨论的，是禄村人对于公款的担负。可是在讨论到公款的分派之前，我们还得一察禄村的地方组织。禄村全村一共分成九甲，在名义上一共有95户，因为我已说过，户是纳门户捐的单位，所以有些已经分家的兄弟，在户口册上不另立门户，以减轻他们的负担。实际的经济家庭一共有122户，和行政组织中的门户相差27户。

禄村的九甲是隶属于禄村的第五保。这一保一共有13甲，142户，所以除了禄村之外，尚有47户。这47户分成两村。其中有一村只有18户，是四川移民的村子，合成一甲。其他一村较大，有三甲，约30多户。这两村和禄村距离不过5分钟步行的路程，互相可以望得见。这一保中因为禄村人口多，所以在行政机构中占重要地位，即在没有改乡为保时，历任的乡长总是由禄村人充任的，现任的保长也是禄村人。

保甲的组织，是地方承受及执行上级行政机关命令的机构。它在本地方上的公事，并不是集权的，因为除了这保甲机构外，还有其他为当地公务而组织的机构。我们在上文中已提到，禄村的公田是由阖村管事经理，这和保甲组织是平行的。村的公田是以村为单位，好像同隶于第九保的那三个村子中有两个是各有各的土主庙，各有各的公田，各有各的管事，各自独立。禄村的水利组织则是超村落的，凡是利用同沟的人都参加一个组织。这组织称作"沟"，有公田,有管事,和别沟分开。

凡是政府中所需的款项,都由乡公所下令给保公所征收,所征收的可以分成三大类:一是门户捐,一是特别捐,一是积谷。门户捐系维持乡公所和保公所的经费,由保长向各户收取了交给乡公所,并不解到县政府里去的。保公所的经费有一部分,好像保长薪水,由乡公所发给。至于其他开支,则由调解纠纷的罚款充数。1938 年县政府规定门户捐分三等,甲等户每月 2 角 1 分,乙等户 1 角 8 分,丙等户 1 角 5 分。1939 年增为每年甲等户 3 元 6 角,乙等户 3 元,丙等户 2 元 3 角。至于各户分等是由保长支配,我们到四川移民的村子中去访问时,他们的甲长曾和我们说,他们因为势力小,所以分派门户捐时,保长对他们不公平。禄村有钱的人家,有派二等户的,而他们村子里却多派一等户。我们没有校核这句话的正确性,可是由此可见一个在别村支配下的小村,更加上原籍不同的因素,很容易发生行政上的不平等,因之发生摩擦。

1938 年该乡门户捐总收入约 300 元,但是该年乡公所经常费需 600 元,门户捐的总额并不足以维持乡公所的经费。不足之数,原则上规定由公田担负。其中 150 元由各村大公拨付,其余则由族分派。1938 年我们在禄村就目击因族公间分配不均而引起纠纷。禄村有田的氏族,依耕地册上所载明的,一共有六姓(见表 11),实际此外还有若干有公田的氏族,在耕地册上没有载明的。可是各族和行政人员的关系有疏密,结果乡公所只派定两族负担所有的款项,因之引起了被派两族的不平,拒绝缴款。一直到我们第二次去调查时,虽经历了 10 个月,可是尚没有解决。

凡是政府里有特别需款需役时,就由各保筹纳。我们不妨把保公所里保存着收款的记录抄出来看一看。各项款额是由三村人民按户分派,禄村约占 60%~70%。

下表 22 是 22 个月保公所所收公款总数,其中除门户捐之外,全是特别捐。教育经费和一部分乡公所经费,不敷津贴是由各村大公所捐助。由各家分担的大约 250 元。禄村有时认 60%~70%,有时认捐一半,约 150 元,每家约出 1 元 2 角。

表22 22个月保公所收款清单

1937年9月1日起		1937年9月1日起	
乡公费	10.00	保安队开办费	7.80
门户费	13.25	保安队经常费	3.20
守夜费	26.00	常备队退役津贴	27.20
征兵伙食	14.00	公路水道	82.00
救国公债	93.00	区立高小学校经费	35.00
常备队伙食	30.00	初级小学经费	100.00
防空照测学生伙食车费	4.00	初级小学经常费	140.00
义勇壮丁受训旅费被盖	2.80		
1938年5月1日起		**1939年1月起至7月止**	
桐籽草麻种	3.00	航空款及黄河水灾	16.00
调集常备队退伍	40.00	图记	1.40
二次调集常备队	12.00	甲长公路管理津贴	2.50
		绥靖国军四名津贴	
1938年10月28日起		补充常备兵三名津贴	16.50
		送兵车费	
乡镇筹备费	5.00	六十军义勇壮丁四名	6.00
赶公马及调查户口	33.00	本县代印户籍册抄录费	13.00
		常备队津贴	10.00
1938年11月1日起		义勇军津贴	3.00
		乡公所造壮丁册	1.00
乡公所经费不敷津贴	151.60	奖赏绥靖国军	10.00
军士队学员一名	10.00	义勇壮士四名津贴	
		军士队一名津贴	10.00
		伙食	
		征调兵二名	10.00
总 计			942.25

积谷是农民合作调剂粮食的办法，在收获时大家捐出一些谷子，到青黄不接之际，农民中有需要粮食的可以向公米借贷。这种办法已有多年历史。在1937年前，积谷的分配是依所有田面积决定的，1935年每工田抽3升，约合总产量的3%~5%；1936年减为每工抽半升。1937年分配原则改变，按户缴纳，共分四等：一等3斗，二等2斗，三等1斗，四等5升。1938年又减为：一等2斗，二等1斗5升，三等1斗，四等5升。1939年稍为增加：一等2斗

5升，二等2斗，三等1斗，四等5升。1937年禄村实收积谷16石5斗，1938年实收19石7斗。这些谷子是存在县政府里。1938年全县存谷1 147.6石。积谷是一种捐，因为这批谷子并不发回的。凡是借谷子的每年要回清，而且在外要加息两成。因之，县政府积谷每年增加。凡是县政府经费不足时，可以出卖积谷来挹注。

禄村在1938年借得积谷的一共80家，计42石，普通每人借5斗，有3人是例外，各得1石。1939年度共有30人借谷，最初只有22人借谷，放出20石。其后又有8人借谷，保长因呈请将当年应交县之积谷19.7石借出一部分。1939年度比了往年竟少一半，因为公仓积谷内送去省城600多石，充作公米，放给农民的数目不得不减少了。

借谷的手续是由农民向保长报名，保长向县政府领取这年准放的谷子，按名平均分配。据保长说，借谷的人家，并不全是缺乏粮食的10家中有两三家常把所借的谷出卖，因为借谷时价格高；以1938年说，借谷时每石17元，还谷时每石10元7角。即加上利息二成，也不过12元8角，所以借谷出售的可以得到4元利润。若是一年内不回清的，即算作下年借谷。1938年80家中只有8家延至下年偿回，加纳1斗谷息。

村民对于公家的担负，除了纳税、积谷之外，还有公役。公役中最重要的征兵不计外，每户都要担负的是公路的修筑。滇缅公路伟大的工程是沿路几十万人民血汗的贡献。禄村也是其中的一分子。据当地人民给我的估计，自从造路以来，每家至少已出了800人工，这是一个很大的数目。从1929年起到1938年，已有10年。兴筑时除外，每年平均要征5次工，每次5天，共25个人工。那些不愿劳动的，请工代役，每工2角（内包伙食），共5元。在滇缅公路由交通部接收之前，所需人工，一概不付工资。所以这条公路是直接由沿路人民修筑和供养的。这辈担负这义务的人，并不是直接享用这路的人，因之人民对于这公路怀恨在心。有一次我在一个庙里和晒谷子的妇女闲谈。因为她晒的谷子很不好，所以我问她这是什么原因。她指着那条公路说，"都是那条路，有恶风，开通了，谷子从没有好过"。我又时常听见人说，修路的人有用石块打击过路的汽车，这是农民的反感，只见到义务而见不到权利的反感。

以上我们所列的是禄村直接给公家的担负，至于其他间接税并没有计算在内。以上列诸项为限，禄村人对公家的担负，并没有超过全部消费量的10%。因为缺乏相同性质的比较材料，我不能确切说明这种担负比别地为轻抑为重。可是若是禄村人比别地担负较轻，则其原因当在禄村有较大的公田代替各个别家庭付出了近一半的公家支出，而且我们相信若是公田管理严密，减少中饱部分，禄村行政费用和公共事业，甚至可以不必由各个别家庭担负。禄村一共有公田237亩，每年可收租（以50%计算）300石谷子。依1938年市价，可得2 400元。1938年乡保公所经费和特别款共约1 200元，只合公田收入的一半。所以为地方财政着想，公田的整理在禄村一类农村中是极重要的。

二、养生送死关节上的费用

上述的家庭费用，可说是经常费，是维持农民们日常生活的费用。还有一种是特别事故的费用，好像生孩子、结婚和丧葬等，这些是人们养生送死过程中的关节。关节上有种种仪式请社会上很多人来参加，因之需要相当数目的费用。关于这些仪式的意义，本书不能深论。本节中，我将举出婚事、丧事、祝米、做斋、做寿五个节目，举例说明这类费用的大概情形。

我在村时，正逢当地小学教员为父亲出丧，一连请了6天客。第一天每顿21桌（每天两顿），第二天每顿38桌，第三天每顿45桌，第四天每顿70桌，第五天早上98桌，下午105桌，第六天每顿60桌，一共请了671桌。不说全村老少都在他家吃了几天，城内客人来参加的也有几十人。而且据说还是时间不巧，城内刚逢县长请客，为他父亲开吊，所以客人不能到齐。我自己刚逢吃坏了肚子，所以只去了两天。

那位孝子和我们说："我们不敢举动，所以帖子也没有发，只有看得起我们的才来。"我们说，这样连请6天客，靡费真太大。可是他并不十分同意，"这样才对得起死者"。

表23　养生送死关节上的费用（单位国币元）

（一）婚事（1938年）		（二）丧事（1938年）		（三）祝米（小孩满月）（1939年任督学实例）	
订婚（一般估计）		殓尸（一般估计）		猪肉70斤	35.00
聘金	50.00～60.00	棺木	40.00～100.00	米1斗	6.00
布1匹	6.00	招待吊客	5.00～100.00	挂面11斤	3.08
五金首饰	6.00		45.00～200.00	鸡3只	8.10
戒指	1.00	开吊（小学教员实例）		蔬菜及油盐	10.00
酒肉	12.00	共请671桌		纸烟及瓜子	1.20
	75.00～85.00	米及猪及菜	75.00	鸡蛋150个	9.00
过礼（一般估计）		孝布	80.00	米线18斤	1.80
布	18.00～24.00	纸扎	40.00	木炭及木柴	7.50
衣二套	20.00～30.00	碑	60.00	烧酒6斤	1.80
酒肉	20.00	柴	15.00	白酒7斤	2.80
	58.00～74.00	炭	16.00	香油2斤	2.00
婚日（前任督学实例）		酒	15.00	赏工人	1.10
米	25.00		301.00	赏小孩及零食	3.00
猪四头	100.00	埋葬（一般估计）	0～100.00	面清面酱	2.00
小菜	30.00			麦面2斤	0.60
酒	7.00			杂费	5.00
轿	15.00				99.98
杂费	50.00				
	227.00				

（四）做斋（1939年）（周家实例）		（五）做寿（1939年）（刘老奶70寿辰实例）			
道士8人	43.20	炭四背	10.70	清酱	4.40
香烛纸张	5.00	黄豆5斤	10.00	盐	4.00
斋食84桌	168.00	小米粉4斤	3.40	枣	1.50
猪1头	64.00	白枣仁1.5斤	3.00	面酱	1.00
扎生	10.00	葵花子5升	5.00	山菜	5.00
米	50.00	笋子3斤	3.20	租碗	5.00
酒100斤	20.00	砂糖35盒	7.00	赔碗	1.40
荤菜4桌	20.00	鸡蛋70个	5.60	租被	3.45
香油	63.00	麦面5斤	1.50	纸烟	2.00
柴	29.00	花生12斤	8.00	洋烛	0.70
木炭	14.00	蛋篮13只	4.00	鸡	12.00
	486.20	贝粉1斤	0.45	柴	15.00
		花椒胡椒	0.60	香曲	3.00
		钵头5个	1.00	面	7.50
		纸、黄烟	4.00	麻油	0.50
		姜5斤	1.25	酒	24.00
		白曲30斤	4.50	醋	2.80
		草纸	0.30	米	120.00
		猪2头	174.21	糯米	15.00
		干菌4.5斤	1.40	藕	7.00
		厨师	3.40		
					487.76

我们又逢那家熟识的佃户（就是上表中的丙家），为他儿子筹备婚事。我们因为要回昆明，问他要带什么东西。他回家商量了一回，开了一笔账来：桂花呢一丈二，阴丹士林一丈二，阴丹亚布一丈二，此外还要一床有花的红毡。我们的房东老太太就劝他说，这种时势，不必如此考究，送几匹土布就算了。这三件布匹就得国币10元以上，加上红毡要十五六元，未免太多，可是磋商了半天，只把红毡取消了。第二次我们又回昆明，他喝了我们请他喝的茶，他说一定也要买这茶请客。我们说可是价钱很大，他说没有关系。又要我们代买红帖子。他要这个，要那个的神气，真使我们惊异了。读者可以在表17中间接地体会到他平时节省的情形。50多岁的人，天天劳动，既无嗜好，又不求穿着。以我们看来，他可以说是全村最勤俭的人，袜也不穿，短褐上补上几层。可是在他儿子的婚事上，他完全没有半点踌躇，一切要尽他的能力追求最体面的举动。有一次他请我们吃饭，在桌面上，他和我们房东谈话里，才知道他为这次儿子的婚事，拖欠了好几十元国币，而且又卖去了不少谷子。就是这样他一样地笑嘻嘻，觉得这是平生最愉快的一件事了。"自己的婚事是由父母管的，并不觉得怎样快活，最快活的是替儿子娶媳妇了。"这是我们房东向我们解释的话。

婚事的费用比较上不及丧事那样各家可以差得多，因为婚事是可以预算的，而且没有钱可以延迟一年，丧事却不成。人死了总得料理，所以丧事有简单到只花一具棺木的。我们第二次在禄村调查时，对门就有一家死了人。这家穷得很，向对家买棺木都没有钱，出了40元一张借据，才成交。入殓那天只请了一桌客人，下一天就由亲戚们抬了，放到山上去了。这样也结束了一个人，和小学教员家里的场面相差太远了。

祝米是孩子满月时的仪式。普通人家头生孩子请客热闹一下，后来生的孩子，就简单到由母舅家招几个客人来吃一顿。做寿是要场面的人有余钱才干的事。张之毅君在禄村时刚逢隔壁刘老奶70岁做寿。刘家本算是禄村的富户，而且刘老奶又是出名有霸道的老人家。她自己要儿子替她做寿，热闹了一下。上表中所载详账是由张君直接在他们特为做寿所记的账上抄下来的。做斋的目的，是在求家宅安宁，几年来因为农业不景气，禄村没有人做过斋。1939年周家牲口死了一半以上，家里人事也不宁，六爷决定为消灾免祸起见，做了一次斋。

上表中，婚事和丧事是根据 1938 年物价，其余三项是根据 1939 年的物价。读者比较时应加以留意，1939 年物价比了 1938 年物价，普通增加了三倍以上，下文中我即将讨论及此。

这类费用是大宗的支出。任何一项都可以超过一家一年日常生活费的总额。我在下文中将说及农民储蓄很不容易，既有这种继续的大宗支出，很快可以把农民所有小小的储蓄，一次吸尽，甚至使他们负债，而影响到农田经营中必需的资本。这自是一个严重的问题。

三、鸦片的消耗

我们在上节中分析的五家，都是不抽鸦片烟的，可是我们不能不在这里提到这项消费，因为它对于禄村经济有很重要的影响。1938 年我们在禄村调查时，据当地人民给我们的估计，每月禄村要销 200 两烟土，一年要销 2 400 两，这时节价每两国币 4 元，一年要有近 1 万元的消耗。这数目大得使我们不敢相信。1939 年我们再去调查时，把天天抽烟的人名，一一记下，结果有 38 个。据说这一年内抽烟的已经少了些，因为烟价高涨，9 月里 1 两烟卖到 14 元国币。每天抽烟的至少要 5 角，5 角钱只能抽 3 分多烟，真是过不了瘾，所以据说连烟灰都吞了。即以每人 5 角来估计，一天全村要在鸦片一项上消耗 19 元，一年要花 7 000 元的国币。

自从鸦片禁种之后，除了有些大户人家尚有存土之外，大部分是靠市场供给的。政府有公卖的办法：凡是登记的烟民，每月可以领一些烟膏。可是禄村登记的烟民，只有 8 个，其余全靠私贩的供给。一年中禄村因鸦片而流出的现金总在 5 000 元以上。当地人和我们说，若是烟土这样贵下去，禄村一年的谷子，除了做米粮外，只够买烟来抽了。这种说法，有相当的正确性。禄村的鸦片若要全部靠外面的供给，则每年要输出 875 石谷子来换取。禄村每年全部谷产，依我们的估计，只有 2 500 石，而全村需 1 000 石谷子做食粮，余下来的不过 1 500 多石。若要 900 石谷子去换鸦片，所余的确不多了。因为禄村有这一项巨额的支出，他们的农田绝不足以维持他们的生计，因而不得不在副业上求挹注了。不然的话，依我们上文所说，禄村单靠农田也可以有国内农村的一般生活程度了。

禄村吸鸦片的人数，近年来已经减少了。我们可以随意挑一个中年的男子来问他平生抽过烟没有，没有一个是例外，若是诚实的话，全会承认抽过的。抽到成瘾的人和断断续续与烟没有完全脱离关系的，至少有一半。他们和我解释说：禄村本是个产烟区，出产的烟非常好。自产自用，不消花钱，就是买来抽，当时一年也抽不去10块花洋，比现在的香烟还便宜。什么病痛，抽一口烟就减少了一半。女人抽烟的也很多，连小孩子都有会抽烟的。

禁止种烟的法令是容易推行的，现在禄村一朵罂粟花都看不到。可是禁吸却没有这样容易，因为在禄村根本就没有给人戒烟的设备，而且在生活上也没有代替烟土来消磨这辈脱离了劳动者的光阴的方法。虽则这样说，烟土价格的提高，对于吸烟者经济压力加增，吸烟人数自然会降低一些。可是这是个很辣狠的办法，因为经济压力在没有使吸烟人放弃吸烟习惯之前，在其他方面的生活上已经引起了很多不易补救的打击。合理的禁烟，应当先有戒烟的设备；不然这种法令一方面增加农村的痛苦，加快农村经济的衰落；另一方面很容易引起行政机构的腐化。

今年烟价涨了，销量减少。这在禄村整个经济上看，虽并没有多少影响，但是有一部分人，减少了或戒绝了烟瘾，对于个别家庭经济的影响，却很重要。据我们知道，一年要抽200元以上的人总有十几个，这辈是村中拥有较大农田的地主。他们一方面避免农田上的劳动，可是并没有其他的事务可以加入他们有闲的生活中。在烟价便宜的时候，一灯横倚，是最好的消遣办法。我们去访问那些较有地位的乡绅时，有一种经验，就是要不是他们横躺着，一面弄烟泡，一面是不很说话的。不但烟能增加他的谈话精神，而且给他最合适的谈话情境。

上章，我已说过禄村传统的经济态度。凡是能得到他们认为过得去的生活程度，他们很知足地脱离了劳动。脱离劳动固然可以使他们免受种种劳动的痛苦，可是在农村中，脱离了劳动就发生了时间太长如何消遣的问题。闲着无事的人才会觉得日子长，日子太长也不是件容易安排的事。比如我们的房东（甲家的主人）不抽烟，又不下田，整整的白天蹲在哪里去呢？他解决的方法，第一是用睡眠来缩短一些时间，早上9时起床，晚上9时上床，足足可以睡 12 小时。第二是上街子，做礼拜。第三是串门，蹲在街旁闲谈，画画图，练练字，或打打牌。我们在禄村时常能替他们解决一些消遣问题，因为我们供给香烟和茶，从不拒绝谈话说笑的。像我们房东那样零零散散的消遣，自然不像几位退任的乡长校长们抽烟的办法来得简便。在烟价便宜时，甚至可以说是个最经济的消遣方法。

有闲而抽烟，抽烟而更不想劳动，不劳动而更有闲——这是一个起讫相衔的循环。这循环给那辈雇工自营的地主以一个典型的生活方式。

四、物价变迁和农民生计

在 1939 年这一年，云南农村经济中最引人注意的是物价飞涨的现象。我们在 1938 年年底，离开禄村回昆明，在村两个月之中，物价的变动很小，我们没有注意到这方面的材料。这时，男子工资每天 1 角，谷子每石 8 元，从当地人民口中听来，好像是好久没有变动的老价钱。米价的变化总是在 2 角 5 分到 3 角 1 升之间。可是过了 7 个月再到禄村时，情形却不同了，米已经涨到 6 角 1 升。9 月底我们回昆明正逢米价直跳向上猛涨的时候。不到半个月，滇缅铁路局搬到禄丰，我们从那里来的信上，知道禄丰的物价也跟着跳了。物价的飞跳，对于农村经济有什么影响，当我们第二次在禄村调查时，已成了一个最有趣味的问题了。张之毅君按街期把重要物品的价格记录了下来，后来我们又找着了一位前任督学赵君，请他按街子把 10 月、12 月两个月的物价也记录了下来。我把上一年的记录下的物价加上去合成表 24，更以 1939 年 10 月 10 日的物价作基数，编成指数。为了便利分析起见，把货品大致分成三类：第一类是农家产物——普通农民供给市场的货品，第二类亦是农家产物——有些人家出卖，有些人家买入的货品，第三类是普通农家向市场购买的货品。

表 24　物价变迁表

（一）普通农家供给市场的货品（物价以国币元为单位）

货品	1938年11月	1939年								
		9月底	10月10日	10月16日	10月22日	10月28日	11月3日	11月9日	11月15日	11月21日
米（每斗）	2.5 40.3	6.0 96.8	6.2 100	8.8 141.9	9.8 158	12.0 193.5	13.8 200.7	17.5 263.5	18.3 282.1	18.5 285.5
蚕豆（每斗）	1.8 36.6	8.0 97.5	8.2 100	12.0 146.3	11.0 134.1	10.2 124.4	10.0 121.9	10.0 121.9	11.0 134.1	12.0 146.3
米糠（每斗）	—	—	0.8 100	1.0 125	1.0 125	1.0 125	1.35 168.7	1.30 162.5	1.40 175	1.35 168.7
豆糠（每斗）	0.06 17.1	—	0.35 100	0.38 108.5	0.38 108.5	0.40 114.2	0.80 228.5	0.80 228.5	0.90 257.1	0.82 234.2
小麦（每斗）	—	5.0 83.3	6.0 100	5.5 91.6	6.0 100	6.2 103.3	7.0 116.6	7.0 116.6	7.2 120	8.5 141.6
平均指数	31.3	92	100	126.6	125.1	132.1	169.1	178.6	193.6	195.2

表 24　物价变迁表（续一）

（二）普通农家有时出卖有时买入的货品（物价以国币元为单位）

货品	1938年11月	1939年								
		9月底	10月10日	10月16日	10月22日	10月28日	11月3日	11月9日	11月15日	11月21日
工资，男（每天）	0.10 33.3	0.30 100	0.30 100	—	—	—	—	—	—	0.50 166.6
工资，女（每天）	0.05 33.3	0.15 100	0.15 100	—	—	—	—	—	—	0.25 166.6
田，上等（每工）	80.0 80	—	100.0 100							
田，中等（每工）	50.0 83	—	60.0 100							
田，下等（每工）	35.0 100	—	35.0 100							
猪肉（每斤）	0.18 26.6	0.70 100	0.70 100	0.80 114.2	0.80 114.2	0.90 128.5	0.98 140	1.10 157.1	1.20 171.4	1.20 171.4
鸡（每斤）	0.2 20	0.9 90	1.0 100	1.2 120	1.3 130	1.3 130	1.1 110	1.10 110	1.15 115	1.00 100
鸡蛋（每个）	0.2 40	0.5 100	0.5 100	0.7 140	0.75 150	0.75 150	0.75 150	0.75 150	0.75 150	0.80 160

续表

货品	1938年11月	1939年								
		9月底	10月10日	10月16日	10月22日	10月28日	11月3日	11月9日	11月15日	11月21日
青菜（十棵）	0.10 12.3	0.80 100	0.80 100	0.90 113.3	1.00 133.3	0.85 106.3	0.95 118.7	1.0 133.3	1.2 150	1.4 175
白菜（十棵）	0.10 13.3	0.50 66.6	0.75 100	0.95 126.6	1.10 146.6	0.85 113.3	1.00 133.3	1.1 146.6	1.2 160	1.3 173.3
水牛（每头）	50.0 62.5	—	80.0 100	83.0 103.7	140.0 175	120.0 150	120.0 150	100 125	90 115.5	83 103.7
黄牛（每头）	30.0 37.5	—	80.0 100	80.0 100	85.0 106.2	90 112.5	100.0 125	100 125	90 112	85 105.2
骡（每头）	—	—	180 100	180 100	200 111.1	190 105.5	210 116.6	200 111.1	130 72.2	175 97.2
驮马（每头）	—	—	80 100	80 100	90 112.5	85 108.2	120 150	110 137.5	100 125	90 112.5
平均指数	45.2	93.8	100	113.1	130.9	123.8	132.6	132.8	130.7	139.2

表24 物价变迁表（续二）

（三）普通农家向市场购买的货物（物价以国币元为单位）

货品	1938年11月	1939年								
		9月底	10月10日	10月16日	10月22日	10月28日	11月3日	11月9日	11月15日	11月21日
豆腐（十碗）	0.1 20	0.5 100	0.5 100	0.7 140	0.8 160	0.8 160	0.75 150	0.8 160	1.0 200	1.0 200
盐（每斤）	0.1 55.5	0.14 77.7	0.18 100	0.28 155.5	0.35 194.4	0.35 194.4	0.38 211.1	0.42 233.3	0.44 244.4	0.45 250
酒（每斤）	0.08 40	0.2 100	0.2 100	0.28 140	0.28 140	0.3 150	0.3 150	0.4 200	0.45 225	0.45 225
砂糖（每盒）	0.05 27.7	0.2 111.1	0.18 100	0.2 111.1	0.2 111.1	0.2 111.1	0.19 105.5	0.2 111.1	0.21 116.6	0.2 111.1
小猪（最小一头）	—	—	5.0 100	5.5 110	6.0 120	6.0 120	5.5 110	5.5 110	6.0 120	7.0 140

续表

货品	1938年11月	1939年								
		9月底	10月10日	10月16日	10月22日	10月28日	11月3日	11月9日	11月15日	11月21日
柴（每背约40斤）	0.5 50	1.0 100	1 100	1.4 140	1.5 150	1.5 150	1.5 150	1.5 150	1.6 160	1.7 170
炭（每背约40斤）	0.45 15	3.0 100	3.0 100	4.0 133.3	5.0 166.6	5.0 166.6	5.0 166.6	5.5 183.3	6.0 200	6.5 216.6
香油（每斤）	0.25 27.7	0.9 100	0.9 100	1.0 111.1	1.0 111.1	1.0 111.1	1.0 111.1	1.1 122.2	1.15 127.7	1.2 133.3
土烟（每斤）	0.18 30	0.60 100	0.60 100	0.80 133.3	0.90 150	0.80 133.3	0.80 133.3	0.76 129.9	0.80 133.3	0.85 141.6
川烟（每斤）	0.7 38.8	—	1.8 100	2.4 133.3	2.5 138.8	2.8 155.5	2.8 155.5	2.9 161.1	2.9 161.1	2.9 161.1
鸦片（每两）	4.0 28.6	14.0 100	14.0 100	14.0 100	14.0 100	13.5 96.4	13.5 96.4	13.5 96.4	13.5 96.4	13.0 92.8
市布（每尺）	0.2 33.3	—	0.60 100	0.70 116.6	0.73 121.6	0.73 121.6	0.75 125	0.70 116.6	0.65 108.3	0.65 108.3
土布（每尺）	0.12 34.3	—	0.35 100	0.35 100	0.35 100	0.35 100	0.35 100	0.35 100	0.35 100	0.35 100
平均指数	33.4	98.7	100	124.9	136.4	128.4	135.7	144.1	153.3	157.6

在分析物价变动对于农村经济的影响之前，应先明了农产及农家消费品和市场的关系。一方面我们不应忘记农村经济是部分自给的。一个产米的农家，除非不得已，他不向市场上购买米粮的。至于他多余的谷米什么时候销售在市场上呢？把农村中的米粮挤到市场上去的，说是市价的引诱，不如说是需要货币的压力。农民们对于米价的预测是根据他们历年的经验，就是收谷之后米价最低，逐渐高涨，涨到来年新米上市。在这传统的米价变迁之下，凡是能积得久一些的，就占一些便宜。可是农家所需其他日用品，凡是要向市场购买的，一定得用农产物去交换。农产物中以米为正宗，所以他们在需要货币时，才肯出售粮食。有时连在这种情形下，还是愿意借钱，不愿卖米的。有一次丙家的主人请我们去吃饭，我们的房东老太太也一同去。她到了仓楼一看，直嚷着：

"怎么你的谷子只剩了这一些了，要钱还是去借，这时候就出卖，来年吃什么？"丙家为了要娶媳妇，不能不把谷子早些碾了米，换了钱来使用。他本来每年自己的谷子，回清了租，不能久存在仓楼上。米贱出卖，米贵买入，是他的老经验。新米上市，米价之所以跌落，就因为有不少中等人家在这时要货币。当时最紧迫的是豆种。豆种能自给的人家，固然不必出卖米来换豆，可是中等人家，收豆时存谷已经吃得差不多了。豆收起来出卖了换米。等到要种豆时不能不重向市场上用米来换豆了。这个公式对于农家经济很不利，可是能逃脱这公式的，据当地人和我们说，禄村只有30家，不过全村户数的1/4。另有3/4是终年买米的。大约有一半是受着这不利的公式的煎熬。

过去的一年中，米价一斗（50斤），从2元5角涨到了18元5角，在7倍之上。而这飞涨的时间，却以10月到11月之间为最激烈。新米在10月中上市，这样说来，若是米价不再上涨，则对于那些急于出售米谷的中等人家是有利的。若是继续上涨，则他们依旧在老公式中吃亏。

农家出售农产的目的是在换取他们须从市场购买的日用品，有一些日用品是农村人民中自己互相交换的，好像猪肉。农家自己养了猪，售给猪商，杀了之后，再零散卖给农民。猪的价钱跟着肉价一同涨。一头猪总得养一年，在物价逐渐上涨中，养猪的人是否可以占便宜，是要看肉价和米糠及豆糠的价额，哪个涨得快。上表中可以看见肉价涨得较慢，那是说养猪的吃了亏。不过喂猪的食料大部分是农家自给自足的，他们不需要向市场上买，所以并不致受损失。而且我已说过米糠及豆糠并不能大批出卖，农民们也不能因猪肉价钱上涨得慢，而出售米糠和豆糠。

农民们因物价上升而减少消费是很明显的。他们减少消费的结果，使他们本来要花钱购买的项目减少，本来用来自给的部分则可以出售于市场。农民生活程度固然因之下降，可是农民收入的货币却因之增加。我们第二次在禄村调查时，就见到这种情形。我们的老房东，手边钱很多，要我们代他买一只手表。后来听见我们说明了手表的价钱，才吐了吐舌头缩了回去。他们本来惯于在消费上节省的，物价一涨，更不敢买东西。同时却鼓励他们出卖农产，结果增加了他们货币的存积。我们曾间接打听他们每家存储货币的数目，像上章所引甲乙两家，一下子可拿出二三百元国币出来；像丙家一类的人家，不用筹划,也可以拿出四五十元国币。货币的存积,并不增加他们的消费,而鼓励了他们做买卖。乙家的主人把典来的田也退了,拿了回来做生意。他在1938年年底和1939年年初往返昆明两次。他又去川街贩纸,家里开了马店。比他更有钱的人家,做盐生意。一个退任的乡长和其他四个朋友,合向猴井买了1万斤盐。就是戊家,在农忙中还是偷出时间来贩了一次梨。丙家赶猪。我们在村时常感觉到禄村在物价刺激之下,加速地商业化了。

当然,物价的上涨,并不是普遍地对农民有好影响。他们有一部分日用品是不能不靠市场供给的。一斤盐,已经从1角涨到了4角5分。一背炭从4角5分涨到了6元5角。一两鸦片也从4元涨到了14元。1市尺布从2角涨到了6角5分。这些货物的涨价,一方面使他们减少或甚至取消这类的消费,一方面使他们要设法开添收入。有农产物的自然还能对付,而且农产物的价额涨得比这些消费品为快。以1939年11月底的情形论,农产物价平均指数是195.2,而外来消费品的平均指数只有157.6。依这字面上说,农村是应当繁荣了,但是我们不应忘记,农村中并不是全体农民都有多余农产出售的。实际上,有农产品可以出售的不过占全部农民的一半,以禄村说只有1/4。那些靠卖工为生的人,他们没有农产品,只有劳力。劳力的价额如何呢?在1939年收谷时还只有男工3角,女工1角5分,比上年这时涨了一倍。在1939年11月底,不在农田上工作的工资涨到了5角。可是与其他物价相比,尤其是米价实在相差太远了。当然,这工资中并没有把伙食算入,普通工人们被雇期间是由主人供给伙食的。这一部分是和米价相同的上涨,但是在没有工作做时,他们要自己买米,那时候他们可就吃亏了。所以在过去一年中,有一半单身在禄村卖工的人,离开禄村到别处去了。

工资比物价涨得慢,雇工自营的地主应当占便宜,使禄村农田经营方式更向利用别人劳力的方面发展。可是事实适得其反。我在论劳力供给的减少时,已经提到有不少历年不劳动的人开始下田的情形。一方面固然是因为劳工不容易雇,而劳工的所以外流还是在禄村地主们不肯出较高的工资。张大妈本来是打算包工的,可是在禄村附近去找工讲价,都没有讲成。她讲价时的话,我觉得很有意思。张大妈最初给的是往年的价额,她不承认工资已经涨了。而包工的却说往年包1工田掼谷子有1升米的工资,米价涨了。往年以货币计算的价额自然包不下来了。他们是坚持工资和米价的比例,而张大妈不但不承认这原则,而且觉得工资上涨了,要付的钱增加,心里舍不得,所以到底没有讲成。货币价值的跌落和物价上涨,在张大妈的脑中,并不是一件事。在她似乎觉得 1 块钱是 1 块钱,价值是固定的。不过有些东西以前不值钱的,现在值钱了,可是这并不是说一切东西都变得值钱了。劳力就是不该和其他一起论列的。她只看到名义工资的上涨,而没有看到实际工资的跌落。因之,劳力价格便宜时反而不愿雇工了。这种心理并不是张大妈所独具的,因之,农村中的工资赶不上物价,使卖工脱离农村,那辈小土地所有者开始亲自劳动了。换一句话说,禄村本来有一批没有动员的劳力。这批劳力在以前的工资下是吸收不出来的,但工资稍提高了一些,没有利用自有劳力的人,觉得值得动用他们劳力在农田上了。这样增加了劳力的实际供给,使工资不能提高到和米价成比例。从劳力外流及实际工资降落的相互关系上,更使我们相信禄村原有劳力若是能动员的话,是足以应付他们农田上大部分的需要。若是真的劳力不足的话,工资决不能反而在需要增大时期降落的。

农村物价高涨,只影响到他们以货币来交换的范围而已,在一个像禄村一般的农村中,这个范围之外还留着不少物价影响不到的部分。我们已提到禄村的租额,一律以谷子计算的,若是佃户的租谷是自产的,谷价的高低并不会影响到他们实际的担负。可是像丙家一样,因为纳了租,自产谷米不够供给粮食的佃户,则要直接受到米价上涨的压力了。

在货币贬值的过程中,这不受货币影响的部分,在扩大抑在缩小?这是个有趣的问题。可是这问题并没有一个简单的答复。我们得注意经济关系中有势的一方在哪种情形中可以得利。譬如,租额若改为货币,货币继续贬值,佃户就占了便宜,有势的地主是不愿意的。若从工资方面说,地主觉得供给伙食不如一概以货币工资包清,在物价高涨中他可以占便宜,于是我们就见到这种情形发生了,因为在雇佣关系中,雇主有势力。比较更复杂的情形是在借钱回谷利的办法中,以后我们还要详述,暂时不提。

物价的变迁,货币的贬值,在农村经济中发生了重要的变化,农民所受的得失极不相同,结果使农村中原有的经济秩序要重新安排,我在本节中只能择要提到,希望有人能作专题加以更详尽的研究。

第十章 农田的继袭

一、单系继袭和妇女地位

农田是禄村经济的主要基础。从上面两章看来，禄村人生活程度的差异是根据有没有田，有田多少而决定的。我们也看见禄村人厌恶劳动之心，而依旧得和牛马一般终日劳动。没有田的在希望有田，所有田太小的在希望扩大他的农场。有闲的地主们在希望保持他已得的权利。这里有一幕活的戏剧在开演了，以下两章我就要讨论农田所有权转移的动态。农田所有权转移的一种方式是农田的继袭。

农田是可以继续不断地长期被人利用，而农田所有者的个人，却受寿命的限制，不能继续不断地长期利用土地。在这个矛盾上，农田的所有权不能不一代一代地在不同的人手中转移。这种转移的方式，我们叫它作农田的继袭。农田继袭所取的形式各地可以不同，继袭者和被继者的关系，各地也可以不同。以禄村而论，农田继袭是以亲族世系为根据，这是禄村经济藉亲属结构而活动的主要部分。关于禄村亲属和经济，在本书中不能细论，这里只将提出两点：一是农田继袭的单系性及继袭行为的时间问题。

亲属是以生育及婚姻而发生人和人的联系，所以亲属联系是男女结合的结果，本身是双系的。简明地说，普通情形下，一个人是有父有母的。但是农田的继袭，除了极少数的例外，却常只用这双系亲属联系中的一系。禄村是以父系为主。一个人只能得到父系方面传下的农田，农田既在父系的亲属联系中传袭，女子就得不到农田的所有权。女子出嫁不能带着她父家的田产到夫家去，于是她自己没有农田可以传给她的后代。从子女方面说，在普通情形中，女的并不能和她兄弟一般从上代继袭田产，所以结果我们可以说农田是男性的财产。

农田既是男性的财产，在家庭的经济上，夫妇双方所供给的部分亦因之相差。在结婚时女家送到男家的嫁奁，包括下列各项：铺盖、火盆、脸盆、衣箱、柜桌、椅、女用衣服妆台杂物。男家近亲长辈鞋子每人一双，小辈帽子每人一顶。

可是女家在送嫁奁之前，收到男家送来的聘金（30~60元国币），布匹（6~8匹），五金首饰、戒指、衣服等，所以女家只要赔上了30~40元，而男家却花去了100~150元，来筹备这新家庭的物质基础。

结婚之后，新妇住在丈夫的家里，若是丈夫还有父母，又没有和他兄弟分家，则不如说是住在丈夫的父亲家里。新家庭的住所是由男家供给的。结婚之后，维持新家庭经济基础的农田，新妇一点都带不过来，所以也是全靠男家在新家庭的全部财产中，只有一部分房内的用具是由女家用男家送来的聘金所购置的。

夫妇对于新家庭经济贡献的相差，至少是决定妇女地位的一个要素。那些不是由新妇带来的生活资源，最重要的是土地。她是没有直接支配的权利，好像土地如何利用，土地权转移等，一个有夫之妇，绝不能单独决定。虽则事实上妇人家可以用各种方法来左右她丈夫的行为，可是丈夫不听她们，她们并不能取消丈夫行为的结果。

没有田的女子在经济权利方面，不能和丈夫相比。在劳动义务方面，则时常多于丈夫。做妻子的义务，一方面是生育孩子，一方面是担任烹饪针线等家里的杂务。此外，还要下田，晒谷子，喂猪等较轻的农作。这里有一件应当特别注意的事实，就是即在男子不劳动的自营农家里，女子很少是不下田的。小小的脚，紧紧地裹着腿，一样地拖泥带水地在田里插秧，割稻。我们在第二章中所列的农作表内，已注明有很多的工作，是一定要女人做的。这些工作，就是望田生畏的校长太太，也免不了部分地参加。因之，在户口册上载明1938年度32个佣工中，只有6个是女的。本村的妇女既大部分不如男子一般容易脱离农作，外来的女工的数目因之减少，工资也更低，低到不要工钱。我们房东就雇了一个女佣，只给她饭吃，地方睡，没有工钱。此外还有卖绝的丫头，工资是不必需的。雇男工而不给工钱是例外，雇女工不给工钱是常事。

娶了妻，让她闲着是浪费劳力。利用家有女工的劳力是有田的人家愿意自己经营而不愿出租的一个原因。当然，他们并不是这样明白地表示，他们是说自己经营有时候就不用雇工，自己做做出息大，可是所谓自己做做，男子比女子"做做"的机会少得多。我们曾问人家，像这种整日在庙里吹洞经的王家少爷，如何能经营他的农田？"他的女人能干"，是他们的回答。

从这些事实上看来，在家庭中，好像在村中一般，似乎也有着有田者不须耕田，无田者不得不耕田的情形。

若说妇女根本没有经济独立权，所以她在和农田关系上成了她丈夫的佣工，这话并不正确，不靠她丈夫的经济基础所得来的收入，是妻子自己的。我们的房东太太就时常在赶街子的时候做些小生意。她在甲街子买了些谷子、鸡，在乙街子上卖出去，挣了钱丈夫管不着她。有一次，她在街子上买了一件红绸棉袄回来，她丈夫说她不该向不认识的人家买"烂东西"。她花她自己的钱，不理他，虽则后来她又出卖了，还赚了些钱。妇女们自己有挣钱的机会，好像出去替人家缝衣服，可以到手一些工钱。又可以做了绣花的帽子卖给人家。这样她有了一些本钱，在街子上买进卖出。这些钱和家里的公账是不相混的。丈夫不能去干涉她，向她要钱。她甚至可以借钱出去，而她丈夫得借了钱来养家。

她在家里劳作，同时享有由她丈夫供养的权利，至少她可以得到丈夫给她的住和吃。这是等于她出卖劳力而获得的工资。从这方面说，娶个老婆和雇个工人，在性质上是相同的。为了要人劳动是娶媳妇的重要理由。这种理由是禄村人民大家所公认的。

农田传袭的单系性，对于两性社会地位，固然会发生不平等的影响，可是双系性的承继亦有不易实行的客观条件。从农村的区位结构上说，农田和住处不能相距太远。若是太远了往返时间及所费劳力会影响到农田利用的效率。我们若假定农田继袭是双系的，就是女子平等传受父母双方的田产，则婚姻关系在地域上，就会受农田和住处的区位关系而限制于一较小的范围中。若是夫妇原来的住处相隔很远,他们都有田产需要经营,田产不能因婚姻而搬在一起,夫妇又不能因田产分散而各自独居。在这种情形中,只有在邻近的地域中发生婚姻关系了。若是婚姻关系有其他的原因,不能限于狭小的地域,则农田双系继袭在事实上办不通了,除非所有权和使用事实完全脱离关系,这样就影响了农田经营的方式。禄村现在的社会结构中,只能由单系继袭他们的农田。

我在《江村经济》中,曾提到我们中国的新民法中因采用男女平等主义,确定了双系继承的原则,这是没有顾到最大多数农民的实际生活情形的立法。在可以分析的动产方面,双系继承的办法有实施的可能,可是在不动产方面,好像农村中的土地,在现代的生产技术之下,很少有实施的可能性。现行的土地政策,鼓励耕者有其田,而继承法中却间接地在鼓励不动产的所有者脱离使用,我们看来,两者是互相冲突的。我在《江村经济》中曾说,彻底的双系继承是一种空前的试验,若是果真能实施的话,中国社会的结构会因之改造,给社会学者以一个最值得注意的题材。至于中国是否值得推行这种立法,那是另外一个问题了。[①]

二、上门的姑爷

农田是男子的财产,女子得不到田是禄村农田继袭的一个原则,这个原则有个例外,就是招婿。

招婿是我国农村中常见的现象,在民法中也加以合法的承认。很多地方招婿只发生在没有儿子的人家,可是在禄村却有儿子的人家也可以为女儿招婿。比如我们熟悉的张大舅,他的父亲是大理姓宋的,到禄村张家上门。张家有兄弟三人和一个姐姐,现在都已死了。可是子侄辈都是村中有数的人物,村中最有势力的退任乡长就是这家的。以这家为例,可见在一家之中,儿女不分性别,都平等地继袭了他们的父亲的姓和财产。张大舅的父亲上门时没有农田,他带了些钱来。他一上门,就分得了张家的农田,又用他自己的钱买了十几工田,可是双系继袭是暂时的,等张大舅的父母死了,由张家得到的田就给他的伯叔要了回去。张大舅性子好,并没有因之改姓宋,而且在感情上和他堂弟兄都还好。

招婿的女儿自己固然是得到了农田,这是说男女都有了继袭的权利。但是上门的姑爷若要得到女家的农田，同时要改姓女家的姓（有很多并不把自己的姓取消，好像一个王姓的到张姓上门，他的名字可以改作张×王）。上门姑爷的妻死后，他能否继续继袭女家的农田，即成问题。逢着妻家有男性继承者时，他很可能被迫把农田交回。他自己可以回宗改姓。姑爷们的儿子中分从父母两姓。所以在禄村的户口册上，常发现父子异姓的事。凡是姓父亲原来姓的儿子，就不能承袭母系的农田；姓母姓的，能不能得到继袭的权利，也要看母家族人有没有良心。

上门姑爷也有自己带着田来的。这种农田的继袭方式，好像是双系的了。禄村有一个王姓的上另一王姓的门，就带着农田的。可是等他儿子长大了，若是一个得父系的田，一个得母系的田，则现在的双系性不过是两系的暂时合并罢了。若是上门的姑爷得不到田，他就不肯改姓。有一家是姓李的上施家的门，因为农田给施家要了回去，他就不再姓施而回姓李了。另有一家是姓葛的上李家的门，两家都是没有田的，那位姑爷就不愿人家叫他李大哥，在户口册上，也写着姓葛。这里我们可以注意的，就是得到农田是改姓的交换条件。

从上门姑爷来说，上门是一个外来的无田者进入社区中心团体的一个门径。我在第五章第一节里已经说起外来的移民不易得到本村的农田。因之，他们只能做本村经济组织的附庸。即在他们所住的房屋分布情形中，也可以见到他们总是在村的边线上而不易进入这社区的中心。独身的卖工者虽则分散地寄居本村内各家，可是他们总是流浪的行脚者，不但在社区生活中不占重要地位，而且他们不能在村中生根。他们若是要进入社区的中心团体，只有一条路，就是利用婚姻和本地的中心团体发生结合。姻亲关系时常是沟通不同地域人民的一种联系，好像本村所娶的媳妇大半是从别村来的，本村的女儿大半嫁到外村去。在这方面说，女子在地域中是较男子为流动（这是使他们不易得到农田的一个原因），同时也是比较容易加入别的社区。男子们要利用婚姻来加入别的社区，就成了上门的姑爷。我们所知道上门的姑爷全是由外村来的，除了一个例外，全是没有田的。他们愿意改姓伏雌，时常是很明白地想藉此得到一份可以终身依赖的田产。当这个目的不能达到时，就有恢复本姓和否认上门等事了。上门的婚姻方式和农田继袭因之发生密切的关系。它可说是出于一辈无田的男子想获得农田继袭权的原因，同时它却改变了禄村常态的父系继袭方式。

三、分家

农田所有权的继袭是一种法律手续,就是说一个对于农田没有所有权的下代,得到农田所有权的手续。这种手续在民法上是规定在财产所有者死亡时发生,若是在生前发生亲属间财产的转移,只能属于赠与或其他无偿取得的财产部分,并没有特条规定。可是在民间习惯上,财产的继袭常有发生在亲方在世的时候,就是普通所谓分家。分家是我们中国家庭财产继袭的重要事件,民法上没有专条规定,不能不说是一种缺憾。

从社会学的立场上来看,财产所有权在亲子关系中转移不过是社会性新陈代谢作用中的一步。亲子关系的内容,因新陈代谢作用的演进而逐渐改变。子方出世,非但不带任何财产,而且他生命的维持完全依赖亲方。孩子逐渐长大,由完全受亲方的供养,慢慢地参加家庭中的生产工作,由工作而获取经济上的权利。到他能独立生活进而自己组织家庭,由从亲方得到自主的经济权,最后和亲方的家庭分裂而独立。亲方则反之,由保育儿童而利用子方劳力,合作经营家庭经济,直到把家有的财产分给独立的子方,最后受子方的供养,成为子方家庭的附庸。

在新陈代谢的过程中,子方的数目可以是多个的,于是亲方的财产要分割以传给多个独立的子方单位。这样发生了子方的兄弟间如何分别继袭亲方财产的问题。

分家是把本在一个亲属团体里生活的分子,分成几个经济上独立的小团体。从亲属团体团结上讲,是一种破裂的作用,在需要团结的方面讲是不利的。而且这破裂的结果,使在原有团体握有经济权者看来是一种损失。因之社会对于分家的态度常是贬责的。

我们在禄村时,庙里正有大会,生者可以荐拔亡魂要死者回来在乩台上写字,有一家把亡父请来了,在沙台上写着下列的训词:

你们兄弟当和顺,不可小事起忿争。
长子有妻妻有子,三儿有妻当小心。
在外在家抱根本,不可小事慢乡邻。

二儿再由书前进，盈亏代他探淑婚。

兄如父母当助弟，父母在冥也甘心。

欠账不上四千整，父佑两年概赔清。

兄弟妯娌当和顺，十年不准把家分。

我们不必把这乩词信作死人魂灵的教训，可是很可藉此见到社会一般的态度。

事实上分家是免不了的，在父母死后才分家的已经很少，死后 10 年不分的，我们从没有在禄村听见过有这种人家。在父母死后才分家，有几种困难：第一是父母年老时，家庭经济权不易维持，因为子方的兄弟间，尤其是大家都娶了妻生了子的不容易受一人的支配。第二是父母死后，若是兄弟间的年龄差得多些，幼子的权利不易保障。所以在禄村，我们所知道的人家，多数是在父母在日分家的。

分家的直接原因，常是兄弟间的不和睦。举例说：我们的邻居老父母都在，大儿子不成才，媳妇又懒做工，他的弟弟却很勤俭。他们若是不分家，等于弟弟做工来养他哥哥的一家子。哥哥的抽烟会抽到弟弟的头上来，弟弟得负这大家庭的全部经济责任。这样，在一般的观念中，认为是不公平的。于是他们分了家。老父母和我们提起了分家的事，总是摇头说儿子不争气。

老父母本来有 24 工田，他分给两个儿子，每人 9 工，自己留着 6 工做养老的费用。24 工田在禄村本来是算小康之家了。这样一分可就少了。老父母去年已经是满 70 岁的人了，不能劳动，他的田交给小儿子种，他们也住在小儿子家里，由小儿子供养，所以小儿子实有 15 工田。他又租了 16 工田，有 4 工是我们的房东的，他们是同祖的堂兄弟，所以他经营的农场有 31 工，虽则有一半是租来的，但是已可以过得去了。那大儿子只在 9 工田上做活，又懒又抽烟，不时向他父亲要些钱，又在外举债度日，依我们房东说，他的田产是保不住了。

我们的房东的父亲和刚才提起的老父是兄弟，可是他早死了，只有一个儿子，他死后遗下的妻子很勤俭，一面雇工耕田，自己做针线挣工钱，非但把祖上传下的 30 多工田保存了，还添了几工，现在一共有 36 工田。到我们房东一代，堂兄弟中，很明白地显出了贫富之别了。

我们知道在禄村过去的一代中，比我们房东高一辈，有三家拥有 200 多工田。可是到这一代最多的只有 60 多工了。最直接的原因是在兄弟的分家，把较大的农场割碎了。

父母生前给儿子分家,他可以提出养老田,这一份田的数目并没有一定,有时很大。在这田上的收入,他可以自由支配,当然,很多仍用在儿孙身上。他死后这份田就充作办理丧葬之用,普通的人家,在丧事里花去 300 元国币是算很省的了。300 元国币就得用 4 工上上田去换。若是有多余的农田,也有就不再分析,由兄弟间轮流使用。用这份田的,就有去上祭扫墓的义务。有时这份田较大,它的性质和族公差不多了。

兄弟间所继袭的田产,在禄村原则上是相等的。可是事实上略有变异,我们的邻居刘家有弟兄三人,他们父亲在时一共有 100 工田,长子成家时,父亲就立下了分单,每人 30 工,留 10 工亩养老田。长子拿了 30 工田,就自立门户了。次子成家时,父亲已经死了。他的母亲偏爱他的小儿子,所以只给次子 15 工田,去自谋生活。小儿子和他母亲一同住,经营了 55 工田。次子很不满意,可是那位老母亲却霸道得利害,所以没有法想。他只希望等老母死后可以问他弟弟要回 15 工田。他那位弟弟抽大烟,心又狠,能不能把 15 工田要回来还是问题。

又好像赵保长家:父亲手上有 18 工田,他死了,兄弟分家,房屋不够,所以卖了 10 工田,余下的 8 工,长子得 5 工,次子得 3 工。为了要适合平分的原则,长子给次子 1 工田的价钱。

继袭上弟兄间讲平等,听来是最好也没有了,可是就因为这原则,人口压力一直压上农场来,把农场压得粉碎,使中国遍地都是小农。禄村每家平均农田面积只有 5.7 亩。人一代比一代多,大家争着这块有限的土地,农场怎能不一代一代地小。小到成了中国农业改良的一个大障碍。不要说这样小的农场机器用不进,连最简单的技术改良,都无法着手。要避免农场在继袭过程中分碎,儿子间总得有几个吃些亏不继袭土地。可是,这种完全由长子或幼子继袭的办法,在一个以农田为经济基础的社区中又不易行得通。因为得不到农田的人不易在农业之外谋得生活,而且本地之外,又没有新世界在望,可以把他们吸收出去。在这种情形中,兄弟平等继袭也许是最合人情的办法。农场虽则因之缩小,大家挤一挤,日子过得去也就算了。

我们若进一步推考,为什么继袭平等的原则,会成为小农经济的基础,就可以发现另一个条件，就是农田经营的单位，常以所有权作界限。农田所有和农田经营合为一回事时，所有权的分割也就成了农场经营上的分割了。可是我们要知道农田所有和农田经营是可以成为两回事的，在租营中我们已见过这两者分离。

禄村私家固然没有大地主，可是团体地主的农田却并不小，而且团体地主的所有农田，并不受继袭作用而分碎。可是禄村并没有因此而有较大的农场，因为团体地主只集合了所有权没有发生集合经营。他们把田分碎了租给佃户去经营。所有和经营是分离了，可是这种分离，却把较大的所有范围分割成多数经营单位。

所有和经营分离，也可以使分碎的所有单位成为较大的经营范围。分碎所有和集合经营，同样是可能的。我们所谓农场太小是农业发展的阻碍，并不是指土地所有权太分碎，而是指经营的单位太小。要扩大经营单位，要使经营上集合，并不是一定要提倡大地主，或是所有权的集合。我们应加注意的是在如何可以使小地主们能在经营上集合起来，这一点也许可以使我们对于普通所谓"耕者有其田"的理想发生怀疑。若是我们要贯彻耕者有其田的理想，结果势必加速使农场分碎。小农经济是否值得提倡，就很成问题了。

注释

①*Peasant Life in China.*

第十一章 农村金融

一、互助和礼仪

农田所有权转移的另一种方式,就是农田买卖。在上章中我们已经说过,农田是农家生计所寄的基础,失去农田就会在生计上发生不良的影响,这一点是农村中大家公认的,于是,农田怎么会从所有者手上流出来呢?从出卖者方面说,非到万不得已时不会把农田出卖的,所谓万不得已,就是需要现金交付而筹不到款的时候。因之我们不能不先说明当地农村金融调剂的机构,农田买卖是发生在他们金融调剂机构失效之时。

金融的调剂是发生于收入和支付的差额,有盈则发生积蓄,不足则发生借贷。日常生活费用是富于伸缩性的,若是收入得少,可以在支出上缩紧一些。即使临时有周转不灵时,数目很小,可以在朋友处挪借。我们在村里时,常看见亲戚邻居间互相借米,借豆糠,借劳力及借钱的事。这一类的挪借,全靠面子,既没有利息,又不说定还期,互相于人方便,即是在方便自己的原则下,保证这种小项的信用活动。

这一类信用只限于日常生活中临时的济急,而且数目很小,充其量也不过做几天工,借一二升米,欠一两元国币,多了,就会发生问题。凡是大宗款项的需要,不是这小规模的互助所能维持了。

在日常消费品中,不易缩紧的是鸦片的嗜好。鸦片的消耗,我在第九章第三节中已经讲过。一个烟瘾比较上很小的人,一年也要150元的国币,这数目在农家经济中是极可观的了。因抽鸦片而使家用入不敷出的很多。

养生送死过程中的关节上，农民们时常会有大宗款项的支出，这笔款子从哪里来呢？第一是亲戚朋友的送礼，我抄得表 17 中所述丙家受礼的账簿，加以分析，得下列一表。

表 25　婚丧受礼表

	送礼份数		合收礼金	平均每份礼金
婚事	亲戚	40	31.9	0.79 元
	朋友	69	38.4（喜对 1　喜帐 1）	0.55 元
	乡党	19	10.1	0.53 元
	总数	128	80.4	0.62 元
	占全部费用	35%		
丧事	亲戚	39	23.2（祭帐 3）	0.59 元
	朋友	92	36.6（祭帐 2　祭对 1）	0.39 元
	乡党	65	18.4（祭帐 1）	0.28 元
	公共团体	7	5.2（花圈 2　火封 2）	0.74 元
	总数	203	83.4	0.41 元
	占全部费用	21%		

办理婚丧的人，不能专靠收礼来支付费用是很显然的。日常家用或婚丧大事等需要超过自家收入及储蓄的数目时，他们不能不求之于信用了。以信用来筹大宗款项，有三种方式：一、合赛，二、举债，三、典质。

二、合赛

赛是当地的钱会，由需要整宗款子的约集 10 人，每年收会两次，每次依着顺序，有一人收集其他 10 人所付的款。原则上等于零存整取及整取零偿。禄村所实行的办法是这样：每个会员先认定会次，规定每会应交一定数目的款项，按次收取各会员所交的款如下表。

每年召集两次会，在 3 月及 9 月间，按着下表的数目交款每次合成 100 元，会员按次收赛。赛首第一个收赛，而他在五年半中一共付出的数目，并不多过于他所收的，所以我们也可以说他得到了一注没有利息的债。他虽占了这便宜，可是他却负着集会的责任，每次开会，他都得预备了酒席，而且若是有会员不按时交款，他有催促之责。若有不交款的，他得代付。除了赛首之外，其他会员的借款或储蓄都是有利息的。

表26　合赉各会员付款及收款次序及数目

会次	1	2	3	4	5	6	7	8	9	10	11	每会员付款总数
赉首	(收100)	14.5	13.5	12.5	11.5	10.5	9.5	8.5	7.5	6.5	5.5	100
1	14.5	(收100)	14.5	14.5	14.5	14.5	14.5	14.5	14.5	14.5	14.5	145
2	13.5	13.5	(收100)	13.5	13.5	13.5	13.5	13.5	13.5	13.5	13.5	135
3	12.5	12.5	12.5	(收100)	12.5	12.5	12.5	12.5	12.5	12.5	12.5	125
4	11.5	11.5	11.5	11.5	(收100)	11.5	11.5	11.5	11.5	11.5	11.5	115
5	10.5	10.5	10.5	10.5	10.5	(收100)	10.5	10.5	10.5	10.5	10.5	105
6	9.5	9.5	9.5	9.5	9.5	9.5	(收100)	9.5	9.5	9.5	9.5	95
7	8.5	8.5	8.5	8.5	8.5	8.5	8.5	(收100)	8.5	8.5	8.5	85
8	7.5	7.5	7.5	7.5	7.5	7.5	7.5	7.5	(收100)	7.5	7.5	75
9	6.5	6.5	6.5	6.5	6.5	6.5	6.5	6.5	6.5	(收100)	6.5	65
10	5.5	5.5	5.5	5.5	5.5	5.5	5.5	5.5	5.5	5.5	(收100)	55

赉的能否圆满收场，是靠与会的人的信用有没有人半途拒绝付款。有什么可以保证各人的信用呢？第一是这11人中原有的感情关系，第二是赉首所负赔偿的责任。

关于在会各人的关系，我们虽详细问过几个人，有一位一共加入过10个赉，赉首和他的关系是：乡党5，亲家3，外婿1，别村的朋友1。有一位加入过两个赉，赉首和他的关系是：朋友1，舅舅1。有一位加入过7个赉，除了有一赉是他聚合的之外，赉首和他的关系是：朋友4，姨表2。据此几个例可见加入赉会的，却以朋友及乡党为最多，姻戚次之，宗亲则很少。我们问他们有没有特别原因，入赉的不常和赉首是自己族里的人，他们说并没有这限制的，可是承认事实上这种情形不很多。关于这一点，我们还得深入他们的亲属组织才能解释。据我们的猜想，凡是很近的兄弟，有急难需要钱时，可以通融，甚至据说不要利息的。较远的族人，除了族内公事外，往来很少，为了要保持感情关系，容易发生纠葛的经济往来，更是有避免的倾向。

若是有会员半途不付，或付而不全，以及延期等情，依规矩赉首要代他付款的，至少他要负责去催。这时若是赉首和赖赉的人关系太深，就不易板面说官话。若不去催，他自己得拿钱出来赔，经济上不免将受损失。

我们认识的那位赉首，就很固执，因为催会款及代垫会款的结果，得罪了不少人。连他的外甥都在背后说他坏话，另一方面还有人控诉他要他追收拖欠的赉款，保公所调解案中有：

> 民于1935年同伊上赉一个。民于1936年接着伊赉洋，当时赉友同民结算上，有李××名下之赉洋未有结算在内；至今赉毕已有年余之久，未有结算给民。屡次收取未有获，据实情呈请钧所为民追究。

经济关系和感情关系有相成亦有相克的时候。靠了感情关系，信用比较靠得住，可是在真的拿不出钱来时，不是伤情，就伤财，关于这一点，我们在借款中还要提到。

三、借贷

需要款子，自己财力不济时，最简捷的办法是借贷。据说全村不负债的只有30多家。当然借贷并不一定是出于穷困，因为借来的钱不一定是用在消费上的。比如我们的房东欠着人家100元的债，可是他同时却有比这数目更大的借出的款子。在这个例子中，可说是他借钱来放债，在利息的差额上得到利益。可是普通来说，大部分的借款是用在消费上的，好像抽鸦片是借款最大的原因，次之是为儿女婚嫁，或是家属送葬。

我们并不能把各家借款的数目都调查出来，这里我只能举一个例子说明债主、借款、利率等性质和数目。这是一家卖工的人家，他在东河得到一项田产，可是发生纠纷，费了一笔款子才了结，于是他不得不高筑债台了。

借款的利息大都是以谷子计算的。借10元国币交谷利4斗。在1938年每石谷子价值8元时，合年利3分2厘。可是在谷价高涨之下，年率也因之提高。1939年10月间谷价每石28元，利率竟高至11分2厘，可是情形却并不如此简单。除非在1939年，货币贬值后所借的钱，依旧要按率交谷利，不然，我们若说利率高到11分2厘是没有意义的。原因是在货币的价值变动之后，1938年所借之10元并不等于1939年所借之10元。实际说来，1938年度借的款到1939年度，依谷利回息，究竟以货币计算的利率改变了多少，是没有法子算得准的，这是全靠借债的人，把这款子如何用法。他若藏起来，1938年的 10 元到 1939 年依旧是 10 元，他 1938 年付息的利率才是 11 分 2 厘。这种情形绝不会发生，于是看他买了什么东西。若是买谷子的，则到 1939 年付息的利率，依旧是 3 分 2 厘。买其他货物的，则需视这货物价额变动和谷子的比例而定（九章三节）。

表 27　某家借款清账

债主	借款（国币元）	利息	年利率	
			1938 年（谷价每石 8 元计）	1939 年（谷价每石 28 元计）
姐　夫	50.5	年付 2 石谷	32%	112%
李××	70.0	年付 2 石 8 斗	32%	112%
饶××	35.0	每月付 1 石 8 斗	36%	123%
合作社	130.0	年付 4 元 2 角 2 分	—	14.3%
朋　友	10.0	不要息		
积　谷	1 石	每年 2 斗	20%	20%

我们知道有些债户，觉得谷子价钱高了，依旧回谷利未免吃亏，所以另外借了钱来把旧债回清。新债的利息即使不是以 3 分 2 厘的通行利率合作钱利计算，即减低谷利利率，以新债换旧债的结果，债户却占了货币贬值的光。1939 年回债时，依旧以 10 元票面价额清算，但是实际上 1939 年的 10 元，已够不上 1938 年的 10 元的价值了。

3 分 2 的息是禄村公认为公平的利率，但是即在 1938 年度也有超过年利 3 分 2 的借款。比如上表中有把计算利息的时期缩短，成为 10 月一算的，实际上年利就提高了 4 厘。我们那位信基督教的房东放款时有高至 5 分的。我在村时，正逢他的族人招姑爷要借钱，请我们的房东代他去筹款。隔了几天，他的族人带了三张耕地执照，合 1 亩田（约 3 工），值 200 元国币，交给我们的房东，借去了 20 元国币。我们房东说这钱是从张家商量来的，可是借据上却不写明债权人，只有债务人和中人的名字。中人是我们房东的儿子，在邻县里读书，根本不知道这回事。利息是月利 1 元，合 5 分息。这是比普通的利率几乎高了一倍。我在旁看他们，我们房东交出的 20 元中一张 10 元中央银行的钱票，我认得是上一天付他的房租。依我猜想这钱虽托名张家，可是和张家没有关系，因为我知道这几天，正为一注赛款，我们的房东和张家感情不十分好，他又没有欠张家的钱，不会把我给他的房租划在张家账上，再替他重利放出去的。而且借据上又不提张家，张家没有参与其事。那时我和张家还不很熟，所以没有直接去问这件事。可是从各方面情形看来，这钱是我们房东自己的。在同族中放高利，不是一般观念所能允许，所以必得绕一个弯，弄一点玄虚。这是经济关系躲避亲属关系的一个例子。同时也可以见到 5 分息是公认为太高的利息。上表中，有一注 10 元的债款不需利息的，因为债主和债户感情好，这才是讲交情，有义气，无怪那位基督教勉励会的会员，不能不托名人家了。也无怪他可以一面欠人债，一面放债了。

放债的人很多，有一些储蓄的人可以说全是放债的。我们起初想去寻几个专门放债的人，有人介绍我们去访问一个有交情的老太太。据她说，在城里，有钱的谁都放债。后来我们知道在村里，有钱的大户也全放债。零零散散地把款和米放出去。当掼谷子的时候，我们就知道有很多外来的劳工是来以工回债的，只是这种债是用来保证农忙时有可以雇用的劳力，不是为求利息的。这一点我在第六章中已经说过。

借款时要有"当头"，就是普通所谓抵押品。普通农民可以拿出来抵押的是耕地执照，好像上述那位向我们房东借钱的拿出 3 工田的执照来。可是没有田的没有执照可以拿出来作抵押，于是只能以将来的劳力作为抵押了。当然，在劳力供给充分的时候，这辈人要借得到钱是不很容易的。

在上表中利息比较低的是合作社和积谷二项。合作社是 1939 年秋季新办的。依他们章程"每一社员种田一亩可借至新币 4 元，多种则多借，但至多以新币 60 元为最高额"。因之凡是经营农田的，都有借款的资格。利率规定不得过年利 1 分 3 厘，比了当地通行的利率低了一半多。但是放款的数目有限，并不能完全替代当地高利的借贷。关于积谷在第九章一节中已讲述，这里不重述。

押田借款的只是保证他有清理债务的能力，债务人把耕地执照交给债权人保管，意思是在防止他在债务没有清理以前，把押出的农田变卖，以致他没有清理债务的能力。因之，借债和农田的使用和所有上，并没有发生直接的转变。

四、典质

和土地制度发生直接关系的信用方式是典田。典田的办法是这样：需要钱的人，把他所有的田，交给借钱给他的人去耕种。他不必每年付利息，而典田的人得享有所典农田上一切出产。耕地税及附加由所有者自负。我们的房东曾典出上上田3工，典得70元国币。每工每年可以净得7元左右的利益。3工田得年利21元，合3分息。

普通借款没有一定的期限，而且以月利计算的，任何一月都可以清偿。以年利计算的，每年可以作结。典田则有一最短期限的约定，好像我们房东典出的田在三年之内不得赎回。三年之后，任何一年谷子收起后，即可还款收田，依我们访问所得，禄村人典得的田有86工。

典出的田，出典人仍保留其所有权，可是他对于这土地的使用权，则暂时放弃。这是和租出去的不同，因为租出的田可以收租金，而且可以撤换使用者。

第十二章　农田买卖

一、农田出卖

因为在禄村有合资、借贷、典田等办法可以筹得款项，所以直接把农田出卖的并不多。大概说来，只在两种情形之下，才出卖农田：第一是欠债无力上利，债权人要求出卖抵押的田来清偿；第二是父亲死了，剩有养老田，儿子们把田卖了来送葬。出卖养老田的原因是在已经分家的兄弟，不易平均分配债务，不如清清爽爽把父亲留下的一部分田卖了，兄弟间可以减少纠纷。只有一个儿子的，若是能借得着钱来送葬，还是不愿意卖田的。

农田之成为商品和农产物之成为商品，一般是倚于农家需要现金的程度。进入市场的农田数量，并不完全决定于市场上的价格，而是决定于农家经济支绌的窘状。在农田买卖的手续上也可以见到这种情形。农田买卖一定要出于卖主方面的主动，由卖主去找中间人，询问当地有钱的人要不要买田。我曾借房东老太太劝我在禄村买田的机会，问她向谁去买呢？能不能托她收买？她说这可不太容易，因为直接去问人家要不要卖田，那是一种侮辱。因为没有人好好地把田出卖的。可是她可以替我打听，看哪些人家生活过不去，等着他有意思要卖田时，再向他说。村中的情形，大家很明白的，哪家要发丧，有养老田要出卖，早就把消息传出来了。要卖田的就可以托中间人去说价。还有那几家抽鸦片，保不住产业的，也是谁都说得上来的。房东老太太曾向我保证，若是我果真要买田的，到年底她一定可以介绍我20多工田。她当时已知道有一注田是可以收买的了。所谓买者不能去找卖者的说法，其实是一种面子问题，买主可以挽人去怂恿卖者把田卖出来。

农田买卖的市场，并不是自由交易，因为农田所有者对于他的农田并没有绝对支配的权利。农田所有权的转让，影响到继袭人的生计。而且农田的所有大多数得自亲属关系，所以亲属对于农田的保守有着监视的责任。农田在可能范围中，是不准流出宗亲团体的。凡是有人需要钱，不能不出卖农田时，依当地的习惯，应该先和同族的人商量，有没有人愿意收买。若是全族人都无力收买时，他们可以卖给族外的人了。我们知道隔壁刘家那个抽鸦片的小弟弟要卖田，而且已经说好一个买主，后来给他的哥哥们知道了，就提出异议，说若是一定出卖，他们可以出钱给他弟弟，因此这一项交易至今搁置没有实现。

同族的近亲，既有这买田的优先权，所以在农田出卖时的手续中，买主一定要请卖主的儿子、兄弟、侄子，全体在契约上画押。画押时买主还得出画押钱，有时画押钱在田价中扣除。

在议价及举行交易手续时，中人是重要的人物。他不但传递双方的意见，而且是交易的证人。中人的谢仪，由临时议定。卖主交契时，买主即把田价交清。交契时若在插秧之后，农田仍由卖主经营，谷子收起后，须把一半交给买主，成为临时租佃的性质。若在冬天成交，田里已点了豆的，豆仍由卖主收，买主没有份。买卖那年的田赋归哪方负责，则须在成交前议定。成交之后，在6个月之内，向县政府财政局登记。

我在第九章四节的物价表上已经把田价列入：1938年最好的田值价80元国币，次等的50元，最坏的35元；1939年上等田涨到了100元，次等涨到60元，最坏的没有涨价，涨价的速率不同，因为下等的田不容易找到买主。在这里我们不妨检讨一下投资在农田中的利息。

以雇工经营的方式来说，在1938年时上等田每工可以得到约5.93元利益，中等田约3.58元利益，下等田可得0.52元利益。以当时的田价来计算利率，上等田约13%，次等田约10%，下等田约1%。下等田不但没有人愿意收买，也没有人愿意承租，因为在下等田上经营，所得的不过是工钱罢了。

有资本的人把资本投入农田所得的利息，比把钱放债为小。放债是年利3分

2，而经营农田不过年利1分3，相差在一倍之上，因之不但一般卖主不愿在可以避免的情形之下出卖农田，而且因农田利息的轻薄，有资本者并不踊跃买田，所以农田买卖的市场受了限制。在以农田为基础的禄村经济中，我们可见买卖的农田为数不很多。过去一年中，经张之毅君的调查，出卖农田的一共有7家。

表28　卖田数量分配

出卖农田工数	户　数	共　计
3	2	6
6	3	18
9	1	9
12	1	12
	7	45

全村私家所有田共1 800工，一年中买卖的农田只占2.5%，这可以充分表明农田买卖市场的狭小了。

有卖田的一定有买田的，我们可以转向买田者方面来观察这辈人的情形了。这是下节要讨论的对象。

二、买田的原因

投资到农田上去，最上等的田，依1938年的市价计算，利息大约是1分3厘，可是农村里借款的利息，至少可以得3分利息，这是农民们都明白的事实。依利息讲，买田不如放债，因之在禄村债务往来比农田买卖的数目为多。同时因为借债来经营农田，是要赔本的，农村资金不容易利用在农业经营里，大部分是用来维持消费的。这里我们可以发生一个问题，就是依这样说来，为什么还有人买田呢？

利息的高低，固然可以决定一部分资本流动的方向，可是还有一层我们应当注意到的是投资安全的问题。农田在这种考虑上却占了便宜。禄村一带从1920年起到1930年间，土匪骚乱得厉害。当时烧了房子，很多现在还没有造起来的，我们曾在禄村附近的那些村子去观察，看见有一个村子，瓦房少得很。说是当时全烧了，成千担积着的谷子衣服银钱，抢完的抢完，烧完的烧完。在这种浩劫中，只有一种财产为人家抢不去的，那就是农田。农田是搬不走的，它可以荒上一两年，人一回来，一加耕种，青青的稻，黄黄的谷子，全不记得往年的伤痕。房屋烧了住不得，谷子抢了，人掳了回不得，可是那块搬不走的地，还是在那里。生活愈不安定，生命财产愈是不得保障，土地的价值愈是显明。

究竟还是有田的靠得住——这是农民们由痛苦的经验中体悉出来的结论。若是一个人有钱要投资，在禄村最可靠的地方是农田。房东老太太好几次劝我在禄村买些田，创些家产。"这才是根基，子子孙孙的根基。"我说，"可是我不能老是住在这地方，要田来做什么用呢？我又不懂得耕田，不是白买了么？"这位老太太心很善，为我解释说，"你家不用在这里住，人家同你种，你收了谷子，卖了再买田。我同你管，你老了就不愁了。"可是我又说，"要这些田来干吗？"她很正经地说，"这才是根基呀！"农业的利息虽则低，可是为了它的安全性，还能吸收一部分的资本。

还有一点可以提到的，就是买田常是放债的结果。上章中我已说过，借债的要把耕地执照押给债主。一旦债户不能交利，债主可以把农田所有权折价抵偿。债户们借钱的原因，既不是为生产而是为消费的，利息得从生计上挤出来交付。而且，我在下节里就要提起一个普通的农家，要从农业上得到大宗的储蓄是不容易的。所以债户一旦举债，就很难脱去债务的拖累。从债主方面说，不但利息不易收取，连本钱也难收回来。所以大宗的债款，一定要有田契担保，而这田契一押出去，回到债户手里的机会，却很少了。我们在保公所的档案中，就见到变押田还债的案子。

我们可以这样说：3 分息的高利是超过了农业经营可以担负的程度，所以债务常有风险。结果，债主虽没有收买农田的本意，为了免除损失起见，不能不接收农田来抵债了。这样看来，放债和买田不但不互相排斥，而是互相连接的。

三、"升官发财"

不论放债或买田一定要有多余的钱。在农业中，一个农民能储蓄到有余钱来买农田吗？可以雇工方式的经营来立论：1 工上等田每年能得 6 元国币的利益。地主若是全部储蓄起来，要积 13 年才可以用这工田上的利益再买 1 工田。

这是一种理想的情形，因为地主的生计就靠他的农田，农田上的收入，决不能全都积蓄起来的。若是有一个愿意接受最低生计的农民（好像第八章中所举丁戊两家的程度），他要在13年中单靠农田储蓄到能买入1工田，一定要有11工雇工自营的田产。可是在这13年中，若是婚丧大故，不但所积蓄的前功尽弃，甚至有卖田的危险。在这年头，要国泰民安长期没有天灾人祸，更是件不易实现的梦想。这样说来，单靠农业要想为子孙立根基，至少在当地人看来，是件绝不可能的事。

当我1938年在村时，有三家买了田，里面有一家除了自己经营农田之外，别无发财之路的，于是人家就觉得其中必定别有蹊跷。我就听到一种传说，说是这家在田里掘着了赃。他是不是发了横财，我不知道，可是这种传说，足以说明一般人们不能相信单靠种田能种出产业来的。

种田既种不出产业来，像禄村一类的农村中，没有田的人不易在村里得到一个爬到有田地的梯子。农田是一家的根基，大家希望能充实扩大，于是要想得田的不能厮守在农村里了。换一句话说，农民上升的梯子弯出了农业之外。一个人要到外边去赚了钱才能回来买田。得地之先，须要离地。

农村里有能力和抱负的青年，脱离农村虽则也许对于农村人口品质上着想不大有利，但是要一个社会向前推进，一定得向专业分工上发展。农村中有一部分青年能脱离农田到外边来参加其他专门职业，是社会发展过程中不能免的事。问题是在这些脱离了农村的子弟，在外边做些什么事。

1938年我们知道禄村在外边谋生的青年，有20多个：一个是大学毕业生，在政府里服务，一个在帮他老人家收屠宰税，一个在公路局当司机，一个在城里打剪刀，一个在省里学鞋匠，一个在中学里念书，一个在学看护，一个在当团长，其余十几个在军队里服务。这辈人在户口册上，大都是有名字的。在禄村从16岁到30岁的男子一共107人（二章三节），离村的有20%多。在这辈人中，以在军队里服务的为最大多数。1939年我们调查时，禄村青年男子从16岁到30岁的，长久住在外面的有29个，短期在外的不止此数。可是他们大都是被征出去当兵的，和被雇出去当路工的，有专门职业的只有两个：一个当合作员，一个打剪刀的，改了当听差了。

在上述的职业中，大都是公务员和劳工的性质。这里我们可以回头看一看村里的经济背景，用以解释在外青年所操职业分配的情形。

希望子弟在外得发，果然是一般的理想，但是培植子弟，俾能达到这理想是要费本钱的。禄村只有一个初级小学，这一期的教育所费虽然不多，但是一个卖工人家的子弟到能进学校时，也可以做一些劳动了。他的劳力已经要被利用来从事生产，所以入学校的机会很少。我们邻居的那个14岁的孩子，已经当真在田里做工了。女孩子受教育的机会更少，连我们的房主人的女儿12岁了，还是一字不识；因为据她的母亲说，家里没有人做工，不能送她上学校去。

高级小学最近的是在县城里，非但往返跋涉，须寄膳在城里，而且书籍费用也多些。全村我们只看见两个孩子，每天早上挟了书包上城去。在城里有一个初级中学，没有禄村的学生，禄村唯一的中学生，是在楚雄读书。从1938年说，他一年至少要花100多块钱（八章二节）。100多块钱要用10多石谷子去换，易言之，要十几工田来维持。这显然不是普通人家可以担负得起的了。这位中学生是我们房主人的儿子。他的学费，一部分是靠他父亲经营的"族公"来津贴他的。那位大学毕业生，也是曾靠着族里津贴路费和教会的帮忙，才能到外省去"留学"。依现在村内各家的经济能力论，很少能够供给子弟超过高级小学毕业的程度。以小学毕业程度而想得到有可以独立谋生的专门职业，在正常的轨道上走，似乎已经不是一件太有希望的事了，何况要他们发财呢？

农村经济能力薄弱，不能给他们子弟专门的技术是一方面，另一方面是内地工商业的简陋，不能给离地的农村子弟们发展的机会。可以容纳他们的最重要的是军队和公务职役。这些职业依现代的看法是不应当成为发展的路径的。但是凡是我们中国人，总不会完全忘记大众的观念"升官发财"。这不但是中国传统的普遍观念，而且是一件不必太费心思到处都有实际材料来证明的事实。

在农村里，好像墙壁上都有耳朵一般，做官发财，发财买田的事，怎瞒得过人！1938年禄村就有一家往年还欠着2 000元旧滇币的账，可是他家儿子出去当了军官，那年不但欠账偿清了，而且买了10多工田。还有一家每年在买田，这家本来是住在禄村的，自从匪乱搬进城之后，就住定在城里。他本人是在中学里当过教员,儿子也做了督学,现在成了有数的地主。教员也是官,一样能发财,虽则当地教员的薪水是低得可怜。

若是我们再问问那些农田较多人家的情形,可说他们多少都做过一官半职的。在禄村的首富,有个儿子在当团长,自己在附近某县里包屠宰税,在省城里当过官。官不论大小,发财是一定的——这是一般的信仰。若是一个在外做官,而不回来买田挣产业的,好像我们知道的一位大学毕业的朋友,就该受乡党批评了。像我们这辈"官",不想在禄村买田,是房东老太太永远不明白的事。

虽说升官可以发财,可是用这个机构来吸收农村财富,究竟是小规模的。一个农民能脱离劳作和得到做官的机会,还是不大容易。做了官,能否一定发财,事实上还成问题。即使发了财,这笔钱除了挥霍于消费外,若要成为再生产的资本,在工商业不发达的地方,还得送回到农村里来。他离地得发之后,还得回到地上。在禄村我们所知道的那些离地地主,不自经营农田,专靠租谷坐食的为数极少,而且这辈离地地主在禄村所有田的面积也极有限。普通是做了一任小官,就回村来做自营农。或是做官的家里仍在村里,寄钱回来买地。

人回到村里,钱回到地里,土地权还是只在村里流动,不必发生大量的逃脱现象。即使有人能买得了大批的田,成了一个大地主,可是在这种方式之下集中来的大农场,经不起人口的繁殖,一两代子孙满堂,早就又分成了一辈小地主了。一个工商业不发达,交通不便利,土地权的集中,比较上不易发生。农田所有权不完全脱离农田经营者就不易长久保持大地主的身份。禄村就很清楚地表示这种形态。

四、土地权的外流

禄村这种以自营的小土地所有者为基本的农村结构,和我们在江村所见大部分都是佃户的农村结构,给了我们一个很有力的对比。我在导言中曾说起这个对比是这次《禄村农田》研究的重心。我是想在这些研究中能得到一个对于这两种农村形式分化的解释。

在这里我们不妨先看一看托尼教授的意见,他说"至少有些地方正发生着一种现象,就是离地地主阶级的崛起。他们和农业的关系纯粹是金融性质的"。①这种现象常见于都市附近的农村中,他又说,"住在地主在大都会附近的地方最不发达。那些地方都市资本常流入于农业中——广州三角洲上有85%,上海邻近地带有95%的农民据说全是佃户——住在地主最普遍的是没有深刻受到现代经济影响的地方。在陕西、山西、河北、山东及河南,据说有2/3的农民是土地所有者。这些地方是中国农业的发祥地,工商业的影响很小,土地的生产力太低,不足以吸引资本家的投资,而且农民也没有余力来租地"。②

江村是个离大都会很近的村子,当天可以到苏州,一天一晚可以到上海。太湖流域又是有名的肥沃地带,所谓"上有天堂,下有苏杭"。因之,我觉得江村的材料,和托尼的说法颇是吻合。于是当我写《江村经济》时,就把他的意见引用了,③在那本书里我说过:农村吸收都市资本的能力,是倚于土地的生产力和农民一般的生活程度。生产力越高,农民生计越好,吸收资本的能力也越大;住在地主越少,离地地主越多——这也就是托尼的意见,用以解释都市附近农村土地权外流的现象。

禄村调查的结果,却和这种说法不合了。以内地"土地的生产力太低,不足吸收资本家的投资"及"农民也没有余力来租地"这两点来解释内地都市资本不向农村流动,似乎很有讨论的余地。我在上文(六章四节)已比较过禄村和江村每单位农田的产米量。大体说来,是三与二之比,禄村出产较多。这不是明明说土地生产力较低的地方,吸收都市资本的力量反而较大么?不然为什么禄村土地权不向外流,江村反而大部分外流呢?

我们若把托尼的意见提出来再加以考虑一下,就可以见到:他似乎是以为农民的举债,引起都市资本的流入农村,是为了农田上有利用资本来增加生产的机会,因之,吸收都市资本的力量是依土地生产力而定。可是事实上,我们在本书中也曾提到,农民们为生产需要而举债,至少是不易见到的,因为农村里借款的利息很少比农田利益为低。江村的高利贷且不提,即以我们在禄村所见的事实来说,普通借款的利率是3分2,而雇工经营农田的利益,只有1分3。我在路南某村调查,该地农田利益也是在1分至1分5之间。普通农民的意见,也认为农业绝不会有3分息的。无怪禄村人常说"借钱盘田,越盘越穷",利用都市资本来经营农田,真是个"憨包"了。

农民借钱是用来嫁女儿，娶媳妇，办丧事，抽鸦片……总之是用来消费的。生计的穷困，入不敷出，才不能不"饮鸩止渴"地借起债来。生计贫困和近不近都市有什么关系呢？这问题也许是要解答近都市地方离地地主少的关键所在。我将根据江村和禄村两地的比较，在这里提出一种对于农村土地权外流的解释，作为以后农村调查时的假设。

农村土地权的外流，和都市资本的流入农村，是出于农村金融的竭蹶。为什么靠近都市的农村金融容易竭蹶呢？引起农村金融竭蹶的原因，不外两个：一是农村资金输出的增加，一是农村资金收入的减少。靠近都市的农村是不是容易发生上述两种现象呢？我们这里所谓都市究竟是什么意思？都市普通的定义，是指人口密集的社区。人口密集的原因固然很多，若是以现代都市来说，是工商业的发达，因之我们的问题等于是说：工商业发达和农村土地权外流有什么关系了。

工商业发达使农村市场上增加了工业品，靠近工商业中心的地带，因为交通便利，运费低，工业品更易充斥。农民购买工业品的数量增加，农村资金外流的数目也随之增加。可是用工业品去吸收农村资金，却有个限度。因为农民对于工业品的需求，是富有伸缩性的。在他们生计穷困时，可以拒绝或减少他们工业品的消费。日常生活的消费品，是不易把农民剥削到颠沛流离，除非是像鸦片一般的嗜好品，才有这能力。所以我们不能相信都市附近的农民因为便于购买都市工业品，会把农村资金大量输出，直到不能不卖田来维持生计的。

可是从另一方面来说，农民的消费品依赖都市供给的种类及数量的增加，还有一种意义，就是农村自给性的降落。自给性降低，就是说，以前自己可以供给的消费品，现在不再由自己供给了。都市发达，工商业的现代化，使农村原有的手工业不能维持，这样减少了农家的收入，使农村除了农产物之外，没有其他力量来吸收都市资金。

我时常这样想：我国传统的市镇和现代都市是不同的。它不是工业中心，而是一辈官僚、地主的集合居处和农村货物的交易场所。在传统经济中，基本工业，好像纺织，是保留在农村中的。因之在传统经济中富于自给性的农村，是个自足单位。它在租税的项目下输出相当资金，而藉家庭手工业重复吸收回来一部分。乡镇之间，似乎有一个交流的平衡。平衡保持得住，土地权不会大量外流。现代工业发达却把这平衡打破了。手工业敌不过机器工业，手工业崩溃，农村金融的竭蹶跟着就到。

这样看来，农村土地权的外流，和都市确有关系。可是这关系并不像托尼所说的，是因为靠近都市的农田生产力高自然有吸收都市资本的倾向，而是在靠近都市的农村，凡是有传统手工业的不易抵挡现代工业的竞争，容易发生金融竭蹶。换一句话来说：土地权外流不一定是靠近都市的农村必遭的命运，若是一个原来就不靠手工业来维持的农村，它遭遇到都市的威胁，绝不会那样严重。关于这一点，我自己还没有材料来证明，因之很想得到两个都市附近没有传统手工业的农村，加以调查，用来校核我这个假设。

我这种说法，很可以用来解释为什么丝业为基础的江村在都市工商业发达过程中，沦为佃户的集团，以及为什么内地以经营农田为主要业务的禄村，至今能维持以自营小地主为基础的结构。

五、禄村经济的展望

若我们以江村作背景，看到禄村可能的前途，它会不会从现有的形式蜕变成江村的形式？现代工业在云南发达起来，会不会打破禄村现有的形态而使它走向江村已走过的路子？在回答这个问题之先，我愿意在理论上说几句话。国内论社会变迁的人，因为受西洋19世纪传下来的进化论派的影响太深，常有认为社会形态的变化是有一定不变的程度：从甲阶段到丙阶段，一定要经过乙阶段。这个程序是放之四海，证之今古而皆准的。依着这个"铁律"，若我们要知道一个社区的前途，只要能在这不变的程序中，找到它现有的进化阶段，过去未来，便一目了然了。因之在20世纪30年代社会史论战曾闹得锣鼓喧天。不幸的就是他们所奉行的"铁律"并没有事实的根据。社会变迁并不若他们所想像那样简单。连马克思自己对于他深信的进化程序能否通用于东亚，尚且存疑不论。何况代公式的本领还没有深通的人，自然更难有精彩表现。所以"论战"未有结果就偃旗息鼓了。虽则我不能同意他们的方法，但是至少得承认有一点值得我们注意的，就是他们不把社会变迁看成偶然事件的累积，而认为确有轨迹可寻。他们的弱点只是在把历史的轨迹看得太单调一些罢了。

像本书一类现代社区的研究，若从它个别性上看出，实是社会史的叙述。

非但我们记录下来的已是属于过去的现象,而且日长之后,总会成为一本历史的记载。但是我们的工作并没有以记载见闻为限,而想根据这个别性的现象来发现它所代表一种农村形式的共相。这是我所谓比较社会学的工作。比较社会学所根据的材料并不是一定要属于"现时"的,过去的社区同样可以归入不同的形式中,而形式的本身,是超越时空,在相同的条件下,可以在不同地方,不同时代,重复再演。好像我曾说欧洲工业革命前期的乡村形式,可以重演于今日的中欧和东亚。这种方法和观点已经桑巴特(Sombart)和马克斯·韦伯(Max Weber)等充分发挥,我们不过是应用于现代中国社区的研究罢了。

从追求社区形式上说,和以社会阶段的概念研究社会变迁在基本观点上,有一点相同:就是以社会的共相来了解个别社会事实的意义。社会阶段虽属时间性的,但是超越时空的;因为同一阶段,可以发现于不同地方,不同时代。我们的看法和进化论派不同的是在社会阶段的概念包含阶段间必然的关系。而社区形式一概念却并不包含各形式间必然的关系。举例说:我们虽发现了江村和禄村两形式的基本分化点是在现代工商业对于农村经济不同程度的影响,但是我们并不能立刻下一个结论说禄村一定是代表江村已过的阶段,及江村是代表禄村未来的阶段。禄村会不会变成为江村的形式,还是一个需要研究的问题。若是禄村在最近的将来,会发生形成江村形式的一切条件,我们可以相信它有变为江村形式的最大可能性。

本书已说明了禄村经济结构的重心是在农田,它并没有手工业,因之现代工商业发达过程中对于它的影响是和江村不同的。都市兴起,人口集中,并不会减少禄村的收入,因为禄村向外输出的是农产物,农产物的价格会因都市人口的增加而提高的。禄村的金融不致像江村一般,受现代工商业的威胁,所以禄村土地权不致外流。

在现代工商业的发展过程中,禄村所发生的问题,以我的推测,不在金融而是在劳力。都市固然不易来吸收禄村的资金和土地权,可是无疑地要来吸收禄村的劳工。本书中已屡次提到劳力问题是禄村经济的关键,而且是造成现有形态的主要因素。若是劳力吸收到了都市中去,禄村现有形态绝不能维持于不变。我们在本书中也提到最近一年来禄村劳工的外流,劳力供给的减少所引起的影响,这些事实正给我们推论的根据。

劳工外流的最初影响使在原有形式中那一部分，由社会原因而豁免于劳动的人不能再充分地享受他们的闲暇，这是在现在的情形下已发生的趋势。可是因实际工资尚没有提高，所以雇工经营的利益依旧保持，凡是雇得起工的，依旧值得雇工。果真到了工商业发达时，实际工资决不会不提高的。工资一提高，农业的其他条件不变，雇工自营的地主，就不容易有现有的利益。这时，他们就会被迫亲自劳动了。从这一方面说，工商业在禄村一类农村附近发达起来可以动员现在呆滞的劳力。换一句话，可以增加劳力供给的总量。

都市的工业和乡村的农业竞争劳工时，农业才有改良的希望。我在第三章的开端已提到托尼的名言：中国的问题，其实十分简单，就是资源不足，人口太多。工业发达增加了资源，减低了农田所负担的人口压力。在这过程中，人的劳力价值提高，农田的经营中才值得利用节省人力的机器。

可是在农业技术没有改良之前，新工业若突然吸收了大批劳工出村，像禄村一类劳力需求富于季候性的农村中，确会发生短期的劳力恐慌，因而影响农田产额的。所以我们还得特别注意农村中劳力调剂的机构。我在本书中曾特别注重利用农期参差性来调剂劳力的盈缺。若是交通发达，云南因各地气候差异程度较大，苟能配置得宜，或许可以解决农村中季候性的劳力缺乏。不但在一村中应当有计划地增加农作日历的参差期，并充分利用换工的办法，而且在地域之间的换工，尤应特别加以鼓励和加以有计划的调度。

每一个农村经济的形式，有它一套特殊的结构，也有它一套特具的问题。我国以前常讲的农村问题以及想推行的土地政策，大都是以沿海诸省的农村为根据的。抗战把我们送到了内地的后方，把我们的眼界扩大了。就是以本书中所描写、所分析的禄村来说，已不是沿海诸省所能见到的例子。观察范围的扩大自可给我对于旧有的认识加以修改的机会，我深愿在这本书上所花两年的时光，能有助于国内讨论农村问题的人。更希望负着发展内地农村经济责任的当局，能注意到内地农村的特性，善于制定适合的政策。

注释

①②③*Land and Labour in China*，第 37~38 页、67~68、187~188 页。

附　录

《云南三村》序

日子似乎越过越快，应当做的事总是不能及时完成，堆积成山，压得使人难受。这可能是人到老年难免的苦处。以这本《云南三村》来说，我早就该编定交去出版，不料一拖已有两年。昨晚才算全部看完一遍，了却了这桩心事。

能有几天不受干扰地集中时间校阅这部稿子，可以说也是得之偶然的机遇。今年国庆节前夕，突然接到澳门东亚大学的邀请，匆匆就道，10月4日到达。东亚大学要我做的事并不多，参加一次仪式和讲一次话。但两个节目，由于中秋放假加上周末休息，拉开了好几天。由此我无意中得到了一段可以自由支配的时间。我带上这部稿子，利用这段空隙，从头阅读了一遍。

和天津人民出版社约定出版这本书已是两年多前的事了。这本书包括我和同事张之毅同志于抗战初期（1938—1942年），在云南内地农村调查的三本报告：《禄村农田》、《易村手工业》和《玉村农业和商业》。其中前两份报告分别在1943年由重庆商务印书馆出版，用的还是抗战后方的土纸。第三份报告一直没有出版过。1943—1944年我访问美国时，曾以英文把这三份报告写成 *Earthbound China* 一书，1945年由芝加哥大学出版社出版，后来收入英国 Kegan Paul 书局的国际社会学丛书里。

从云南内地农村调查开始时1938年11月15日算起到今天已接近五十年，只差一个月又三天，快整整半个世纪了。这半个世纪里，从世界到个人都发生了史无前例的变化。自从 1979 年社会学在中国重新取得合法地位后，我一直有意把我国早期社会学调查成果整理出来重予出版，使后人能了解这门学科是怎样发展过来的。但这几年我总觉得应当做的事实在太多，大概是由于有了点年纪，精力已日见衰退，望着案头待理的一叠叠稿纸，已感到力不从心，无可奈何。此项打算未能如愿实现。

我的《江村经济》还是靠了朋友们的帮助翻译，今年方与读者见面。当时我就想到已经约定出版的《云南三村》应当接着付印。我把这意思告诉了张之毅同志时，知道他那时正在埋头校阅《玉村农业和商业》这本旧稿。他是个认真做学问的人，对自己的要求十分严格。文如其人，读者在本书里就体会得到这位作者的性格。说是校阅，实是重写。这几天我阅读这本稿本，发现他从旧稿中剪下来贴在稿子上的占不到全稿的三分之一。我耐心地等他把定稿送来，谁知道送来的却是他老病复发的信息。我去医院看他时，他已昏迷，话也没有能接上口。今年 6 月 8 日他逝世了。丧事过后，他的家属在案头找出了这一本他亲自剪贴改写的稿本，送到了我的手上。我心上一直挂着这件事，但腾不出手校阅，十分难受。

真是想不到，将近五十年前，为了油印他那本《易村手工业》，我曾一字一句地亲手刻写蜡版；过了这么半个世纪，最后还是轮到我，为了出版这本《玉村农业和商业》，又一字一句地亲自校阅他的修正稿。这段学术因缘，岂是天定？但是今昔还是有别。当年我凡是有着不清楚或不太同意的地方，总是能拉住他反复讨论、查究；而现在凡是遇到模糊的字迹，不太明白的句子时，只能独自猜度了。此情此景，在异乡明月下，令人惨然。

关于云南三村的调查经过，本书中都有交代，在这里不必多说。这一段时间的生活，在我这一生里是值得留恋的。时隔愈久，愈觉得可贵的是当时和几位年轻的朋友一起工作时不计困苦，追求理想的那一片真情。以客观形势来说，那正是强敌压境，家乡沦陷之时，战时内地知识分子的生活条件是够严酷的了。但是谁也没有叫过苦，叫过穷，总觉得自己在做着有意义的事。吃得了苦，耐得了穷，才值得骄傲和自负。我们对自己的国家有信心，对自己的事业有抱负。那种一往情深，何等可爱。这段生活在我心中一直是鲜红的，不会忘记的。

现在很可能有人会不太明白，为什么一个所谓"学成归乡的留学生"会一头就钻入农村里去做当时社会上没有人会叫好的社会调查。《禄村农田》却的确就是这样开始的。我初次去禄村的日子离我从伦敦到达昆明时只相隔两个星期。为什么这样迫不及待？《江村经济》最后一段话答复了这个问题。我当时觉得中国在抗战胜利之后还有一个更严重的问题要解决，那就是我们将建设成怎样一个国家。在抗日的战场上，我能出的力不多。但是为了解决那个更严重的问题，我有责任，用我所学到的知识，多做一些准备工作。那就是科学地去认识中国社会。我一向认为要解决具体问题必须从认清具体事实出发。对中国社会的正确认识应是解决怎样建设中国这个问题的必要前提。科学的知识来自实际的观察和系统的分析，也就是现在所说的"实事求是"。因此，实地调查具体社区里的人们生活是认识社会的入门之道。我从自己的实践中坚定了这种看法。1935—1936年的广西大瑶山调查和江苏太湖边上的江村调查是我的初步尝试。经过了在伦敦的两年学习，我一回到国土上，立刻就投入了云南内地农村的调查。这里有一股劲，一股追求知识的劲。这股劲是极可宝贵的。

广西大瑶山的调查只有我和前妻王同惠两人，江村调查只有我单枪匹马。但是到了云南却能聚合一些志同道合的青年一起来进行这项工作了。出于老师吴文藻先生的擘划，不但1938年在云南大学成立了一个社会学系，而且1939年和燕京大学合作成立了一个社会学研究室。我接受了管理中英庚款董事会科学工作人员的微薄津贴（1939—1941年），以云大教授的名义，主持研究室的工作，开展社会学调查。1940年昆明遭到日机大轰炸，社会学研究室不得不疏散到昆明附近呈贡县的农村里去。我们租得一个三层楼的魁星阁，成为我们的工作基地。因此这个研究室也就从此被称为"魁阁"。到1945年日本投降才回到昆明。前后有六年。

1939年春季我在西南联大兼课，张之毅同志在我班上听课。他从清华大学社会学系毕业后，首先报名自愿参加我主持的社会学研究室。由他牵头陆续有史国衡、田汝康、谷苞、张宗颖、胡庆均等同志参加，加上云大的教授许烺光先生和燕京大学硕士研究生李有义同志，形成了一个研究队伍。魁阁的学风是从伦敦政治经济学院人类学系传来的，采取理论和实际密切结合的原则。每个研究人员都有自己的专题，到选定的社区里去进行实地调查，然后在"席明纳"里进行集体讨论，个人负责编写论文。这种做研究工作的办法确能发挥个人的创造性和得到集体讨论的启发，效果是显然的。像《易村手工业》这样的论文是出于大学毕业后只有一年的青年人之手，我相信是经得起后来人的考核的。

张之毅同志参加研究室的第一课是跟我一起下乡，去禄村协同我进行调查。学术是细致的脑力劳动，有如高级的手艺，只是观摩艺术成品是不容易把手艺学会的。所以我采取"亲自带着走，亲自带着看"的方法来培养新手。从1939年8月到10月中，张之毅同志和我一起在禄村生活和工作，随时随地提问题，进行讨论。所以他摸出了我从江村到禄村比较研究的线索，我们共同构思出今后研究的方向。我们又在该年10月18日一同去寻找一个内地手工业发达的农村来为以农田为主的禄村作比较研究。走了6天才找到易村。拟定调查计划后，11月17日，他便单独去易村进行工作。这时他已经有了调查的初步经验，而且对要了解的问题已心中有数。从这基础上，他克服种种困难，在27天里取得了丰富的数据，而且提高了认识，提出了新的问题。为下一回玉村调查打下了基础。

玉村调查是在1940年和1941年中进行的（1943年又去复查过）。由于玉村离呈贡的魁阁较近，而且交通方便，所以他能和我的禄村调查一样，在整理出初步报告后，再去深入复查，步步提高。由于他所遗下的稿本里缺了叙述调查经过的一章，我已记不住他进行工作的具体日期。但是，由于这本稿子曾经反复在魁阁的"席明纳"里讨论过，又在我改写英文时细嚼过，所以我对玉村调查的主题印象相当深刻。实际上，它已为我在80年代的小城镇研究开辟了道路。玉村是一个靠近玉溪县镇的一个农村。玉溪县镇是云南中部的一个传统商业中心。它在土地制度上是从禄村到江村的过渡形式，在农业经营上具有靠近城镇的菜园经济的特点，在发展上正处在传统经济开始被现代经济侵入的初期阶段。无怪这样一个富具特点的研究对象能吸引住张之毅同志的研究兴趣，直到他生命的最后一刻。

从《江村经济》到《云南三村》，还可以说一直到80年代城乡关系和边区开发的研究，中间贯串着一条理论的线索。《云南三村》是处在这条线索的重要环节上，而且在应用类型比较的方法上也表现得最为清楚。因之，要理解魁阁所进行的这些的社会学研究，最好看一看这本《云南三村》。

《云南三村》是从《江村经济》基础上发展出来的。《江村经济》是对一个农村社区的社会结构和其运作的素描，勾画出一个由各相关要素有系统地配合起来的整体。在解剖这一只"麻雀"的过程中提出了一系列有概括性的理论问题，看到了在当时农村手工业的崩溃、土地权的外流、农民生活的贫困化等，因而提出了用传统手工业的崩溃和现代工商业势力的侵入来解释以离地地主为主的土地制度的见解。但是当时我就觉得"这种见解可否成立，单靠江村的材料是不足为凭的"，于是提出了类型比较的研究方法，就是想看一看"一个受现代工商业影响较浅的农村中，它的土地制度是什么样的？在大部分还是自给自足的农村里，它是否也会以土地权来吸收大量的市镇资金？农村土地权会不会集中到市镇而造成离地的大地主？"《禄村农田》就是带了这一系列从《江村经济》中产生的问题而入手去研究的。从江村到禄村，从禄村到易村，再从易村到玉村，都是有的放矢地去找研究对象，进行观察、分析和比较，用来解决一些已提出的问题，又发生一些新的问题。换一句话，这就是理论和实际相结合的研究方法。

当我发表《江村经济》之初确有人认为解剖这么一个小小的农村，怎样戴得上《中国农民生活》这顶大帽子。当时这样批评是可以的，因为显而易见地，中国有千千万万个农村，哪一个够得上能代表中国农村的典型资格呢？可是人对事物的认识，总是从具体、个别、局部开始的。如果我停留在《江村经济》不再前进一步到《云南三村》，那么只能接受上述的批评了。

当然也有人为我辩护说，《江村经济》这一类的研究目的不是在提供一个"中国农村"的典型或缩影，而是在表达人类社会结构内部的系统性和它本身的完整性。这本书为功能分析或是系统结构分析作出了一个标本。

我本人并不满足于这种辩护，因为我的目的确是要了解中国社会，并不限于这个小小江村。江村只是我认识中国社会的一个起点。但是从这个起点又怎样才能去全面了解中国农村，又怎样从中国农村去全面了解中国社会呢？这就是怎样从点到面，从个别到一般的问题。

我并不想从哲理上去解决这个问题。我只想从实际研究工作中探索出一个从个别逐步进入一般的具体方法。我明白中国有千千万万的农村，而且都在变革之中。我没有千手万眼去全面加以观察,要全面调查我是做不到的。同时我也看到这千千万万个农村,固然不是千篇一律,但也不是千变万化,各具一格。于是我产生了是否可以分门别类地抓出若干种"类型"或"模式"来的想法。我又看到农村的社会结构并不是个万花筒,随机变化出多种模样的,而是在相同的条件下会发生相同的结构,不同的条件下会发生不同的结构。条件是可以比较的,结构因之也是可以比较的。如果我们能对一个具体的社区,解剖清楚它社会结构里各方面的内部联系,再查清楚产生这个结构的条件,可以说有如了解了一只"麻雀"的五脏六腑和生理循环运作,有了一个具体的标本。然后再去观察条件相同的和条件不同的其他社区,和已有的这个标本作比较,把相同和相近的归在一起,把它们与不同的和相远的区别开来。这样就出现了不同的类型或模式了。这也可以称之为类型比较法。

应用类型比较法,我们可以逐步地扩大实地观察的范围,按着已有类型去寻找条件不同的具体社区,进行比较分析,逐步识别出中国农村的各种类型。也就由一点到多点,由多点到更大的面,由局部接近全体。类型本身也可以由粗到细,有纲有目,分出层次。这样积以时日,即使我们不可能一下认识清楚千千万万的中国农村,但是可以逐步增加我们对不同类型的农村的知识,步步综合,接近认识中国农村的基本面貌。这种研究方法看来有点迂阔,但比较实地。做一点,多一点,深一点。我不敢说这是科学研究社会的最好的办法,只能说是我在半个世纪里通过实践找出来的一个可行的办法。

社会科学实际上还是在探索阶段。目的是清楚的,我认为,就是人要把自身的社会生活作为客观存在的事物,加以科学的观察和分析,以取得对它正确如实的认识,然后根据这种认识来推动社会的发展。作为一个中国人,首先要认识中国社会。《云南三村》是抱有这个目的的。一些青年人经过几年的探索所取得的一些成果,我相信这些记录是值得留下来给后人阅读的。

《云南三村》是"魁阁"的成果。我在1946年李(公朴)闻(一多)事件发生后仓促离滇,这个研究阵地就由张之毅同志留守。他在云大坚持了两年,1948年离滇去闽。其后我和他长期不在一起工作,但是他始终没有离开农村社会经济的研究道路,尽管他的工作岗位曾有多次变动。解放后,他在中国科学院经济研究所工作期间,写出了《无锡、保定两地调查报告》和《冀西山区考察报告》，均未出版。1980年我们在中国社会科学院社会学研究所里重又聚在一起。但是1985年由于我不能不离开社科院而又分手了。坎坷多事的人生道路，聚散匆匆，人情难测，但是张之毅同志始终如一地和我一条心，急风暴雨冲不散，也冲不淡我们五十年的友谊。却不期幼于我者竟先我而逝，他的遗稿还需要我来整理。尚有何言？如果我们共同走过的这一条研究中国社会的道路今后会后继有人，发扬光大，愿他的名字永远留在这块奠基的碑石上。

费孝通

1987年10月13日于澳门凯悦饭店

《云南三村》英文版的"导言"与"结论"[①]

导言 关于中国农村社区的早期研究

这是一本研究中国农村社区经济方面的书。自从中国第一次同西方接触的时候起，中国农民的经济生活就已经日渐恶化，因此，农村社区的这一层面长期以来吸引了中外学者的注意。在我们看来，这一研究领域中最好的一本书，是托尼教授（R. H. Tawney）的《中国的土地和劳动》（*Land and Labour in China*）。这是在当时所能得到数据的基础上，对1931年以前中国的经济形势所作的一个总结。所有的数据都来自其他调查者的工作。托尼的结论的价值并不仅仅在于它所提供的事实材料，而且还因为它是在中国所发生的总体经济变迁——一个可以和发生在工业革命时代欧洲的变迁相媲美的变动——的背景中来解释数据资料的。支持托尼教授的理论推理的资料是通过社会调查方法（Social-survey-method）收集到的，而巴克博士（J. L. Buck）的著作则是使用这一方法的例子。

巴克的《中国农村经济》（1930）和《中国的土地利用》（1937）两书目前仍然是中国农村经济领域最出名的著作。在第一本书里，他研究了7个省17个地方（localities）的2 866个农场；而在第二本书中，则包括了22个省168个地方的16 786个农场。这些里程碑式的作品所做出的贡献是伟大的。它们不仅为农村经济和土地利用领域的各种各样的论题提供了大量的信息，而且奠定了使用调查方法研究中国经济和社会问题的基础。

作为一个其主要兴趣在于提高土地的经济产出的农业专家，巴克是从技术层面出发来研究中国农村问题的。他是如此界定这一情境的：

> 除了在农业科学发展方面的差异之外，谷物种植和动物饲养的技术在这两个文明（中国的和欧洲的）中实际上是一样的。正是土地利用的不同类型，以及土地使用的不同结果（success）才造成了东西方文明中农业的区别。②

巴克注意到了他的方法（approach）中存在的某种程度的片面性（onesidedness）。他接着写道：

> 当然，与使用类型相联系的各种各样的土地关系将可能促进或阻碍任何一种特定的土地利用类型。在这一研究中，我并不打算详细评论所谓的土地占有状况（agrarian situation），尽管也许可以按照农民和其他社会阶级之间的政治、经济和社会关系来考察这一状况。③

因此，他自己明显不感兴趣的土地所有权和租佃关系，被看作是一个次要问题。在第一项研究中，他评论说："这些研究所采用的进度表并不包括对租佃关系的特殊关注。"④因此，以巴克的研究并没有表现一幅中国村庄的经济生活和土地制度的完整图景为理由来批评他是不公正的。因为这并不是他的研究目的，尽管有时候他的确针对"所谓的土地占有状况"中存在的政治、经济和社会问题发表过看法。

然而，我们应该问一问，不考虑农村问题的制度化背景，我们的研究可以走得多远？我想纯粹从方法论的角度出发来谈谈这个问题。

在巴克的研究中，他清楚地表明，土地所有者和非土地所有者的土地使用类型是不同的。因此，对土地使用类型的精确分析就需要按照已有的各种社会地位类别对土地耕种者作一个完备的分类。预计这些类别在各个社区中都是不同的。于是，某地佃农的社会地位可能在某种程度上不同于另一个地区的佃农的地位。因此，关于土地利用的研究需要对所调查的特定地区的整个土地占有体系的考察。尽管巴克没有注意到这些变化，却在他的整个研究里采用了传统的美国分类法:即所有者、半所有者和佃农。中国和美国土地系统的共同之处被认为是理所当然的。在把他的数字同在美国找到的数字做了对比之后,巴克得出结论说:"中国的农业租佃关系并不比其他许多国家严重,因而,这并不是中国特有的问题。"⑤在此后的一个出版物中,巴克坚持同样的立场,认为"(尽管)四川的租佃关系是普遍的,有47%的农民是佃农,但这与别的国家相比并没有太大的不同。在美国,42%的农民是佃农"。⑥很明显,当他得出这些结论的时候,他不仅假定了在中国和美国租佃关系具有同样的意义,而且把租佃关系这一问题同其他拥有丰富资料的根本性事实,比如农田规模、租率、生活标准、营养状况等,分离开来。这例证了社会调查所带有的忽视单个事项之间的相互关系,也即制度性背景的危险。

如果巴克一直坚持限于收集"关于中国的土地利用、食物和人口的特定的根本性资料",⑦他可能不至于得出如此成问题的结论。但是他显然并不满足于停留在技术层面,完全忽略与土地占有状况相关的关键问题。可是,当调查方法不经细致准备就应用于关于社会制度的研究时,这一方法的缺陷就变得更为明显了。行政院农村复兴委员会1935年的报告可以作为一个实例。这一报告分好几卷,其中有一卷是关于云南的农村经济的,同时,这也是在该省进行的头一次大规模调查。此份报告的英文摘要刊载于《乡村中国》⑧(*Agrarian China*)杂志上。

为了进行社会调查,调查者经常在进入实地工作之前准备好一份问卷表。所需观察的事项预先就确定好了。问卷提供了土地体系内部的不同身份的分类,并按照某些先入为主的观念对每一个类别都给出了界定。在这一调查中,按照美国的惯例,村民们被分成地主、半地主、佃农和无地雇农,以及不从事农业耕作的(non-farming)村民这几类。在各个不同省份的研究中都使用了这同一种分类方法,并且假定所获数据具有可比性。然而,遗憾的是,在云南,正如我们将要看到的,集体所有者,比如家族(clan)佃农的社会和经济地位,同那些私人所有者的佃农的社会经济地位具有本质的差别。但是,由于显然是由那些不了解云南情况的人准备的问卷表中并没有列出单独的类别,这两种不同类型的佃农被归入了同一种类别。当云南的佃农的数据同江苏佃农的数据作比较时,出现了一些更不可靠的结论,因为云南的集体所有者的佃农的处境与江苏的向不在地地主租种土地的佃农的处境是完全不能比较的。

同样的缺陷也可以在关于雇农的数字里找到。根据同一个报告，云南的农村里只有很少的雇工，于某些村庄来说，这也许是事实。然而，认为云南村民在农业劳作中很少依靠雇佣劳动力的结论是不正确的。雇佣劳动是大多数云南村庄的种植经济的主要特征之一。但是，由于临时卖工劳动力的存在，一些村庄可能只有很少数定居的无地雇农，尽管就我们目前所掌握的知识来说，甚至就连这种情况也很少见。因此，调查结果并没有给出一幅反映实际情况的图景。类似的许多例子将足以表明，对于严肃的科学调查来说，一份在缺乏对所要观察的社区的结构的完整认识的情况下制订的问卷，即使没有误导之嫌，也是无用的。

况且，在对一个广阔区域的研究中，有必要雇佣一组助手以收集供统计处理的基本数据。资料收集者的工作是机械的，没有给创造性留下任何空间。这对于受过很好训练的科学家来说自然没有吸引力。因此，这一工作中最重要的部分经常是托付给了不能胜任的人。由于不诚实、疏忽，或者对问卷的误解而造成的误差十分普遍。我们研究的村子中，有一个以前行政院的调查组来调查过。当我们向当地人问及这些调查者事实上是如何工作的时候，他们全都笑了。一个男人告诉我们，"他问我每天能拿到几个鸡蛋，我回答说一个也没有。但当他发现我有两只小鸡时，他认为我在捉弄他。我只好笑着告诉他，'公鸡哪能下蛋？'"当然，我们不能以我们的村民朋友们对调查者所发的善意的嘲弄来判断报告的可信度。然而，当我们对报告中发表的数据做重新分析时，出现了那么多与现实不相一致的地方，以至于我们无法利用这些数据。这主要归咎于雇来的调查员缺乏科学训练。能胜任调查的人在当时的中国是很少的。看来，巴克的最出名的著作有时候也受到了同一缺陷的影响。正如我们在后面将要表明的，巴克书中关于云南农村大米的产量是如此之高，以至于我们只能怀疑调查员把未脱壳的稻谷当成去壳的大米计算了。只要基础数据是由对调查工作不感兴趣并对研究结果不分担责任的学生们收集的，要想避免这些误差是很困难的。

同时，那些提倡社会调查方法的人普遍拥有这样一个信仰，即以这种方式收集的资料能够被他人使用。正如巴克在他的第一本书的前言里所写的:"我希望技术专家们能够把这些表格用作为其他解释的原材料,因为在本书中无法阐释这些内容的所有方面。"⑨因此,看看在何种程度上以这种未经训练的人按孤立的方式收集的数据资料能够被其他专家甚或像托尼教授这样的高级学者值得信赖地使用,将是十分有趣的。

托尼教授并没有把自己看做一个农业专家。从他的智慧和经验出发,他完全认识到中国的土地和劳动力问题应该在一个比"土地利用类型"更为广泛的基础上加以限定。他罗列了如果要想研究中国的土地占有状况的话,所需要详细分析的基本问题。

> 各地之间差异极大的自然条件;由这些自然条件造成的谷物种类和种植方式的多样化;一个半神话的古代文明(a half-legendary antiquity)的文化传统和社会习惯;以及公正地说,一个过去受到欧洲崇尚,但却仍然不得不分享曾经在上一个世纪的进程中改变了西方农业的科学革命的成果的技术;还有经济组织和政治制度——所有这些,以及其他的一些因素,都需要研究者考虑到。⑩

许多对于我们提供关于土地占有状况的完整图景来说十分关键的因素的信息在现存材料中极为缺乏。为了从各种社会调查所得到的孤立的材料中建立起一个综合分析,托尼不得不在他关于欧洲经济史的丰富知识的基础上借助于臆测。在他那里,发生在西方的工业革命和将要发生在东方的工业革命之间的平行的对称关系是十分明显的。如果有人在中世纪欧洲的背景中阅读中国的材料,他必定会获得富有启发性的洞察。托尼关于中国经济形势的可敬佩的概括——《中国的土地和劳动》一书,仍旧是研究中国的最好的文献。但是,正如托尼自己意识到的,在中世纪欧洲和当代中国之间进行的类比,有时候可能会被引入歧途。要想证实这一点,我们可以从托尼关于租佃问题的论述中引用一大段话来说明。之所以大段引用这段话的原因,是因为它同样也是我们这本书的研究的起点,这一研究试图重新检验托尼的论点。

> 不同形式的租佃权(tenure)的分布情况受到了中国各地不同的历史

(past history)、土地条件、耕作类型和总体经济环境的影响。农民很少能够在城市资本大量流入农业的大城市四郊附近拥有土地所有权——据称，在广东三角洲有85%，上海附近有95%的农民是佃农——而只有在很少受到现代经济发展的影响的地区这一情况才较为普遍。山西、陕西、山东和河南等省是中国农业发祥地，那里大约2/3的农民是自耕农。他们至今仍然很少同商业和工业打交道。土地的产出太低，以至于很难吸引投资者，而且农民也没有力量（resource）租种更多的土地。在南方，土地较为肥沃多产，农业产生了剩余，经济关系的商业化进程也在逐渐加快，因此，在土地上投资的诱惑力和投资的能力同时增大了。我们合乎情理地期望，随着现代工业和金融运作方式日益扩展到迄今还未受它们影响的地区，在中国的其他部分也将出现类似情况。如果真是这样，那么原先经常发生在欧洲的，在农民保有的首先为了生存而耕作的习俗性权利与不在地地主主要是投机性的利益之间发生的争斗很可能将在中国再现。在这个国家的部分地区，这一趋势已经出现了。[11]

这一论断基本正确，并被我们在太湖周围的农村地区的观察所证实，那里土壤肥沃，而且深受现代工商业的影响，因此，租佃关系的不在地主制度十分发达。但是，肥沃的土壤同受到工商业发展影响的土地所有权的集中之间的联系并不是直接的。正如托尼在开头提到的，这是通过历史，通过耕作类型，以及总体经济环境而起作用的。因此，有必要考察土地体制随着制度化背景的差异而变化的方式。

在我们对太湖周围地区的农村经济的研究中，我们看到了土地租佃中的不在地主制的发展是同农村工业的衰弱紧密联系在一起的。由于农民依靠作为家庭手工业的纺织业来谋生，它的衰退也就导致了入不敷出的危机。农民只能出卖土地以免于饥饿。很明显，如果村里的经济条件稍好一点，农民们是不会放弃他们如此热爱的土地的。因而，看起来土地集中于市镇居民手里的主要原因是农村手工业的衰败。如果土地贫瘠，仅能保证耕种者维持糊口的水平，也就不可能产生租约，市镇里不种地的人也不会购买土地。但是在这里，土地的肥度只是导致产生租佃关系的一个可能条件，而不是直接原因。

很明显，造成不在地主制度的土地所有权的集中进程不应该主要由土地的相对肥度来解释。一个正确的研究应该从土地买卖的制度化背景开始。这导致了对土地利用、劳动力状况、土地所有权分布，以及耕作利润、经济态度、继承权和各种各样财富积累渠道的调查——一言以蔽之，要做一个社区分析。这种类型的研究正是托尼对那些对中国土地占有状况感兴趣的学者们所总抱的希望。

云南——社区分析的实验室

本书研究的三个村庄都坐落在云南，由此，我们有必要先对这一省份做一个简要的描述。云南位于中国的西南边陲，它的名字——"白云之南"，表达了一种遥远的感觉。云南远离中国的中心地带，隆起在整个中国大陆的屋脊处，与一条条河流冲积而成的河谷盆地之间隔着一道道的山脉。它同中原省份之间的交通并不方便，而且由于距离遥远而产生的疑虑，不久以前人们还相信古老的传言，以为云南是一个由未开化的土人统治的蛮荒之地，只有三国时代足智多谋的神奇人物诸葛孔明和后来元朝的无畏的蒙古兵才迫使他们臣服。许多人还认为云南山区瘴气盛行，很容易就可以让陌生人神秘地死亡。

这些传说自然是毫无根据的。但是由于它的神秘，这一地区很少有旅行者到访。外人很难知悉这一地区的真实情况。关于这一省份的最好描述是戴维斯（Davies）的《云南：连接印度和扬子江》。它更像是一个为了推进一项铁路建设计划的人所作的旅行札记，并非一个科学的记述。只是在目前的抗战时期，云南才成了自由中国（Free China）最重要的根据地之一。与从占领区涌入内地的无数难民一起，许多大学也搬迁到云南，现代化的工厂也建立起来了。公路延伸到至今仍然封闭孤立的地区，铁路也正在修筑。这一地区的社会变迁的快速步伐是世界上其他任何地方所从未有过的。

现代文明对像昆明这样的古老城市的影响每一天每一周都可以见到，但是广大乡村的特殊地形阻碍了这种影响的顺利传播。克雷西（Cressey）把这一他称之为"西南台地"的地区描绘成"高而险峻的地表，被深陷的峡谷和高耸的山脉分割……散布在高原台地上的是被群山包围的一块块面积狭小的高原平坝"。[12]我们还可以在散布的狭小谷地里找到定居点，它们仿佛一个个分立的细胞，除了云南—印支铁路、中缅公路和其他新近开通的公路之外，仅只通过狭窄、简陋和曲折的山间小道相互联系。但是，前者对村与村之间的交通用处并不大。步行是最通常采用的人类出行方式，马帮则用来运输货物。我们自己的经历最有力地证明了交通的困难。当我们从中缅公路最近的车站向易村出发时，一段 27 英里的路程，我们足足花了 10 天才到达那里。这包括出于各种原因，比如缺少驮马，或者必须等待一个武装向导，在路上的频繁的停留。即使发现内地村庄的人们从未走出过自己居住的峡谷，也并不值得大惊小怪。

这一地形造成了人口中的复杂的民族构成。克雷西（Cressey）写道："西南高原是全中国人口构成中最多样化的地区。"

> 只有大约一半的人口是真正的汉人（real Chinese），其余部分由各式各样的原始部民组成。汉人都是来自其他省份的移民，主要分布在坝子上和交通便利的峡谷里，并把那里的原住民挤走。可能世界上很难找到这样的地方，既包含了一个复杂的种族混合（racial mixture），又能像这个地区和邻近的山区一样，为人类学研究提供肥沃的土壤。[13]

来自中原各地持续的移民浪潮在过去的 1 000 年里，迫使那些弱小的族群（ethnic groups）向更偏僻的内地和更高的山区转移。具有不同文化的不同人群居住在他们各自封闭孤立的峡谷里，很容易就像居住在大都市的公寓楼的住民们一样，互不关心。他们中间的任何一个民族，或多或少，都可以在给定的文化和地理条件下形成一种几乎独立的发展路径。现代工业文明只是给这个已然十分复杂的图景再加上另一种类型的社区而已。但是，就像其他的社区一样，它局限在特定的地域范围内。

如果能从人文地理的外貌辨认出经济发展的不同进程，云南可以说是最好的研究地点之一。文化发展的整个过程——从原始的猎取人头者到复杂工业社会的都市居民——都可以以具体（concrete）的形式出现。我们可以先从昆明开始。市中心充斥着各式混凝土建筑，当夜幕降临时，霓虹灯照亮了熙攘密集的人群。在市区北部，成千上万胸怀大志的青年学生出入于临时搭建的军营式的教室、图书馆和实验室。在"文化区"的茶馆里的讨论中,到处都可以听到关于爱因斯坦的相对论或者柏拉图的乌托邦之类的话题。市区外围几英里,电厂、机械厂和军工厂里的现代机器正在运转。入夜,附近的集镇(village center)里拥满了操着毋庸置疑的上海口音的工厂工人。如果我们走得再远一些,我们将看到停满一排排"飞虎队"、"解放者"和 C–34 飞机的机场,看到吉普车笔直飞快地穿过遭受轰炸过的满目疮痍的村庄。当我们再往前走时,城市的亮光很快就湮灭了。在昆明谷地的外缘(outskirts),村民们仍然很少受到陌生的、令人困惑的城市活动的打扰。村妇们仍在为他们丈夫的坏脾气而担忧。为了免遭敌机轰炸,或者为了克制时疫的恶灵(evil spirits of epidemics),到处都在举行庄重的仪式。这里,古老的秩序仍旧统治着一切。在赶集的日子里,我们可以遇见成百上千的妇女,身着色彩绚丽的珍异的服装,从她们安居的高山上的土著社区里下来。如果我们跟着她们回到她们各自的村庄,我们将会在"单身客房"(bachelor house)里受到款待,这马上让我们想起马林诺夫斯基(Malinowsk)在他关于特罗布里恩德群岛(Trobriand Is.)的材料里所记述的相类似的地方。我们也能够发现存放祖先骨灰的禁区(tabooed quarters)。在短短一天内,我们就可以从波利尼西亚一直游历到纽约。如果你是一个社会学家,你一定不会放过这样一个对文化类型做比较研究的机会,也不会放过对文化变迁进程进行分析的机会。这是一个优越的文化实验室。

这个社会调查的诱人的田野工作点还具有稍为忧伤的一面。现代文明——尤其是对物质力量的强调,划破天空的飞机的轰鸣,以及为了开动机器和照明城市而生产电能的庞大电厂——的无情的冲击并不能掩盖持久存在的根深蒂固的历史传统。但是两者之间的桥梁并没有很好地建立起来。甚至连目光远大的人也无法确知我们应该为我们跨入机器时代付出多少代价。在这个实验室里我们将对发生在整个东方的变迁过程做一个扫描。长期以来一直受到研究者忽视的传统的背景,至今仍然或多或少地在新近大量介绍进来的现代文明的习俗之外不受影响地存在着。正是在这里,我们可以活生生地看到现代化展开的过程。当它发生时,我们身临其境,最激动人心的事件就是我们的日常经历。这解释了为什么我们可以在某种程度上忘掉我们物质生活中的巨大困苦,一直在艰苦的条件下坚持我们的工作。这同时也解释了为什么我们不顾自己的能力限制而拓展了我们的研究领域。我们的工作确实可能由于我们时间的仓促而失于浅薄，否则我们将会由于错过了为这个激动人心的时代留下真实的记录的机会而负疚终身。

田野调查点

  书中研究的三个村庄没有使用它们的真实名称，而是使用了我们为它们取定的学名。然而，由于它们都是实实在在的村子，因而我们可以在这里给出一个关于它们的位置和外貌的概述。禄村东距云南首府昆明大约100公里，坐落在禄丰区中部的一个鹅蛋形的坝子上。中缅公路穿过这个坝子的南端。步行从车站到禄村需要一个半小时。易村在禄村以南50公里处绿叶江（Lu Yi River）的一个峡谷里。绿叶江不能通航，在水位下落时，沿着河床不停歇地走，也要花整整一天才能从禄村到达易村。平时人们走的路途更长。由于山高路陡，我们绕了一圈，花了10天才走完全程。玉村坐落在昆明南面100公里处玉溪平原的一个市镇边上。玉溪是云南重要的商业中心。在昆明—印支铁路和中缅公路修建之前，通往印度支那、泰国和缅甸的主要商路都是以这个镇为起点的。

  在上面的某一段落里我们曾经展示过云南的总体地形。所有这三个村子都坐落在大山环绕的卵形坝子上。尽管在云南的山区只有稀疏的宅院，而且居民们也经常是土著人，这些坝子上的众多的村庄所展现的图景经常让我们想起江苏太湖周围的农村。坝子里人口密集，根据某些估计数字，昆明附近，包括一部分无人居住的山区在内的平均人口密度，已经达到了每平方英里400人。如果单单估算坝子的人口密度，我们相信，人口的拥挤程度不会比江苏的每平方英里890人低多少。许多世纪以来，来自中国其他部分的移民涌入边疆省份，定居在肥沃的坝原上。他们带来了传统的有关家族兴旺的多子多福信念，这在云南同在中国其他地方一样有效地在短期内使人口规模达到饱和点。每家拥有的平均土地在禄村只有5.7亩，即大约1英亩；而整个中国的平均数则是大约30亩，或者说5英亩。这表明云南的人/地比率与中国其他部分的平均水平相比更为不利。同美国作一个对比，结果更加引人注目。在美国，150英亩的农场极其常见，但在云南，同样数量的土地将可能属于100多户的所有者，还不包括无地的雇农。这在数量上已经等同于一个村庄了。因此，说一个云南村庄拥有的资源或多或少等同于一个美国一般农民的资源，并不是太夸张。但是在人口上，一个100户的村庄将有500—600人，大约是美国小型农村家庭人口的100多倍。当然，这仅仅是一个粗略的比较。然而，这是一个我们在进行下面的细节分析时经常需要放在心上的基本事实。

云南农村的邻里和家庭的社会结构，从总体上说，和《江村经济》所描绘的在江苏农村中所观察到的相类似。家庭是社会的和经济的单元，共同拥有财产，除了临时外出之外，共同居住在同一所房舍里，按照劳动分工的原则劳作，以维持生存。家族组织（clan organization）的力量在云南比在中国其他地方更为强大。在这里，家族拥有共同的财产。村庄的形式也和在江苏所见到的相似。房屋聚集在一个集中的居住区，和其他居住区之间隔着相当一段距离。居住区四周是大片的农田，这些农田有时候可能和耕种者的房子离得相当远。云南农村和江苏农村之间最根本的一个差别在于前者没有水运的便利条件。云南大多数的河溪是不能通航的，运输完全依靠陆路。连接村庄的经常是略加铺设或甚至未经铺设的道路，并不适合机动车行驶，尽管偶尔可以看到一些牛车在泥泞的山路上拖行。货物要靠人背马驮，而且更经常的是靠肩背。由于交通，尤其是县与县之间的交通困难，在大多数内地农村，现代工商业的影响并不很深。村民们可能仍然生活在一个狭小的空间里。本研究的田野工作于1939—1943年期间展开。禄村的研究主要是由我和我的同事张宗颖、张之毅的帮助下完成的。研究开始于1938年11月。在村子里的第一次停留时间是两个月。1939年8月，我和我的同事们重访了禄村，再次逗留了3个月。易村的研究，紧接着禄村研究的结束而进行，开始时间是1939年10月。张之毅一直在那里待到年底。由于交通不便，我们没有再访易村。到1940年8月，张之毅开始了对玉村的研究，头一次待了3个月。1941—1942年以及1943年6月，他又多次重访玉村。

各种各样的引介方法被用来进入社区接近村民。在禄村，我们通过我的姨妈杨季威女士和同学王武科先生的个人关系建立起我们和村民们的联系。杨女士是一位传教士，在我们调查之前刚在那里工作了一年；而王先生则是我在燕京大学的同学，恰好又是本村人。在易村，我们没有禄村那样的私人关系，只有云南大学开具的正式介绍信。我们通过直接与村民接触的办法同他们熟络起来。在玉村，玉溪农业学校的校长充当了我们的介绍人。除了在易村的头一个星期，在是否被村民们接受的问题上我们不存在任何困难。这极大地归功于前面提到过的朋友们的帮助，以及学者所拥有的传统上的社会地位。我们同时也得益于我们熟知如何在自己的人民中正确行事的方式。我们同许多村民结成了朋友。禄村村长赵先生每次来昆明都要拜访我们。他是一个中国旧式绅士阶级的完美典范，凭着他的友善人格和乐助精神，把我们的友谊通过他的儿子传了下去；他的儿子也经常来看我们。我们在玉村的房东——冯先生，甚至在我们从昆明搬到呈贡乡下的工作站时，还经常来看望我们。我们和这些人的关系远远超过了简单上的收与发的交流。我们在很大程度上成了他们的私人顾问，甚至在家庭事务上也是如此。一开始，我们就把研究工作的实质清楚明白地告诉他们，并不隐瞒什么。结果，我们可以在必要时当场就记下数字或协议的内容。他们也经常提醒我们记下他们给我们的信息，以使我们不至于忘记。我们还被邀请参加仲裁村子里的争议，并充当他们和区政府打交道的中间人。区政府对我们也极其礼遇，提供了我们所需的所有材料。

社区分析的方法

对小农社区的分析是人类学研究的一个新发展。起先，人类学的领域局限在所谓的"原始共同体"内。但是当野蛮和文明之间的界限，即一个为了证明白人的特殊责任而想出来的理由，在一个世界性社区的演化过程中日益变得毫无意义的时候，一些以社会学原则工作的人类学家开始拒绝接受19世纪惯例的束缚，并试图获得研究各种类型的人类社区的权利。在上100年里，他们很幸运地发展出一种社区分析的技术，这一技术在许多方面不同于其他社会科学所使用的方法。从研究较为封闭、整合得较好的所谓的"原始"人的社区开始，社会人类学家逐渐意识到研究社区居民的全部生活的重要性。生活的不同方面——政治的、经济的、宗教的、教育的等——之间的相互关系，长久以来受到了许多系科化了的（departmentalized）社会科学的忽视，却必须在一个较少专业化或分化的社区中被辨析出来。在这里，我们再一次看到，由于社会人类学家经常研究与他们自己的文化相异的社区这一事实，他们必须展现完整的文化背景以便于其他人能够更充分地理解他们的观察，而其他在自己的文化中研究问题的社会科学家则可能忽略了他们研究领域中的大多数文化背景（cultural settings）。社会人类学家承担了文化阐释者的角色。在这一背景下，他们发展出了深入田野研究（intensive field work）方法和关于文化差异性的意识。对于社会人类学家来说，在一个文化中建立起来的概念并不一定能够自动地应用于另一个文化这一认识对他们是一个常识，但对社会调查工作者来说，他们却经常认识不到这个道理。比如，人类学家会假定美国的租佃关系的意义可能和中国的有所不同。因此，当社会人类学家把他们的研究领域扩展到现代社区时，他们对于处理跨文化比较研究尤其得心应手。

然而，这种社区研究在初始阶段同社会调查研究并没有很大的区别。研究目的在于描述社区生活，而且只要存在着方法上的差别，就会有程度上的差别。社会人类学家试图获得一幅完整的图景，而社会调查工作者则满足于无关联的定量数据。可是，只要两者都关注于描述，他们就会以同样的方式着手研究社区。另一方面，在社会人类学家发展出他们的深入研究方法的同时，他们必须以限制他们的研究范围为代价。要完整地研究社区生活，调查者必须把他的观察领域限制在一个很小的区域，这样他自己才能完全地参与进去。于是问题就出现了：对每一个社区做深入研究的可能性有多大？何况，观察中的深入度是没有极限的。极端地说，也许将要花费整个生命才能对任一个人的行为作一个完整的记录。甚至在描述的层次上，社会人类学家也需要找到一个标准来界定什么才是一个足够的描述。在这一点上，看来人们还没有达成一致。

然而，必须认识到，针对深入研究，人类学家已经大大改善了观察的技术。现在强调的是使用当地语言进行直接访谈，强调直接参与当地人的活动，强调家谱学的（genealogical）、生态学的和定量方法的大规模使用。在最新的出版物中，对于行为的微小特征的详细记录经常占据很大的篇幅，有时候使得文化的大致（broad）界限变得模糊起来。

尽管深入观察方法出现了上述的技术进步，对任何特定社区的描述性研究不仅做不到绝对的完整性,而且除非它与建立在一个广阔基础上的概念相关,否则将没有任何意义。一个社区研究只有当调查者参照某些具有普遍意义的问题来记录报道时,才是完全科学的。我们除了报道每一个社区中的每一件事之外,不可能做任何其他事情。从这一事实,以及希望产生一个普遍的而非特殊的知识体系的愿望出发,产生了"文化分类学"——即对类型的认知,以及把单个社区确定为这些类型的实例——的问题。一旦类型建立了,单个的深入研究就成了某个社区类别的代表。

当使类型发生分化的基本特征被甄别以后,一个关于社区类型的描述将被认为是完备的。但是类型的特征是什么呢?一些研究者尽力去挖掘文化中的尤为微妙和理解性的一面——秘密文化,最基本的构形(configuration),或者甚至是"民族的精神"(national genius),并把所有文化因素综合成一个支配性的印象。但是我们缺乏研究这个"高层次的文化综合"的现有技术。看起来,试图以这种术语来对文化做出分类是不成熟的。从一个较低的层次来开始文化分类学的研究似乎更为可行。与第一种方法不同,界定类型的特征是参照研究所关注的特定问题和兴趣来挑选的。因此,在一个经济学研究中,将以不同的经济制度为基础分离出不同的类型来,正如对家庭关系中存在的问题占上风的关心,将寻找社会组织作为分类的基础一样。在这些准备工作的基础上,更高层次的综合将在未来的某一天出现。

需要更进一步强调的是,在一个依此构建起来的文化类型学里,分类是由对某些关于功能相互关系或关于社会变迁的一般问题的兴趣所引导的。如果生物科学能够作为我们研究人类社区的指导,我们就可能认识到,如果一直局限于纯粹的描述层次,分类将不可能出现。事实上,正是对物种之间的差异的解释——比如进化论——才导致了解剖分析的发展。只有当差异与一个普遍原则相联系时,它们才是有意义的,尽管这一普遍原则可能纯粹只是假设的。早期的社会人类学受进化论之惠非浅。但是由于这一理论过于简陋,以及那些被称作"进化论者"的人们头脑过于狭隘,逐渐出现了对这一理论的反作用,一些对立的思想派别产生了。然而,这些学派并没有能够提供关于文化的理论,它甚至走得更远,以至于否认了总体研究的可能性。因而它只是人类学发展史中的一股非建设性力量。如果我们不满足于使人类学成为一个个博物馆标本的大杂烩，就必须努力以一种更为系统的方法来组织人类学材料。这就是为什么布朗（Radcliffe-Brown）教授多次提醒他的学生，一个田野工作者首先必须在自己的头脑里装备一个理论。田野工作的作用就是在检验这一理论。雷德斐尔德（Robert Redfield）教授在尤卡坦（Yucatan）的研究工作[⑪]是这种类型的田野研究的最好例子。他的著作不仅是对他所研究的四个社区的描述，仅仅表明它们是多么地与众不同，而且他还努力使用一个从民间文化到现代文明的文化变迁理论来解释它们的不同之处。他对变迁过程的定义建立在这些社区内的具体观察的基础之上，并以能够在其他田野中加以应用和检验的概括性术语来表达。自然，这里面存在对这一理论的内容的批评余地，因为同其他理论一样，它仅仅是供进一步研究的工作假设而已。但是他所使用的方法对现代社会人类学来说意义是非凡的。

本书从总体上遵循了同样的方法，尽管它所关注的问题更为局限。正如我们在上面已经说过的，我们的研究试图在社会调查和普遍的概括之间建造一座桥梁。

我们将通过展示村民们在土地体系中的相互关系来把他们经济生活的各个层面联结起来。通过比较四种类型的农村社区的土地体制，我们将能够产生一个关于土地所有权的集中和租佃关系的发展，如何受到作为工业革命的一个结果的农民收入的下降之影响的普遍陈述。正如我们上面所提到的，这是通过对托尼理论的检验而得出的结论。纠正了在经典的地租理论的影响下，有些学者强调了土地的生产力，而对总体的经济条件和制度性背景关注不够。

为了研究土地所有权，我们选定了四种类型的社区。它们被用来代表不同程度的土地集中状况。在其中的一个社区——禄村，大多数土地所有者就是耕种者本人，而且他们的农田面积很小。在另一个社区易村，除了几个在别的村子也拥有土地的大地主之外，其余的都是小自耕农，村子里没有佃农。第三个社区——玉村，与第二种类型正好相反。村子里有许多佃农，而大土地所有者则住在附近的市镇里。这三个社区都在云南。第四个社区，本书没有专门涉及，但同样可以用作比较的，是我们在江苏研究过的那个社区，在早先出版的《江村经济》中有过详细的描述。这是一个主要由租种大市镇上的不在地主的土地的佃农组成的社区，拥有比第三种类型社区更为发达的租佃关系。

整个研究过程中，我们是在两个层次上同时进行的。首先，是在分类学的层次上，特别参照了社区的土地体制来界定社区的特征。在考虑了由一般性因素，比如人口压力、低水平的职业分化、使用雇佣劳动力的手工业的发展、资本主义式企业的出现等，所表达的所有基本特征之后，我们就可以界定社区类型，并以之作为我们对中国农村社区进行分类的基础。

当我们通过比较澄清了影响不同类型的土地制度的因素之后，我们就达到了第二个层次，即解释的层次。用于说明这些类型的相似之处和不同之处的因素也被用来解释土地所有权集中程度的差异。这样，我们这项研究就作为一篇研究中国土地体制的变迁的重要过程的论文而找到了自己的统一性。我们发现，土地所有权的集中和不在地主制体系的持久发展只在社区里存在特定的持续的财富积累机制时才出现。以这种机制积累的财富，如果它由于总体经济条件的限制不能够有效地再投资于同一机制中——比如工业和商业，将会流入到土地中。当小土地所有者由于个人危机或农业经济状况的普遍恶化而造成自己的一般生活水准的下降之时，土地的集中就更加突出了。

社区研究中，建立在特定假设基础上的比较方法尤其值得推荐给中国，因为它激励了我们对新的研究领域的开拓。对一个社区的调查，往往它所引发的问题比它所解决的还要多。调查的扩展（ramification），以及对实际状况的持续的提炼和更为仔细的定义，滋养了一门在中国这样的处女地里仍然处于它的婴儿期的学科。我们也无需说明，在本书和其他早先的出版物中所表征的四种农村社区的类型仅仅是一个更为宏大的同类研究计划的开端而已。从这类研究中可以发现理论性指导在选定研究领域时的价值。例如，我们并不主要是为了方便和出于随机才选定了上述的村庄。由托尼的研究和《江村经济》一书同时提出的问题引导我们去寻找一个不存在不在地主制度的村庄。脑子里带着这个想法，我们开始了对禄村的研究。通过这一研究，我们认识到农村工业对土地体制所起的作用的重要性。于是我们走了10天去找另一处农村工业较为发达的村子。易村就是这样一个地方。在易村我们开始对工商业中心对邻近村庄所起的金融影响产生了兴趣。我们之所以去玉村就是因为它坐落在云南的一个工商业中心的附近。每一个研究都是下一步研究的先导，而且所有研究都通过一个共同问题——土地所有权的逐渐集中——联系起来。

本书并不想声称是对中国土地状况的一个完整把握。但是，通过采纳这种建立并分析土地制度的基本类型的方法，我们相信这一任务将逐渐完成。这并不需要对中国的每一个村庄的彻底研究，因为大多数村庄都可以被归入已知的类型之中。

结论：农业和工业

社会学田野工作始于假设，终于假设。上述研究得出的结论将被用来作为将来研究的工作指导（working guide），并接受新的证据的修正。在调查的每一阶段所获得的概括都是对情境的重新定义。社会行动是由感知到的情境所组织起来的。对情境的定义是对社会行动的方向的一次校正。因此，定义的有效性可由随之而来的行动所验证。对我们来说，把科学研究和实践政策联系起来是正当的，甚至是必要的。在某种程度上，我们是代替中国农民当了原告。在我们陈述了他们的理由（set forth their cause），提出了证据之后，我们就应该呼吁一些实际的行动来改善他们的生活。在我们的陈情的最后，我们将概括一下最基本的事实，以争取一个合适的政策。然而，作为科学家，我们勇于接受有助于进一步调查的建议，并相应地修正我们的观点。

中国土地状况的基本事实

这项研究提出的基本问题十分简单：即中国内地农村的村民们是如何以土地为生的？为了解答这一基本问题，我们必须调查清楚下列特定问题：他们拥有多少土地？他们如何使用这些土地？他们从土地中得到的收益如何？来自土地的收入是否足以维持他们现有的生活水平？如果答案是否定的，那么他们又是如何弥补不足的？如果他们不能以额外的收入来弥补不足又将会发生什么？这种财政状况如何影响到土地分布？产权是如何分割和转移的？这一过程又造成了什么类型的土地体制？

表1 生存水平的平均数

	禄村	易村	玉村	江村
每户拥有土地（单位亩，括号内为英亩数，6.59亩等于1英亩）	5.7（0.87）	15.2（2.31）	4.3（0.65）	3.8（0.58）
每户耕种土地（亩和英亩） 　稻田 　园圃 　总计	 8.8（1.33） * 8.8（1.33）	 7.5（1.14） 4.4（0.66） 11.9（1.80）	 5.1（0.77） 0.9（0.14） 6.0（0.91）	 8.5（1.29） 8.5（1.29）
主要作物：稻田 　　　　　园圃	稻米（用于消费和出售），豆类（主要用于出售），玉米、蔬菜（用于消费和出售）	稻米（用于消费），豆类（用于消费和出售），竹子（用于工业制造），蔬菜（消费用）	稻米（用于消费和出售），豆类（主要用于出售），蔬菜（主要用于消费）	稻米（用于消费和出售），小麦、油菜（用于消费和出售），桑树（工业用），蔬菜（消费用）
每英亩稻米平均产量（单位：担100市斤）	60	36	52	40
每家所耕种稻田的平均稻米产出（单位：担）	79.8	41.0	40.0	51.6
大田种植的其他产物，折算成稻米（单位：担）	15	5	17	10（?）
来自大田作物的收入，折算成稻米（单位：担）	94.8	46.0	57.0	61.6
人口 　人数 　户数 　每户平均人数	 694 122 5.7	 236 54 4.4	 777 156 5.0	 1 458 360 4.1

续表

	禄村	易村	玉村	江村
折算成成人食品消费单位数目（一个五口之家3.5担）	3.8	3.1	3.5	2.9
每家平均所需消费稻米（每个成人每年需7担）	26.6	21.7	24.5	20.3
租地（自有土地和所耕种土地的差额）数（英亩）	-0.56	0.51	-0.26	-0.7
租额（每年稻米产出的一半）（单位：担）	-33.6	18.3	-13.5	-28.0
消费和完租（收或交）之后所剩稻米（单位：担）	36.6	42.6	20.0	13.3
可用于其他开支的剩余，或不足（折算成稻米的消费量）	10.0	20.9	-4.5	-7.0

＊不重要或未估计。

  表1的数字提供了关于这些问题的答案。我们在比较中加入了长江下游盆地太湖附近的一个叫江村的村庄。⑮为了在一个表格中概括一个复杂的现象，我们不得不使用平均数或一些大略的估计。当然，在这样做的时候，我们仅仅为了表述的方便而把情况简化了。

  从上表可以清楚地看出，在禄村和玉村，一个只依靠稻田产出的普通家庭，在完租收租以及支付日常开支之后，将只有很少量的剩余用于其他花销。在玉村和江村，普通家庭还可能已经负债。但是普通家庭只是一个理想，而不是一个现实存在（an actuality）。上面的论断并不意味着这些村庄中的大多数家庭处于这种境况，因为土地并不是公平分配的。下表给出了四个村庄里不同阶级占有土地的百分比（关于这些阶级的定义已经在第三部分给出）。在全部四个村庄里，穷人和无地者的数量，也即那些不能完全依靠自己的土地谋生的人的数量大约占70%，或者超过总人口的2/3。因此，实际情况比上面提到的还要糟糕。

表2 按照经济等级的人口分布表

	禄 村	易 村	玉 村	江 村
富 农	15	13	4	6.2
中 农	19	15	20	18.0
贫 农	35	65	50	75.8
雇 农	31	7	26	/

我们因此得出结论，认为我们研究过的这些社区中的大多数村民不得不在主要的稻田产出之外寻找来自于其他途径的收入。开辟新的收入来源的第一个可能的途径，是加入种植更加劳动密集的高价农作物的行列，以代替稻米或豆类（或其他大田农作物）——换句话说，是通过改变对土地的利用方式来增加新的收入。这种获取额外收入的方法已经在玉村使用了，在那里，建起了许多商品化的园圃。要维持这种形式的种植，需要大量的劳动力和每天的照料；但是通过这种方式，园主获得了与种植稻米相比四倍的收入。但是这一类的园艺产出是作为换取现金的作物（cash crop）来生产的，因此就需要一个邻近的市场。在大多数农村社区，由于农民经常只生产供自己食用的蔬菜，类似的市场很小，或根本不存在。因而即使是中心城市附近的村庄，发展密集园艺业的机会也很有限，在目前缺乏交通运输设施的情况下更是如此。

开辟新的收入来源的第二种常见的办法是发展以农产品为原材料的加工业。这种类型的农村工业在中国非常普遍，我们可以在易村和江村看到——在前者那里是编织和造纸，而在后者那里则是蚕丝生产。在江苏，学者们发现，"由于这一地区人口稠密，土地有限，土地的产出不足以维持人们的生活。他们必须在农作之余从事某种手工业。常常可以看到，某个村子里的全部人口都在从事某种手艺，因而，许多村庄都因为它们的特产而出名"。[16]另一个调查者在山西报道了同样的情况："在申口村，村民们除了农作之外还从事一种或几种手艺活，尤其是那些小自耕农。人们不得不以此补充来自农田的收入。"[17]

一般人都认为中国是一个农业国。如果仅就农业是中国最主要的职业这一事实而言，确实是这样。但这并不意味着中国缺乏制造业，或只有很少的中国人才从事制造业。中国工业的落后是在技术上，而不是在从业的人数上。事实上，中国的大多数农民同时也是工匠。凭着遍及各地的农村工业，中国在她同西方接触之前很久就做到了制成品的自给。确实，乾隆皇帝曾经写信给英王乔治三世说："天朝物产丰盛，海内无物不备，无需入输外夷制品。"丰富的制成品不是在庞大的工业中心，而是在像易村和江村这样的成千上万的村庄里生产出来的。中国的传统工业是分散了的（diffused）工业——分散在无数的家院之内。这种分散不是为了方便，而是因为必需。从我们的分析来看，这一必需就是因为农村人口不能完全依靠他们土地上的产出谋生。造成这种分散的工业的发展的另一个重要因素可以在农业劳动力利用的特定特征中找到。农业需要季节性的劳动力。以现有的农田耕作技术来看，农忙季节所需求的劳动力是巨大的，而在一年的其余时节，田里并不需要任何劳动力。我们已经表明，农忙时节一对夫妇自己最多只能承担 10 工（kung）地，或半英亩农田上的活计。即使夫妇们可以在其他人的田里干活，他们种植的土地也不会超过 1 英亩。这一随处可见的基本事实使人地比率一直保持在较低的水平。失业的严重性也因为农业技术发展的这种水平而隐而不露。因此，农民们必须从事某种副业来消磨他们的闲暇时光。结果就是差不多所有能够分散的工业都分散了。

现在让我们转向土地状况的动态的一面。土地一直是农村社区内最重要的和最稳定的收入来源。它也是安全感的唯一来源。然而，由于只有很有限的土地供应，任何扩大自己田产的企图都意味着让别人失去土地。农民对拥有土地的执著以及他们割舍土地的不情愿，可以在下面这个事实中很好地表达出来：他们宁愿以苛刻的利率借钱，而不愿出卖他们的土地。所以，土地转让远不是单纯商品交易那么简单，而是代表了一种为生存的斗争。

可是，对保有土地来说，还有一个永久的威胁——即分家。按照习俗，每一个儿子都有平等的继承权；因而当地产经过几代人的分割时，每一次分家都意味着单个人拥有的农田面积的减少。人们经常问及的一个问题是：为什么这样一个与农场管理的效率原则相抵触的习俗能够如此长久地延续下来？让我们来看一看在一个只有很少几种独立职业向人们开放的情境中，是否还有什么别的选择。如果没有其他的谋生手段,失去土地是人们所能意识到的最坏的命运,因为它有可能导致一个家庭的灭绝,就好像我们在本书第一部分的许多案例中看到的那样。由于存在强烈的亲情,故此眼睁睁地看着自己兄弟一家由于失去土地而消亡而无动于衷是难以理解的。但是,只要后代平等继承遗产的习惯法存在,对保有土地来说时间就是一个强烈的破坏性力量(disintegrative force)。即使拥有可观田产的人也都不放过任何一个可以扩大他们土地的机会,而这仅只是为了保证自己后代的未来而已。

于是问题就来了:农民们怎样才能积累足够的财富来购置土地?从我们上面的分析来看,对一个普通农民来说,很明显连靠土地谋生都已经很困难了,如果还有什么剩余的话,也很容易耗费在定期举行的各种仪式上,况且还有饥荒、盗匪和其他个人的不幸。所以真实的情况是不可能依靠土地致富来扩大地产。那些想寻找安全感的人都在向农业之外找门路。有志向的人都离开村子去寻找机遇,或者在官府里找到一官半职,或者冒着生命危险从军,或者从事更加危险的非法生意。如果有人在听到关于获取财富的方法的这种令人不快的选择之后感到震惊的话,那他应该记得,在传统经济中,财富的集中通常都发生在工业和农业之外。"升官发财"(through power to wealth)是前资本主义社会的一般企求。根本性的事实在于,在使用传统技术的条件下,通过开发土地致富并不是积累财产的可行的办法。

因此,工业所提供的机会对土地占有状况产生了新的重要影响。这一重要性在于这样一个事实,即通过暴力或权力而达致的财富集中并没有导致进一步的财富积聚,因而很难维持下去。一个官员可以变得很富,但是除非他能够利用这些财富使自己变得更有权势或更富有,否则当他退休回村当一个地主时,他的地位就开始慢慢下降。但是工业却不同。通过它,财富可以持续地积累。当来自工业的财富被用于购买土地时,购买力将是持久的,因此由于分家而造成的破坏性力量将不再起作用,因而地主阶级的地位将或多或少变得更为稳固。

农村经济中的工商业

本书第二部分中关于农村工业的分析对这里的讨论具有重要意义。农村工业有两大基石：一个是农民有在农闲时找到活干的必需，另一个是富人们对利润的追求。第二种类型的工业只在需要大笔资金建造工厂时才出现。随着技术的发展，在生产过程中资本开始变得比劳动力更为重要。工厂不可能建在小茅舍里，由除了可出卖的劳动力之外一无所有的农民来维系。况且，在资本主义原则上组织起来的这种工业，在运输不便、市场有限的内地中国颇多掣肘。在到达扩展的边际时，所获的利润将不再投回同一企业内。这些资本于是再次流入土地，开始使土地集中在大所有者手中。

传统中国的大多数农村工业是依靠当地原材料发展起来的，而且仅仅是对农产品的粗加工而已。但在那些交通方便，可以通过商行从外面购进原料的地方，新的工业形式发展起来，正如我们在关于玉村的第三部分中看到的那样。在易村，两种类型的工业——其中之一是为劳动阶级提供就业，而另一种则提供可投资的机会——是分离的。但在玉村，这两种功能在棉花工业中联结了起来。在这里，资本家向劳动阶级分发原料，并从他们手里包买成品，而劳动阶级则承担了生产的过程。这是一个手工业的外放生产体系（put-out-system），其中资本家的功能在更大程度上是商业的和金融的，而非工业的。因此商业的发展加速了财富集中的进程。而且由于交通的改善和市场的扩展，部分消除了对资本再投资的限制。但在玉村，甚至在江村也是如此，财政状况不佳的农民为了获取资金竟相提供越来越高的利率，以便在债主的两头讨债声中获得短暂的喘息机会。于是，土地集中的进程以一种更不利于农民的方式持续着。

由于贫苦农民一直无缘分享在资本主义原则上组织起来的工商业的利润这样一个事实，工商业的发展带来了灾难性的后果。有趣的是我们注意到了这一点，即在中国，哪里商业发展了，哪里的租佃关系也随之出现，而在商业不发达的地方，我们可以发现更多的自耕农。在云南，村民们的商品交换绝大多数发生在定期集市和临时集会，在那里，生产者和消费者相互见面。在这个交换体系中，贸易所产生的利润散布在整个人口中。经纪人的商业活动只有很有限的空间。因此，这里的佃农只占少数。在华北，定期集市十分普遍，我们也发现了类似的土地占有状况。但在沿海地区，比如长江和珠江三角洲那样的佃农占80%—90%的地方，出现了许多大的市镇，有许多中间商人在那里开店售货。

农村地区商业发展进程中的一个更有意义的事实是,这一发展为外国商品的入侵做好了准备,而这些外国商品正在逐渐侵蚀传统工业。当后者消失时,农民失去了收入的一个来源,变得更为贫困,失去他们土地的危险也增加了。与西方工业的接触是影响目前中国土地占有状况的最重要的因素。让我们更细致地考察一下这一进程。

我们可以先从易村的编织业开始。编织者使用自己的原料,自己动手编织,自己销售。他得到的报酬总额包括了原料的价值、工资、运输费用以及销售利润。在玉村,在先前的岁月里,织工的工作和易村纺织者的工作如出一辙:他们种植棉花,制造染料,纺纱,再织成布,然后卖给消费者。但是商业发展的结果是,他们现在从店里拿到棉纱,再把织成的布匹交给店里,拿到的钱只相当于工资。他们失去了他们作为原料生产者、纺纱者以及销售者的角色。于是来自这一产品的利润就得和其他许多人一起分享了。如果生产技术改进了,总利润将会增加;如果这些利润是在这一进程的所有参与者之间平分,织工们有可能比他们运用原始技术独自承担整个生产过程获得更多的回报。但事实并非如此,大部分利润流入了资金提供者的腰包。贫穷的织工没有讨价还价的力量。他们只能无条件接受这一事实,因为他们的土地状况决定了他们必须从事某项副业生产。现在分配给织工的那部分工资并不足以维持简单的生存。但即使如此,织工们也别无选择,不得不接着干下去,不然的话,他们就会因为完全失业而失去更多。

在玉村纺织业的个案中,我们已经能够看到现代工商业的发展已经消除了中国农民的某些职业,在这个例子中,由于运用土法纺成的纱与在兰开夏和曼彻斯特制成的棉纱相比成本高而质量次,因而村民们完全放弃了纺纱。随着运输条件的改善,在现代工业中心生产的机织布流入内地时,很快就连玉村生产的家织布也将失去市场。同样的情形在江村看得甚至更为清楚,那里当地的缫丝工业在日本优质机制丝和美国的人造丝工业的竞争面前迅速衰败了。

现在让我们再次提醒读者关于中国农村经济的两个基本事实:首先,中国的传统手工业是散布在一个个村庄里的;其次,农民们依靠它来谋生。西方的工业革命至少威胁到了中国农村的小农们成为工业家的潜在劳动能力。对于没有组织起来的自营小手工业者(petty ownerworkers)的大众来说,这是一场没有希望的战争。无论他们如何技艺娴熟，他们是在与机器进行一场注定失败的战斗，但他们必须坚持斗争，因为不然的话他们将无法生存。结果是中国最终将变成一个农业国，纯粹而又简单，而一个农业的中国将不可避免地是一个饥饿的中国。

每一个收入下降的家庭都感受到了这一情势所带来的绝望。任何一次不幸的打击都可能迫使农民出卖他的土地。我们早就强调过这一事实，即中国农民不会为了利润而出卖土地，而只有当他们确实处于困境时才会卖掉土地。在西方工商业影响还不是很大，传统秩序仍旧维持着的内地，互助体系以及在恶劣的物质条件下所表现出来的坚韧不拔的精神帮助他们渡过了金融危机的难关。只要他们能够找到别的办法来解决他们的经济困难，他们仍会坚持保有他们的土地。结果，土地集中在少数几个人手里的速度很慢。甚至在玉村，在最近的12年里，只有大约65亩土地从村民们手里流走。按照现在的速度，要过70年才能赶上江村的地步，在那里，几乎有一半的土地掌握在不在地主手上。但是，当农村手工业工人受到西方机器工业的直接冲击时，看来只需很短的时间就可以使大多数小土地所有者沦为佃农。我们相信，这就是目前在沿海省份会有如此高比例的租佃现象的原因。当然，我们所持的假设在它的有效性完全建立起来之前，还需要更进一步的研究。但是，现有的研究清楚地支持了这一结论。

在这一背景下，托尼给出的一些结论开始变得深具启发性：

> 看起来将会出现的，至少在某些地区是，与住在自己村子里的同他们的佃农在农事上保持着伙伴关系的小地主相并列，将会出现一个不在地主的阶级，他们和农业的关系纯粹只是金融性的。[18]

对于我们来说，作为与西方机器工业相竞争的农村工业的衰败之结果的农村地区的经济萧条，是土地集中在少数人，尤其是市镇上的人的手里的最关键的条件。托尼特别提到的用于解释租佃关系的发展的土地的肥力，只是这一情境中的一个次要的有影响的因素，尽管它也很重要。土地肥力只是使得租佃关系变得可能，但它本身并不足以产生租佃关系。换句话说，这一解释只是重复了经典地租理论而已，尽管本身可能是真实的，但却并不足以给出一个有关总体情境的完整理解,而这样的完整理解,正是我们在这项研究中所试图达到的。

作为解决土地问题之途径的农村合作化工业的发展

由于对社会情境的定义是导向行动的准备阶段,如果纯粹以技术术语来定义农业情境,接下来的行动将被限制在技术改进的范围内。然而,更为关键的是,我们应该认识到情况显然更为复杂。我们不能否认技术进步的重要性,但我们同样应该认识到它的局限。本项研究——这还远不是结论性的——至少表明了中国把农村经济问题仅仅当作农业问题来处理的做法是片面的。我们愿意在此强调我们的结论,即土地问题由于农村工业的问题而加剧了。如果我们是正确的,那么中国土地问题的最终解决将和中国的工业化问题紧密联系在一起。

在技术改进方面,这一领域的专家已经付出了足够的心血。由于应用了科学知识,在作物改良、土地改造以及昆虫防治方面已经取得了巨大的成功。我们不必进一步讨论这方面的问题。然而,在有关耕作工具机械化和扩大农田规模这些问题——这些问题一般都涉及社会状况上,还没有达成有效的改革。以此为理由指责政府是不公正的。并不是缺少改革措施,但是当它们推行时,困难出现了,并使得所有的努力全部白费。问题的关键在于,除非我们能够通过合理地增加农民的收入来阻止他们的生活水准的下降,否则的话,所采纳的任何一个办法都只是一个临时性的解脱而非根本解决。例如,农业生产率的增加确实有帮助,但是即使运用现有的所有科学方法,估计也只可能比当前的生产率提高大约20%。这一提高,与农村工业品——比如生丝——价格的急遽下降相比,简直是小巫见大巫。

让我们再来看看平均地权这一办法。就当前不平等的土地分配而言,这确实很重要。但是我们必须记住,即使政府通过一系列办法,把所有的土地全部重新分配给农民,农场的规模仍然在5英亩之内,这一数字还不包括许多不能耕种的土地。在云南,不包括山区,农场的最大规模大约是1英亩。1英亩的农田,甚至在所有可能的作物科学改良的条件下,其产出也只允许维持一个并不比目前平均水平更好的生活标准。这一政策,如果能够实施的话,将只能产生一个更公平的分配，而不可能对普通村民的经济地位有多大改善。

有两种途径可以扩大农场规模：一个是扩张可耕地面积，另一个是减少人口。东北和西北地区的开发可能稍稍缓减一下渴求土地的压力，但是到底有多少人口可以迁移到这些地方仍然是个未知数，而且扩张的前景也是不确定的。整个中国历史上，减少人口是解决土地问题的最常见手段。繁荣时期往往伴随着动荡时期，在后一时期，巨大的人口死于内战和饥馑。这样的大灾难，自然再也不允许发生。随着公共卫生的改进，尽管同时引进了控制人口出生的方法，人口也不可能很快下降。因此，沿着这一思路也无法找到可行的解决办法。

剩下的替代办法就是把农村人口转移到其他职业中去。这听起来确实像是一个很有希望的解决办法。我们得知，1870 年美国农村人口的百分比高达 73.8%，但到了 1930 年就减至 43.8%。美国的经验明确地表明了通过在中心城市地带发展工业来减少乡村人口的可能性。然而，这些数字并不真的能给中国带来希望。现实地说，我们可能发现，即使中国能够获得像美国在最近 30 年里所获得的快速工业发展，我们也只能在农村地区减少 30% 的人口，只可能使单个农场面积扩大不超过半英亩。

期待在不远的将来中国农民能够完全依赖农业为生看来也不合情理。这并不是说中国生来就是永远贫穷的命。从她丰富的人力和资源来看，她的经济潜力是巨大的。这仅仅意味着，我们不能再期望单靠农业就能拯救中国，并使人民的生活水准大大提高。如果我们意识到这一事实，摆在我们面前的道路就和许多世纪以来被广泛采用的道路相类似——也就是以分散的工业作为农业的补充。

在这一关联中我们必须清楚地表明我们的立场。在这里我们并不关心工业的理想型，或者最有效的工业组织，而是关心一种适合农民大众的情况、适合逐渐恶化的情况的实际的工业类型。如果有机会，中国将不可遏制地工业化，牢记这一点也许很重要。但问题在于这一新的工业化是否对农民有利。答案取决于这一新工业采取何种形式。如果它按照最近几个世纪欧美的工业模式而发展——即如果它集中于都市地区，并掌握在少数资本家手里——那么它只会更加剧农村人口的悲惨境地。因为它将冲击到村庄里所有的庭院工业，从而进一步减少农民的收入。这一进程最近几十年里已经发生了。以这种方式进行的中国的更进一步的工业化将只意味着工业所集中的财富将落入中外工业家的手里——这一变化并不能改变中国农民的经济情况。政府确实应该为了农民的利益而向中国工业家征收工业利润税,但是这又只不过是一种缓减而已。我们所寻求的是一开始就能避免这一不幸的道路。

同时,关于这一点,我们也还要指出,如果农民大众不能分享工业的利润而只会身受其害,使他们的生计更加艰难,那么,中国新近发展中的工业的成长也将受到市场萎缩的阻碍。一个关于工业的全面计划将不仅考虑到我们能够生产多少,获利多少,还应该考虑到能够销售多少。赤贫的大众,尽管弱小到无法向工业家的权势和特权提出挑战,但仅仅凭借无力购买工业品这一点就足以阻塞这条道路。因此,为了任何一种形式的工业发展的成功,我们必须按照提高普通人民——农民是其中最大多数的一群——的生活水准的能力为标准来找到一条解决这些问题的办法。从这一观点来看,我们可以设置这样一条原则,即中国今后的工业组织形式必须做到农民可以分享工业利润以便提高他们的生活水准,因为农业本身并不足以做到这一点。为了达到这一点,工业中的一部分必须分散(decentralized),建立在村庄或村庄附近的集镇;这样,工业利润就能在农民中间广泛地分配了。

回到依靠手工业来补充农民家庭收入的不足这一传统原则上去并不意味着保留古老的工业技术。力争在村庄里保持传统的工业实践是不现实的。我们所应该保留的是作为传统工业形式——即与中国农村情势相配合的分散了的工业——的基础的根本原则。因为在最近的将来,农村地区的情况看起来不大可能发生彻底的变动。传统的原则是来自长期经验的解决这一问题的可行的办法。我们不应忽视历史的教导。然而,现在的问题是,在遵循分散了的工业的传统原则的时候,是否可能获得技术上的进步。

从历史上看,工业革命是通过机器设备和人口的集中而完成的。到目前为止,技术进步与城市中心带的发展在很大程度上是同步的。然而,这主要归功于工业发展第一阶段中蒸汽动力的使用。当电力被引入时,工业集中的趋势改变了。查尔斯·艾布拉姆斯(Charles Abrams)写道:

蒸汽动力的使用是现代体系发展的第一个主要步骤,它造成了制造业的操作程序在一个小区域内的集中,因为只有在一个大型工厂里才能经济地安排不同的操作,也才能够用皮带和轴承传动,因而也只能局限在短距离内。工厂及其相关活动因此被限制在一个相对密集的中心,成品从这里被运到蒸汽运输现在可以到达的较远的市场。

但是随着可以经济地长途运输的电力的发展,一个相反的趋势出现了。工业布局现在扩展了,一个小型工厂的网络散布在一个广阔的空间,在某种程度上,代替了维多利亚时代巨大的工业组织。随着交通设施的完善和运输技术的全面进步,距离上的障碍日益减小了。因此,小城市所曾经拥有的巨大的影响逐渐被包容在巨大的都市带之内,在那里,纯粹地方性的事务变得越来越不重要了。⑲

因此,很清楚,制造业的分散并不是工业发展中的倒退而是现代工业的普遍趋势。作为现代工业世界中的后来者,难道中国应该从旧的模式开始,然后才再去重新组织吗?西方经济史是对这样一种政策的一个警示。类似再组织所付出的代价是巨大的,同时也解释了为什么尽管分散模式被证明是更为经济的,但在西方却被采纳得很慢。在旧式工厂里的巨额投资阻碍了对新的技术进步的快速调适。由此,中国可能拥有从工业前沿而非后方起步的优势。从传统背景和现代技术两方面来看,分散化的工业模式值得推荐。

正如我们一再强调的,中国的现代工业应该以一种能尽可能广泛地分配由改进了的技术方法所带来的利润的方式而组织起来。假定这是我们的目标,我们将推荐分散的工业体系。然而,仅有分散的工业并不够。正如我们在易村的造纸厂里所看到的,只要无缘参与的贫苦村民没有被考虑到,这种工业发展的后果,尽管还很轻微,也是恶劣的。因此,更为根本的是为人民大众拓展工业机会。这一考虑促使我们在经济组织中提倡合作原则。中国的合作化运动已经处在迅速的发展进程中了。政府和个人都很积极地推进它。在这里无须再来强调这一显然是中国采纳得最好的现代工业形式的制度的优点。然而,小型农村合作工厂的成功极大地依靠它同其他工厂和市场的外部关系以及它的内部组织情况。在《江村经济》一书中所给出的对一个丝厂的分析表明这一机构的脆弱之处。一个把小型制造单元协调在一起的大型组织，对于中国新的农村工业来说是必需的。

有了这样一个协调组织，散布在各个村庄的制造中心可以只承担机器生产的某一部分，或只承担制造过程的特定环节。他们可以把产品汇合在一个大的中心工厂里组装。由此，大规模生产的优越性在人口不用向城市中心带集中的同时保存了下来。至于关键的协调管理职能，我们将求助于政府。

建议中国的新工业采纳分散模式的主要原因是为了改善人民的生计。我们已经表明工业就业在农村的必要性，以及把现代技术引入这样一种组织的可能性。但是，在我们讨论的结尾，我们必须指出这种工业只能限定在消费品生产的范围内。对于重工业来说集中式的工厂是必须的。因此，这又引起了另一个问题，即中国在战后的岁月里应该优先发展轻工业还是重工业？如果我们首先集中精力搞重工业，就像俄国在第一次世界大战之后所做的那样，看来除了追随西方模式之外似乎别无选择。况且，如果运输的发展滞后，制造业将很自然地定位于重工业附近。结果将是上文所描述过的城市中心带的快速集聚和乡村地区的衰败。因此，不同种类的工业发展的顺序将决定它们的区位。

关于这一顺序，我们无法提供另外的选择，因为它有赖于另一个目前尚不具备的因素，即国际秩序。在中国，只是到了今天才出现了一股前所未有的工业化的热情。这要归功于这样一个简单的事实，即我们由于自己工业的落后而在战争中吃了许多苦头。敌机可以不受还击地飞到我们的城市和村庄上空投弹的事实是一种深刻而又痛苦的经历。为了保护我们的妻儿，很自然我们会感到我们也应该有自己的飞机和坦克。如果没有国际安全保证，每一个理智的中国人都将竭尽所能以阻止这类灾难在将来再现。换句话说，如果战后世界仍然单纯由强权所统治，中国除了首先发展重工业和军事工业之外别无选择。无需多言，这种策略对中国和全世界来说都是灾难性的。国防工业劳民伤财，投入的资金并不给投资者带来好处。由于中国人民的生活水准已经处在简单的生存水平上，任何稍微的下降将意味着饥饿和死亡。只要国际秩序依然如此，中国政府，出于国家安全的考虑，必定要为另一场战争做准备，或者至少必须武装起来，以便在即将到来的权力争夺战中能够保持中立。她将被迫采用极其强硬的手段以便从人民身上榨取最后一滴血汗。这反过来又会不可避免地阻碍中国民主制度的发展。请我们的正在为东方政治发展势头担忧的西方朋友们时刻记住这一事实，即中国曾经十分愿意信任国际仲裁，而且她的传统中深植着一个关于天下（T'ien Hsia），关于四海一家（global community）的理想。需要未来的世界秩序来证明这样一种理想是可以实现的，并为全世界热爱和平的人民提供安全和繁荣的保证。中国自己无力独自实现这一切。

假如存在一个合作的世界秩序，中国将没有理由致力于经济上无利可图的军事工业。如果她可以在一个稳定的世界秩序中恢复国民经济，她就能利用西方工业组织的长处，并以真正的消费者的需求以及以小型乡村合作组织为形式广泛分配利润为基础为她自己的工业制订计划。不用否认，在这场战争结束之后，对中国的工业发展来说外国援助是必不可缺的。鉴于战时美国生产力的急速增长，这一援助也是和美国人民出口工业品的利益相一致的。重要的是让投资者看到他们的资本可以被生产性企业所利用。只有当接受资本的人的生活水准能够通过投资而提高时，这一金融关系才能说是互惠的。

我们无需为我们的科学研究以一个实践性呼吁结尾而抱歉，因为我们坚信科学知识应该有助于促进人民的利益，并作为未来行动的指南。唤醒社会科学家的良知的必要性已经由卡尔·曼海姆（Karl Mannheim）极有说服力地表达过了：

> 直到每一个普通人（the man in the street）都采纳了理性的社会分析的概念和结论，以取代那些目前仍然决定他思考人类事务的神秘的法则，否则不可能有有效的民主。除非学者们和科学家们不再只是偶然地打破由那些阻止他们把系统的知识用于当前的实际问题的职业内部的忧恐或惯例所强加的自我设置的障碍，否则我们也不会拥有民主。[20]

请大家认识到我们现在正处在一个十字路口。无辜的中国农民的命运正掌握在那些将决定中国未来工业模式的人手里。然而，没有一个国家可以单独决定这一点；选择我们将生活在一个什么样的世界里是同全世界人民的广泛合作分不开的，因为正是这些公民们的观点最终决定了这一问题。如果本项研究，作为对中国农村现存境况的分析，能够为将来的正确选择做出贡献，我们将会觉得自己的努力没有白费。

在《禄村农田》和《〈云南三村〉英文版的"导言"与"结论"》中，文中和表格中的数字有不甚相符的情况，是由于英制、公制与当时国内计量单位，以及民间计量单位在换算上难以对应造成的；而作者编此书和写此文时正在美国访问，手边资料有限，不可能一一核对所引用的数字。加之本文在后来被翻译成中文时，译者也未能注意到这一点，这便造成了后来补救上的困难。作者曾表示，文字已成历史，还是存其旧貌为好，若调整改动，未免有"涂泽"之嫌。因之，为了不使读者在阅读中出现障碍或疑问，特作如上说明。——编者

注释

① 作者在1945年出版的英文著作 *Earthbound China*（芝加哥大学出版社）的"导言"与"结论"，在1990年出版的《云南三村》中没有翻译。但它对于中国农村社区研究的思路与方法有比较概括的介绍与讨论，对于从事实地调查研究和关心中国农村发展的研究者，具有启发和参考意义。因此我们将刘能翻译的这两部分作为附录，编在文后。

②③④⑤⑦《中国的土地利用》（上海商务印书馆，1937），第1、145、145、196、8页。

⑥《中国四川省农业调查》（重庆，1943），第2页。

⑧《云南省农村调查》，行政院农村复兴委员会编（上海商务印书馆，1935）；《云南省的土地所有权和土地垦殖》，《乡村中国》（太平洋关系研究，1938），第50～56页。

⑨《中国农村经济》，第5页。

⑩《中国土地》，第12页。

⑪《中国的土地和劳动》（London，Gorge Allen & Unwin，Ltd.），第37～38页。

⑫⑬ G. B. Cressey,《中国的地理概况》（纽约：McGraw-Hill Book Co., Inc., 1934），第369、371页。

⑭ Robert Redfield, *The Folk Culture of Yucatan* (Chicago, University of Chicago Press, 1941).

⑮参见《江村经济》。

⑯P. N. Wu 和其他人:《江苏省经济调查》,第 154 页(中文)。

⑰李有义:《山西上郭村的经济组织》(未出版的硕士学位论文,燕京大学)。

⑱《中国的土地和劳动》,第 67~68 页(此译本与作者引译文字不尽相同)。

⑲《土地革命》,纽约和伦敦,Harper & Bros,1939,第 79 页。

⑳《对我们时代的诊断》(伦敦,K. Paul. Trench,Trubner & Co.,Ltd.,1943),第 5 页。